U0360257

思源致远
"双一流"大学文化建设
专项扶持计划丛书

王艳明 肖元 著

于无声处
黄旭华传

上海交通大学出版社
SHANGHAI JIAO TONG UNIVERSITY PRESS

内容提要

黄旭华,中国工程院院士,"共和国勋章"及国家最高科学技术奖获得者。本传记以白描叙事的手法,按照黄旭华成长的时间节点,铺陈传主自幼年成长、辗转求学、"交大"洗礼至参与中国第一代核潜艇研制的具体过程,重点叙述其成长过程中的人生理想与认知变迁、核潜艇研制中所经历的重大事件的历史经纬、技术创新中的科学思想与具体成就、职业生涯中孕育的科学态度与奉献精神,力图还原传主丰富精彩的人生经历及思想变化。此外,本传记也兼及传主的业余爱好,勉力刻画一位鲜活而又谦和的科学家形象。

图书在版编目(CIP)数据

于无声处:黄旭华传 / 王艳明,肖元著. —上海:
上海交通大学出版社,2022.7(2025.2重印)
ISBN 978-7-313-25443-6

Ⅰ.①于⋯ Ⅱ.①王⋯ ②肖⋯ Ⅲ.①黄旭华—传记
Ⅳ.①K826.16

中国版本图书馆CIP数据核字(2021)第188264号

于无声处: 黄旭华传
YU WUSHENG CHU:HUANG XUHUA ZHUAN

著 者:王艳明 肖 元			
出版发行:上海交通大学出版社	地 址:上海市番禺路951号		
邮政编码:200030	电 话:021-64071208		
印 制:苏州市越洋印刷有限公司	经 销:全国新华书店		
开 本:880mm×1230mm 1/32	印 张:11.625		
字 数:240千字			
版 次:2022年7月第1版	印 次:2025年2月第3次印刷		
书 号:ISBN 978-7-313-25443-6	音像书号:ISBN 978-7-88941-531-6		
定 价:68.00元			

序一

新中国成立以来，我国的科学技术迅猛发展，成就了今日强大的中国。中国科技的崛起，离不开一批批默默付出的科学家。他们艰辛奋斗的经历凸显其与国家崛起、民族复兴同呼吸、共命运的使命意识与责任担当。

我国第一代核潜艇总设计师黄旭华院士就是这样的一名国之脊梁。他的人生一如经历风雨后的彩虹，他所取得的不朽成就担得起任何赞美，他最完整地见证了我国核潜艇事业的成长过程。黄旭华院士身上所体现出来的科学家精神，值得我们学习和传承。

他隐姓埋名三十载，于无声处，呕心沥血，毕生致力于我国核潜艇事业的开拓和发展，实现了毛泽东主席的宏伟誓言——核潜艇，一万年也要搞出来！

"无名""无悔"，亦"无求"，是黄旭华院士的高尚情操。由于国家的需要，在研制核潜艇的三十年间，他消失于家人的视野中，没有回过一次老家探望双亲。在父母兄妹眼中，这样的黄旭华，是个"忘恩负义"的不孝子，父亲去世时都没能送上最后一程，二哥病危，他分身乏术。离家研制核潜艇时，黄旭华刚刚三十出头，等再次回家见到亲人的时候，他已经是六十多岁的白发老人了。这是背井离乡、情债累累的三十年，更是默默奉献、功勋赫赫的三十年。

"时代到处是惊涛骇浪，你埋下头，甘心做沉默的砥柱；一穷二白的年代，你挺起胸，成为国家最大的财富。三十载赫赫而无名，花甲年不弃使命。你的人生，正如深海中的潜艇，无声，但有无穷的力量。""'感动中国'2013年度人物"颁奖大会上对黄旭华的贺词，最能诠释他的胸怀与功绩。

时代各有不同，青春一脉相承。时代总是把历史责任赋予青年。实现伟大的中国梦是一场历史接力赛，我认为当代青年可以认真地读一读《于无声处：黄旭华传》这本书，从中学习到黄旭华院士为国家奉献一切的崇高精神，不负韶华，在实现民族复兴的赛道上奋勇争先。

中国工程院院士

序二

　　黄旭华学长是交通大学1949届校友，是我校引以为傲的科学家。他是中国工程院院士，中国第一代核潜艇设计建造的创始人之一，是迄今唯一一位获得"共和国勋章"的交大人，是第四位荣膺国家最高科学技术奖的交大学子。他以三十年隐姓埋名、无私奉献的精神，以铸就国之重器的卓越功勋，赢得了国人乃至国际同行的尊敬。

　　承传家族的诚实义勇、经历艰辛的坎坷求学、见证触目惊心的外族欺侮，黄旭华立志科学报国，以优异成绩考入交通大学造船系。他积极参与救亡图存运动，经过风雨如晦的斗争洗礼，他于上海解放前夕，光荣地成长为一名信念坚定的中国共产党人。1958年，他开始参与并领导我国核潜艇的研究设计工作。1964年，他带领团队在没有外援、没有资料、没有计算机、没有设备配套的情况下，用算盘和计算尺演算出海量的数据，研制出我国第一艘核潜艇，使新中国成为全球第五个拥有核潜艇的国家。1988年，核潜艇按设计要求在南海做极限深潜试验，黄旭华亲自带队下潜，顺利完成了惊心动魄的首次深潜，成为世界上首位亲自下水做深潜试验的核潜艇总设计师。

黄旭华始终以一位共产党员的标准严格要求自己，誓干惊天动地事，甘做隐姓埋名人，历三十年默默奉献而无怨无悔，他以"对国家的忠就是对父母最大的孝"的高尚行为体现了一名共产党人的无私品质。他在入党志愿书中写道："党需要我把血一次流光我做到，党如果不是要求一次流光，而是一滴一滴慢慢流，一直流尽为止，我也坚决做到。"黄旭华以信念和奉献树立了交大人勇担责任和不负使命的丰碑。

黄旭华学长多次回到母校，勉励上海交大学子认真学习，锐意进取，饮水思源，爱国荣校，为实现中华民族的伟大复兴贡献"交大人"的智慧和力量。他在耄耋之年，捐出毕生积蓄2 000多万元支持科研、教育、科普事业，并在上海交通大学专设"旭华基金"，鼓励交大学子薪火相传，积极投身国防事业。

王艳明教授是国内首位系统口述采集和研究黄旭华学长的专家，他与上海交通大学出版社联袂精心打造的精品《于无声处：黄旭华传》，站在国家叙事的高度讲述了黄旭华学长筚路蓝缕，夙夜匪懈，不畏青丝化白发，唯求许身报国家的传奇故事。

希望我校师生都能以黄旭华学长的精神激励自己，在民族复兴的伟大征程中踔厉奋发，笃行不怠，共创国家和上海交通大学的美好未来！

上海交通大学党委书记

序三

　　"国势之强由于人，人材之成出于学。"巍巍交大，百廿其衍。办学126年来，交通大学学子中相继涌现出了许许多多像钱学森、吴文俊、徐光宪、王振义、黄旭华、顾诵芬……这样的民族脊梁，在中华民族实现伟大复兴、逐梦现代化强国之路上留下了交大独特的印记。

　　黄旭华学长是我校1949届造船工程系校友，中国工程院院士，既是心怀国家的科技巨匠，更是信仰坚定的共产党员。70多年前，他以专业第一名的成绩考取了交通大学造船工程系船舶制造专业，毅然践行"造船造舰"抵御外侮的报国梦想。在交通大学就读期间，他就参加了中共地下党影响下的交通大学进步学生社团"山茶社"，并逐步成长为地下党培养的进步青年，进而加入了中共地下党，这成为他一生革命工作的基石和指南。当"天字第一号"绝密工程选中他时，他凭借当年在地下党工作时培养的组织性、纪律性，毫不犹豫地接下了这光荣艰巨的任务——"一辈子出不了名，当无名英雄"。他以三十年隐姓埋名、无私奉献的精神，以铸就国之重器的巨大功勋，赢得了国人以及国内外同行的尊敬。"干惊天动地事，做隐姓埋名人"是他一生真实的写照，是凝聚在他身上的科学家精神的真实体现。每每与黄学长促膝交流，都能感受他身上拳拳的爱国荣校之心，他是当之无愧的交大之光、国之脊梁！

2022年4月25日，习近平总书记在中国人民大学考察调研时，号召全国广大青年牢记党的教诲，立志民族复兴，不负韶华，不负时代，不负人民，在青春的赛道上奋力奔跑，争取跑出当代青年的最好成绩！当今世界正面临百年未有之大变局，中华民族正以不可阻挡的步伐迈向伟大复兴。新时代的中国青年既面临着难得的建功立业的人生际遇，也面临着"天将降大任于斯人"的磨砺和挑战。黄旭华学长用自己的生命写照证明，国家的崛起和强盛，离不开一代又一代人的坚守！实现中国梦是一场历史接力赛，希望广大青年以黄旭华院士为榜样，学习黄院士"隐姓埋名向下扎根、科技报国向上生长"的精神，争做堪当民族复兴重任的时代新人，在实现中华民族伟大复兴的时代洪流中踔厉奋发、勇毅前进。

中国工程院院士、上海交通大学校长　林忠钦

我心中的英雄

1949年后，国际形势即呈现东西方严重对垒的冷战态势，而此时的军事科技飞速发展，美苏两个超级大国出于争霸世界的需要，相继研发并投入使用了以核技术应用为特点的杀伤力、威慑力巨大的武器平台。出于国防安全的需要，尤其是在20世纪50年代末中苏关系恶化后，党中央高屋建瓴，决定举全国之力，重点推动"两弹一星"及核潜艇等国之重器的研制工作。于是，在极其艰难的条件下，我国一大批科技工作者筚路蓝缕，以近乎原始的方式攻克了重重难关，终于使年轻的共和国拥有了原子弹、导弹、人造卫星、核潜艇等威慑力量，国家和人民的安全从此有了根本性的保障。

在这些极具技术含量的武器系统研发中，尤以核潜艇的研制需要克服的困难最多，其研制经历也最为曲折漫长。本书记载了我国核潜艇研制全过程的亲历者与见证者、中国工程院首批院士、"共和国勋章"及国家最高科学技术奖获得者黄旭华的人生旅程，以尽可能丰富的维度来展现和还原我国核潜艇研制所走过的路程，并记录在此进程中所溅起的一朵朵五光十色、绚丽夺目的浪花。

黄旭华祖籍广东省揭阳县[1]玉湖镇新寮村，1924年2月24日出生于广东省汕尾市海丰县田墘镇，祖上行伍出身，以行医为生。黄旭华的父亲黄树榖、母亲曾慎其含辛茹苦开药房、兼农商，不仅乐善好施、襄资兴学，更兼见义勇为、忠肝义胆。幼时的黄旭华在父母的熏陶下善良聪敏、勤奋好学，并立志长大做一名解除百姓病痛的好医生。

负笈之年，正值日寇侵略中华，山河破碎，百姓遭难。黄旭华辗转于粤、湘、桂、黔、渝等五省市，艰苦求学，于途中几遭饿死之难。目睹国破民苦之惨状，感悟科学救国之迫切，乃投考国立交通大学造船系，旨在学好造船技术，以期能造出坚船利炮，保卫国家不受外敌侵害。

在国立交通大学，经诸多名师耳提面命，黄旭华夯实了造船理论与技术；经革命者的引领与熏陶，黄旭华真正看到了民族崛起的希望；经无数次血雨腥风的历练，黄旭华坚定了许身报国的信念。

大学毕业时，欣逢中华人民共和国成立，黄旭华意气风发地投入到新中国的建设之中。经多个工作岗位的磨炼，日渐成熟的黄旭华蒙天降大任，作为"〇九"工程的首批入役技术人员，参与到核潜艇的研制工作之中。

说到黄旭华，媒体上普遍称他为"中国核潜艇之父"。实事求是地说，谦逊仁厚的黄旭华院士很忌讳这个称号，但凡任何一位

1　今揭阳市。

访谈者与他提起这个称号，他总是坚辞不受，坚持他"当不起"这个称号，并一再强调如果有"中国核潜艇之父"，那么这个"父亲"是一群人而不是他一个人。

我国核潜艇研制走过了艰难、曲折、漫长的路程，黄旭华是迄今唯一一个亲身经历并见证我国核潜艇研制全过程的高级技术人员。如"〇九"工程1958年的启动、1960年的下马、下马后继续留守研制、1965年"〇九"工程恢复上马，一代两型核潜艇的各种重大技术攻关、一代两型核潜艇的下水及各种实验、一代两型核潜艇的改进与定型，潜射导弹的研制与发射试验，新一代核潜艇的论证与研制等每一个重要的历史节点和诸多关键环节，黄旭华都是参与者、推动者及决策者。从这个角度上看，尽管对我国核潜艇事业作出过开创性重大贡献的人不在少数，但如果要找一个代表人物作为"中国核潜艇之父"的精神象征，那么，黄旭华是当之无愧的。

在我国核潜艇研制及发展中，黄旭华的贡献可以总结为三个方面。

第一个方面，是他在长达数十年核潜艇研制过程中作为管理者所形成的学术思想。黄旭华将系统工程的理论运用到核潜艇的总体设计与技术抓总上，坚持并实践了"常规与集成""继承与创新"的辩证关系，提出并贯彻了核潜艇设计特有的"毒蛇"理念。

黄旭华的这些学术思想或曰管理理念对我国一代两型核潜艇的研制起到了很好的作用，它既确保了在当时贫穷落后的条件下我们能够立足现实迅速解决核潜艇的"从无到有"问题，又让我国的一代两型核潜艇具备优于美苏同代核潜艇的技战术能力。

第二个方面，是黄旭华作为技术人员在一代两型核潜艇研制中所取得的重大技术成就。黄旭华是我国核潜艇事业的开创者之一，在核潜艇研制中，他立足现实，不拘泥于传统，锐意创新，在艇体线型设计与试验方法、耐压舱室设计、艇体重心控制及操舵方式等方面与美苏同代产品相比都实现了创新。

第三个方面，是以黄旭华为代表的我国第一代核潜艇事业开创者们所缔造的"〇九精神"。与"两弹一星"工程一样，核潜艇的研制同样是在极其艰难的环境下实施的。当时我国的经济条件尚处于较为贫穷的状态，科研条件很差，不仅缺乏研究和装备制造的试验及设备等硬件基础，相关技术资料也几乎是空白，我国也不具备工业生产等配套体系。而出于保密及核潜艇制造、航行试验等特殊的需要，研制人员需要在偏远、荒芜和艰苦之地工作。这些都是横亘在核潜艇研制人员面前的一座座高山，要克服它们，需要付出常人难以想象的努力甚至牺牲。

可是，以黄旭华为代表的核潜艇人没有被困难所吓倒，他们凭借坚强的意志、无私的奉献精神和超常的智慧成功研制了具备二次核反击能力的核潜艇。黄旭华及其他核潜艇事业的开创者们在核潜艇的研制过程中凝练出了一种精神，他们将其命名为"〇九精神"，"自力更生，艰苦奋斗，大力协同，无私奉献"就是"〇九精神"的具体写照。

今天，"〇九精神"已经成为我国核潜艇事业中的一种思想财富和精神力量，激励着新一代核潜艇人再接再厉、攻坚克难，不断开拓与创新。

迄今，笔者与黄旭华院士交往、交流已历八年，前后做过数场口述访谈，闲谈交流更是难计其数。其间，还对包括对他夫人李世英女士在内的家人及亲属、领导与同事就黄旭华的人生履历、求学历程、核潜艇研制的每一个阶段及细节、重大技术攻关的详细情节、领导才能与管理风格、业余爱好及待人接物进行过多次专题访谈及深度了解。同时，基于研究的需要，笔者亦对那一时期的我国军工事业发展背景、相关媒体及其他核潜艇研制人员所披露的各种音视频和文献资料进行了详细采集与整理，并结合自己所掌握的口述资料对黄旭华的人生经历、求学特色、科学贡献、管理风格、人格魅力进行了系统的研究与分析，于2015年著成了《誓言无声铸重器：黄旭华传》，2017年由中国科学技术出版社、上海交通大学出版社联合出版。该书是第一本系统陈述黄旭华人生经历及科学贡献的研究成果，2017年后诸多媒体对黄旭华院士的宣传报道许多均直接、间接引自该书所披露的信息。书中的许多观点亦被报道者所借鉴、采用。

2018年，黄旭华院士获得了"全国道德模范"的称号，在颁奖大会上，习近平总书记力邀黄旭华院士与其并坐合影的佳话一时轰动全国，这充分说明了党和国家领导人对科技工作者的高度重视。2019年，黄旭华院士又相继获得"共和国勋章"和国家最高科学技术奖，祖国和人民以这种最高的荣誉来铭记他曾经对人民和祖国的付出。

2015年后，关于黄旭华院士又有一些新的史料得以发现及披露，为了更好、更完整地记录黄旭华院士的一生，并改正《誓言无声铸重器：黄旭华传》存在的瑕疵，在上海交通大学出版社的鼎力支持下，笔者谨将新著《于无声处：黄旭华传》呈现给广大读者，衷心期待社会各界的批评与指导。

目　录

第六章 | 科学创新再建功　深海同舟为祖国 243

楔子

高光时刻一：
2013年度"感动中国"的老人

2014年2月10日晚上8时，"'感动中国'2013年度人物"颁奖典礼在中央电视台综合频道向全国播出，演播大厅既庄严肃穆，又喜气洋洋，在宣布颁奖典礼开始后，主持人敬一丹说：

我们先来认识这样一个人，他的名字很少被人提起。他在忙碌，忙了那么多年家人都不知道他在忙什么。他的名字就那样久久地、默默地隐藏在大海深处。[1]

接着，演播大厅巨幅屏幕上开始播放核潜艇研制过程中的一个个历史画面及一位头发花白、精神矍铄的老人接受中央电视台专访的视频。

稍后，伴随着全场热烈的掌声，屏幕上的那位老人在两位少年儿童的陪伴下走上领奖台，高高地举起了"感动中国"2013年度人物的奖杯。

"感动中国"推选委员、著名词作家阎肃如是评价这位获奖者：

---

1 "感动中国"2013年度人物颁奖盛典（视频）：中央电视台一套，2014年2月10日。

黄旭华接受"'感动中国'2013年度人物"颁奖

"'感动中国'2013年度人物"奖杯

试问大海碧波，何谓以身许国？青丝化作白发，依旧铁马冰河。磊落平生无限爱，尽付无言高歌。[1]

"感动中国"推选委员、中央美术学院著名教授孙伟感慨地说：

中华民族从来没有像今天这样需要海洋，而在走向海洋的过程中，更需要一份走向海洋的刚强。[2]

主持人敬一丹宣读了中央电视台对这位获奖老人的颁奖辞：

---

1 "感动中国" 2013年度人物颁奖盛典（视频）：中央电视台一套，2014年2月10日。
2 "感动中国" 2013年度人物颁奖盛典（视频）：中央电视台一套，2014年2月10日。

时代到处是惊涛骇浪，你埋下头，甘心做沉默的砥柱；一穷二白的年代，你挺起胸，成为国家最大的财富。三十载赫赫而无名，花甲年不弃使命，你的人生正如深海中的潜艇，无声，但有无穷的力量。[1]

老人接过"感动中国"的奖杯及鲜花后，用略带颤抖的声音感言道：

现在在我子孙面前，我很自豪、很骄傲！因为我这一生没有虚度。此生属于祖国，属于核潜艇，我无怨无悔。[2]

颁奖后，著名主持人白岩松问这位老人今天的梦想是什么，老人不假思索地回答：

还是核潜艇，还是希望核潜艇更上一层楼。[3]

这位老人，就是被誉为"中国核潜艇之父"的黄旭华院士。
颁奖时，老人距他90岁[4]的生日只差14天。

---

1 "感动中国" 2013年度人物颁奖盛典（视频）：中央电视台一套，2014年2月10日。
2 "感动中国" 2013年度人物颁奖盛典（视频）：中央电视台一套，2014年2月10日。
3 "感动中国" 2013年度人物颁奖盛典（视频）：中央电视台一套，2014年2月10日。
4 目前所有媒体对黄旭华院士的报道中，关于黄旭华院士的生日都是1926年3月12日。黄旭华院士在各类表格中填写的出生年月为1926年1月20日。黄旭华院士实际的生日就是1924年2月24日（农历正月二十）。本书以黄旭华院士实际生日为准。

高光时刻二：
被习近平总书记力邀邻座合影的老人

2017年11月17日上午，中共中央总书记、国家主席、中央军委主席习近平在北京人民大会堂亲切会见参加全国精神文明建设表彰大会代表和全国道德模范代表，并和他们一起合影留念。

当习近平总书记同与会代表一一握手并缓缓走到中间时，看到一位满头银发的道德模范代表，习近平总书记一边握住他的手，一边拿开椅子，郑重邀请站在后排的这位老人上前和他坐在一起。虽然老人一再婉拒，但还是被总书记挽到前排，和他亲密地坐在一起合影留念。

当天，各大电视台、广播电台和无数网站及融媒体平台都实时播出了这则新闻，并反复播放着这段视频。

第二天，全国多家报纸也刊登了这则新闻，配发了习近平总书记和这位老人的合影照片。

与此同时，许多人的微信朋友圈都被这则消息刷屏了。

一时间，这位老人的名字又一次飞向了大江南北。

他，就是当选第六届全国道德模范的黄旭华院士。

是年，黄旭华93岁。

高光时刻三：
荣获"共和国勋章"的老人

2019年9月29日上午，北京人民大会堂金色大厅，中华人民共和国"共和国勋章"和国家荣誉称号获得者颁授仪式在此隆重举行。

9时58分，伴着轻快的乐曲，中共中央总书记、国家主席、中央军委主席习近平与"共和国勋章"和国家荣誉称号获得者一起步入会场。

10时整，庄严的颁授仪式正式开始，在雄壮澎湃的《向祖国致敬》的乐曲声中，习近平向"共和国勋章"和国家荣誉称号获得者一一颁授勋章、奖章，并同他们亲切握手，向他们表示衷心祝贺。在全场经久不息的掌声中，少先队员向获奖功勋模范人物

黄旭华在"共和国勋章"颁授仪式上发言（网络采集）

献上美丽的鲜花，敬礼致意。

仪式上，习近平发表重要讲话，代表国家和人民向这些功勋模范人物表示感谢，并勉励他们为实现中华民族伟大复兴的中国梦贡献力量。

一位获颁"共和国勋章"的老人代表功勋模范人物发言，他说：

核潜艇研制是一项伟大而艰辛的事业。当年，为了响应毛主席的号召，千千万万名和我一样满腔热血、矢志报国的科研人员，坚定着"核潜艇，一万年也要搞出来"的信心和决心，投身其中。我有幸全程参与了中国核潜艇从无到有、从弱到强的伟大事业。核潜艇事业是国防事业发展的缩影，我为祖国取得的历史性成就、实现的历史性变革而骄傲，也为自己是一名国防建设的老兵而自豪。"誓干惊天动地事，甘做隐姓埋名人。"我和我的同事们，此生属于祖国，此生无怨无悔。

进入新时代，我们将始终牢记党和人民的重托，紧密团结在以习近平同志为核心的党中央周围，忠诚担当、砥砺前行，为实现"两个一百年"奋斗目标、实现中华民族伟大复兴的中国梦继续努力奋斗！

这位"誓干惊天动地事，甘做隐姓埋名人"的老人就是黄旭华。

是年，黄旭华95岁。

高光时刻四：
获得国家最高科学技术奖的老人

2020年1月10日上午，2019年度国家科学技术奖励大会在北京人民大会堂隆重举行，习近平、李克强、王沪宁、韩正等党和国家领导人出席大会。

10时30分，大会在雄壮的国歌声中开始。在热烈的掌声中，中共中央总书记、国家主席、中央军委主席习近平首先向获得"2019年度国家最高科学技术奖"的原中国船舶重工集团公司第七一九研究所的一位年逾九旬的银发老人和中国科学院大气物理研究所曾庆存院士颁发奖章、证书，同他们热情握手表示祝贺，并请他们到主席台就座。

随后，习近平等党和国家领导人同两位最高奖获得者一起，为获得国家自然科学奖、国

黄旭华、曾庆存获"2019年度国家最高科学技术奖"（网络采集）

家技术发明奖、国家科学技术进步奖和中华人民共和国国际科学技术合作奖的代表颁发证书。

对这位老人的颁奖词是：

1926年生于广东汕尾。他远离家乡、荒岛求索，从此深藏功名三十载，从一穷二白中"头拱地、脚朝天"，研制出了我国第一代核潜艇。他先后担任我国核潜艇工程副总设计师、总设计师，主持了第一代核潜艇的研制。他一生致力于我国核潜艇事业的开拓与发展，为我国核潜艇的从无到有、跨越发展探索赶超作出了卓越的贡献。

他用自己的人生经历诠释了核潜艇精神，感召着一代又一代的年轻人献身国防科技事业。

这位"头拱地、脚朝天"研制出我国第一代核潜艇的老人就是黄旭华院士。

是年，黄旭华95岁。

第一章

父母慈爱着底色

天真无邪筑梦想

三哥的事，大家要理解、要谅解！——曾慎其

除潮州外，揭阳、汕头、汕尾是潮汕文化的核心地区，迁徙文化形成的兼容性与适应性、海洋文化酿成的开放性与创造性、红色文化炼成的革命性与纪律性，已然成为潮汕文化的鲜明特色。这里历史悠久、商业发达、文化深厚、英才辈出。

黄氏祖籍　新寮古村

广东省揭东县新寮村，这座蝉噪林静、鸟鸣山幽的南方山村，坐落着"共和国勋章""国家最高科学技术奖"获得者、著名核潜艇专家黄旭华院士的故居。

新寮村，原属广东省揭阳县玉湖镇。据载，明万历六年（1578年），新龙围黄氏族系二世祖心镜公携族避祸，自广东饶平辗转至此，不断拓荒筑舍、开枝散叶，遂形成新寮村。黄氏一族虽为客家后裔，但迁至此地后，重文尚武，由清一代渐渐声名鹊起。自族人黄国祥兄弟"一门三中举"之后，官员们至此逐渐形成"文官落轿、武官下马"的习俗，渐渐地，新寮村的美誉在粤东不胫而走，并于2012年获评为"广东省古村落"。

新寮村山水秀美、人杰地灵，远看群山叠翠，近品古风淳朴。村落循五行风水布局设计，"三街六巷""三厅一井""下山虎"的围龙屋形式保持着揭阳客家建筑的典型风格。村中古貌依旧，路浥轻尘，石路蜿蜒。分柑（大桔）桥、佛祖古庙、古井、旗杆夹、

玉湖镇新寨村鸟瞰（2018年5月26日，林碧鸿摄）

举人公厅、练武石、番仔楼、黄庭芝故居、崇德堂等凝淀着新寨村历史人文典故的建筑历400余年的岁月打磨依然坚挺，也让游客真切地感受到扑面而来的古朴之风。

在今天，当你走进新寨村，穿过一条滨水绿道，首先来到的是恢宏大气、有几许园林风格的"新寨院士广场"。这座院士广场自然就是村民为旌表黄旭华院士卓越的功勋所建，而黄旭华的事迹也为这座历史悠久的古村晕染了更为闪亮的光环。

黄旭华的祖父黄华昌乃清末武秀才，育有二子，大儿子黄大林，二儿子黄二林，后分别改名黄采岩、黄树榖。黄旭华是黄树榖的第三个儿子。迨至黄采岩、黄树榖一代，族中人多地少，为生计的缘故，黄采岩、黄树榖兄弟先后携家迁至外地。黄旭华是黄树榖夫妇移居汕尾所生的，他仅在聿怀中学读书时的一个暑假于新寨村小住，再次重回新寨村则是71年后的2009年了，是年黄

新寮村中三举人故居前的旗杆夹（2018年5月28日，林碧鸿摄）

新寮村院士广场（2018年5月28日，林碧鸿摄）

黄旭华故居"崇德堂"（2014年12月14日，林碧鸿摄）

旭华院士偕夫人李世英女士归宗祭祖，重温新寮村的山水人文。

黄华昌、黄树毅、黄旭华一脉的祖产名"崇德堂"，至今大体完好，已经被新寮村建设为黄旭华院士故居，展出的是黄旭华院士的一些事迹报道与历史照片，供游客参观。

今天，潮汕本地乃至全国的游客纷至沓来，新寮村以近乎原生态的客家风貌、厚重的历史与人文底蕴、秀丽的粤东风光及黄旭华院士故居迎接着各方宾客，新寮村也因此成为广东潮汕乡村文化旅游的一面旗帜。

悬壶济世　多种经营

古时习武之人大都粗通医术，且代代相传。黄旭华的祖父黄华昌秉承这种传统，同时将武术及医术传授给儿子黄采岩、黄树毅。清末及民国初年，习武除作为防身之用外，已渐无出路，于是黄华昌让两个儿子专攻岐黄之术，拜师学艺，以此安身立命。黄采岩出师较早，在新寮村时已是当地小有名气的中医，后举家迁往揭西县棉湖镇，继续行医为生，后世子嗣也大都传承医术，且有成为名医的。

祖父黄华昌（黄旭华提供）

黄旭华的父亲黄树毅，别号育黎，清光绪十九年（1893年）农历十月初一日生于揭阳县新寮村。黄树毅受过正规的学校教育，在当地读完小学后又至揭西县，在五经富道济中学完成学业。黄旭华的母亲名叫曾慎其，曾在揭西县五育女校读书。曾慎其的父亲是揭西一带的名医，很早与黄华昌熟识且有儿女的婚约，黄树毅中学毕业之后即遵父命与曾慎其完婚，随后黄树毅夫妻俩在岳父的安排下进入汕头教会所办的福音医院，跟随英国医生研习西医。

在福音医院，黄树毅专修内科，曾慎其主习妇产科。1919年，夫妻二人医术渐成，遂离开汕头福音医院，移居汕尾，在那里独立行医。1920年，夫妻俩在海丰县捷胜镇筹资开办"黄育黎医务所"，在那里他们生下了大儿子黄绍忠。次年，夫妇俩将医务所迁至田墘镇，增开"育黎药房"，自此医药兼营。

在汕尾田墘镇，黄树毅夫妻悬壶济世、仁慈博爱，声望渐立，于是置地建房定居下来，陆续生下黄旭华等七子二女，并在此终老一生。1945年黄旭华在投考和就读国立交通大学[1]时，学生登记表中填写的通信地址不是具体的街道门牌，而是"广东海丰田墘育黎药房"，可见其父母所办的药房在当地已成为享有一定声誉的地理标签。

中华人民共和国成立后的公私合营时期，黄树毂夫妇积极响应政府号召，主动将诊所和药房并入了政府组织的联合诊所和当地卫生院，并继续在当地政府卫生院从事医疗工作。

尽管黄树毂夫妇医术一流，并辛勤经营药房，但终归家中人口渐丰，要养活一家人，并供一个个逐渐长大的孩子读书，亦不免捉襟见肘。于是黄树毂夫妇想了两个办法，一是另置耕田，二是开设米铺。

黄树毂首先置办了几亩田地作为自家自给自足的耕田，种植了番薯、花生等农作物，保证一家人的口粮。在黄旭华的记忆中，番薯是他们家的主要口粮，

黄树毂、曾慎其合影（黄旭华提供）

1　1928—1949，名国立交通大学；1949—1959，名交通大学；1959至今，名上海交通大学。

他多次笑自己是吃番薯长大的。花生可以榨油，除自留一部分外，大部分偷偷搭船到香港去卖，这样可以尽可能多一点地补贴家用。据史料反映，由于海陆丰[1]濒海，距离香港很近，运粮油等农产品去香港售卖在当时相当普遍，也是当地人重要的生活来源。

开米铺则是家用略显富余后的举措。黄树毂公听并观、机敏过人，在觉察到临港的优势后，开始试着兼营商贸。1927年，黄树毂夫妇筹集资金至香港油麻地，分别以先独资、后合资的形式开办了"广和兴""广裕兴"两间米铺，并聘专人打理，主要售卖优质的暹罗（今泰国）大米和内地的其他粮油，并以米铺为基地，往来香港与海陆丰之间贩运粮油及一些日用品。后期除开办米铺，也曾与其他人合营盐田。

黄树毂当年修建的小楼一角（牌匾上文字为"黄旭华院士出生地"）（王艳明摄）

黄树毂夫妻俩就这样以行医为主，种植、经贸为辅，经过十几年的含辛茹苦，终于攒够了一笔资金，于1938年在田墘镇盖起了一座拥有地下室的二层半的楼房，彻底结束了租赁房屋行医居

1　一般指汕尾。

住的日子，实现了中国人理想中"成家立业"的愿望，从此一大家子真正安居乐业了。

黄树榖夫妻俩当年所盖的二层小楼，1949年后历经多次产权变迁依旧存在，只是被"淹没"在一片高楼大厦之中，现在的汕尾市红海湾开发区政府正筹划回购该房产，拟将其改造为"黄旭华院士故居"，以见证那时的历史面貌并替国家功勋保存这段珍贵的历史记忆。

20世纪三四十年代，黄树榖、曾慎其夫妇在田墘一带享有崇高的名望，这不仅仅因为他们夫妻俩医术高明、乐善好施，更主要的是他们义薄云天、赤诚爱国的仁厚侠义之举。这些迄今仍在传颂、闪烁着人性光辉的故事，让黄旭华等子孙后代从小耳濡目染，潜移默化中形成了他们生命中善良、坚毅、无私奉献、忠诚爱国的底色。

在今天的汕尾市红海湾开发区，红海湾抗日英烈陵园、红楼旧址都记载并纪念着黄旭华父母的壮举与善行，同时当地政府举办的"黄旭华生平及事迹展"也成为当地文化宣传的一张名片，当地著名的遮浪旅游区中，由黄旭华院士题名的"美丽红海湾"给这个风景秀丽的海湾又增加了一份魅力。

父亲黄树榖——忠肝义胆、侠骨柔情

自幼习武的黄树榖，秉承了父亲黄华昌忠勇刚毅、爱家护国、敢于担当的客家传统。日寇占领海丰县田墘镇后，想在当地找一个有声望和影响的人出任"维持会长"，鉴于黄树榖当时的成就与

黄旭华在汕尾市遮浪景区题写的"美丽红海湾"（王艳明摄）

地位，日本人找上门来，要他帮日本人做事，任"维持会长"。

"卖国求荣当汉奸？门都没有！"黄树榖一口回绝，毫无商量余地。日本军官恼羞成怒，飞起一脚把黄树榖踢翻在地，然后把军刀架在他的脖子上，继以家人胁迫，可黄树榖毫无畏惧，坚决地回答："就算杀我全家也决不做日本人的走狗！"

孩子们哪见过如此暴力恐怖的场面，一个个吓得蜷缩在墙角。曾慎其见势不妙，急中生智跑上楼，拿了厚厚一沓钞票塞给带路的汉奸，汉奸见钱眼开，与那军官嘀咕一阵子后才凶神恶煞地离开，一家人侥幸躲过一劫。

在今天的汕尾市红海湾开发区田墘办事处，有一处著名的抗日活动的遗址"红楼"。1927年海陆丰苏维埃政权时期，田墘区苏维埃政府征用了田墘学校的一座二层钢筋混凝土建筑作为办公楼，

汕尾田墘红楼旧址（王艳明摄）

并把楼房外墙全漆成红色，寓意红色的革命，当地人就渐渐称这座楼为"红楼"。1941年9月20日，当地由国共合作共同创建的抗日武装合作军一个营的官兵悄悄入驻该楼，没承想第二天凌晨，由于汉奸告密，驻扎"红楼"的抗日合作军官兵突遭日军包围袭击，几近全军覆灭，酿成了惨绝人寰的"红楼事件"。

惨案发生后，群情激愤，黄树毂义愤填膺，同蔡一阳、陈鑫祥等群众一起，不顾生命安危，秘密抢救、转移了20多名伤员，同时置鬼子、汉奸的警告于不顾，冒死清理烈士遗体并收殓安葬。黄树毂当时的英勇义举赢得了海丰人由衷的敬重，在今天汕尾市红海湾抗日英烈陵园里，有一个墓碑上镌刻着黄树毂先生的头像与事迹。当地关于合作军及"红楼事件"的许多史料和追忆文章中，也都记录着黄树榖先生的事迹。

黄树榖不单有见义勇为的壮举，亦有古道热肠的情怀。20世纪20年代后期，海丰县田墘镇一带霍乱一度流行，感染者甚众，民众恐慌失措，政府亦束手无策。行医多年的黄树榖知道疫情凶险，毅然筹资从香港、澳门两地紧急购进预防和治疗霍乱的药品，并免费给当地人注射，很快就阻止了一场瘟疫在更大范围肆虐，夫妻俩因此赢得了当地民众的感谢与尊敬。

此外，黄树榖先生胸襟豁达，具有远见卓识，积极倡导兴资办学。他身体力行，抽取行医经商的大部分盈余襄办各类学校，泽被乡里。

抗战胜利后，树基小学是海丰田墘一带仅有的一所学校，而且还是初级小学，这所学校的开办和日常运行的主要经费来自黄树榖的捐赠。亲眼见证日军暴行的海丰人明白了一个道理，落后就要挨打，要强大必须得读书，孩子们在树基小学毕业后去哪里读中学一直是一个难题。黄树榖为了解决这一难题，长期奔走呼号，邀约、说服当地多位开明的富裕人士，集资在田墘镇创建白沙中学。同时，为了保证学校的师资和教学质量，黄树榖多次前往香港邀请著名教育人士林悠如先生出任校长。起初，林先生坚辞拒受，但终为黄树榖的真诚所动，欣然出任白沙中学校长。

在黄树榖等开明士绅的奔走呼号和不懈努力之下，白沙中学很快顺利建成。黄树榖因出资份额较大、付出的劳动最多并因声望较高而被推为学校的董事长。

黄树榖等人创办的白沙中学就是今天汕尾的白沙中学，白沙中学创立以后为当地培养了一代又一代人才，为当地教育事业作出了较大的贡献。在白沙中学的发展中，逐渐整合了包括黄旭华就读的学校在内的当地多所其他学校，因此黄旭华也成了白沙中学的校友。白沙中学的第一任校长林悠如先生在1949年后历任中山大学中文系教研室主任、江西大学中文系主任、南昌市政协委员。

1961年12月3日，黄树毂先生在田墘镇自己修建的宅子里溘然离世，享年71岁。在给他送葬的队伍中，独缺他一直心心念念的三儿子绍强（黄旭华的谱名），而黄旭华也毕生为此遗憾，自责不已。

母亲曾慎其——博爱仁厚、坚韧豁达

曾慎其女士祖籍揭西市五经富镇，生于清光绪十九年（1893年）重阳节。虽然家境贫寒，但得益于父母开明，曾慎其在当时受到了良好的教育，女校毕业后进入英国教会所办的福音医院妇产科学习，并成为一名优秀的助产士。嫁给黄树毂后，又跟随黄家人兼修其他相关医术，日常便在育黎药房坐诊，以妇科及助产为主，对常见疾病亦能开处方，渐成一名全科医生。

曾慎其心地善良、勤奋吃苦、任劳任怨、乐善好施，更为难得的是，她还具备那个时代普通女性很难兼有的大家风范：胸怀豁达、深明大义、隐忍坚毅。

曾慎其一生含辛茹苦养育了九个子女，个个教育良好，人人勤勉成才，这在教育、卫生及医疗保障水平低下的民国年间实属罕见。黄旭华及其兄弟姐妹们只要谈及母亲，总是哽咽不止、潜然泪下，并感慨于母亲的"义、德、善、勤、爱、忍"对他们一生的巨大影响。

曾慎其中年时照片（黄旭华提供）

助产士，一个神圣的职业，笃信基督教的曾慎其用她博爱的双手迎接了一个又一个新生命的到来。她医术精湛、医德高尚、心地善良，一年四季，无论何时、何种情况，但凡有人来请她去接生，她从来二话不说，抬腿就走。记不清有多少个夜晚，一阵敲门声过后，很快就能看见她那柔弱而坚韧的身影奔出家门，在一声清脆的啼哭声中，她又一次护佑着一个神圣的新生命降临这个世界。

尽管常常披星戴月、栉风沐雨，但曾慎其从不计较接生费的多寡，从来都是人家给多少就是多少。若是困窘的家庭，她仅象征性地收点费用。遇到拿不出接生费的贫苦人家，她真情地宽慰道："不要钱，等孩子长大了，叫我一声'义姆'（潮汕一带'干娘'的称谓）就行。"因此，在海丰一代，曾慎其有数不清的各个年龄段的干儿子。

在曾慎其逝世后的葬礼上，许多她压根就不认识的、不同年龄段的干儿子自发来为她送行，其中就包括原公社书记，一个难产的干儿子。

积德自得天佑。曾慎其夫妇济助过无数的贫苦家庭，善行传播于方圆几十里，以至于他们全家在后来的多次"走日本仔"（当地方言，即躲避日寇逃难的意思）中，沿途都能得到一些产妇家庭及受惠民众的庇护和帮助。

曾慎其的人生并非坦途，她的人格魅力也体现在面对灾难和屈辱时的坚强、淡定与豁达。

"文化大革命"时期，曾慎其因其特殊的学徒背景、莫须有的包庇罪名、虔诚的宗教信仰及家庭成分，甚至优秀的医术水平，被扣上了"地主分子"的帽子，受连累的还有二儿子黄绍振。在遭受多次人格侮辱与人身批斗、开除公职后，曾慎其和二儿子夫妻及三个最小的孩子一起被遣送到池都村接受"劳动改造"。

在这个偏僻贫困的海边小村里，曾慎其干着又脏又累的养猪活儿，白天黑夜，吃住都在猪圈里。粤东常年多雨，每逢雨天，猪圈雨滴淅沥，泥泞不堪。面对如此的困境，她依然平静如常，兢兢业业，展现出了无比的坚强和隐忍。

1975年，曾慎其一家平反。说来也巧，就在她被解除"劳动改造"的第二天，她所居住的猪圈就因为大雨而倒塌，许是吉人天相，让她躲过一劫。

作为母亲，曾慎其对孩子们倾注了无尽的关爱，一丝不苟、细致入微。九个子女的衣食住行、上学读书、成家立业她都勉力操持，既分享子孙们的快乐与成功，也排遣他们的委屈与失望。

黄旭华有一段回忆，很能让人体会出曾慎其给予孩子的那份母爱的悠长与隽永。

约在黄旭华四岁时，二哥绍振读书的学校组织学生春游。平时他与二哥形影不离，总是屁颠屁颠跟在二哥后面。哪有孩子不喜欢出去玩呢，他自然是想跟着二哥一起去玩耍，二哥也答应带他去。但是，母亲考虑他仅四岁，走远了肯定走不动，二哥也不过是个七岁的孩子，到时真走不动了还会拖累二哥甚至班集体，就坚决不同意他跟二哥去，为此黄旭华哭闹了一顿。

　　二哥春游回家后，神采飞扬地对他讲述一路上的见闻，特别提到在田墘镇附近的一个小山坡上发现了一对可爱可逗的狐狸，让黄旭华听得落寞神伤不已。不过，毕竟是个孩子，烦恼来得快，去得也急，时间一长，黄旭华早将这件事忘到九霄云外。然而，让黄旭华压根没有想到的是，母亲曾慎其却一直记得这件事，他当时遗憾和伤心的样子一直留在母亲那颗慈祥的心中。

　　1993年，农历九月初九，曾慎其整整100岁，黄旭华偕夫人李

曾慎其百岁大寿时与黄旭华、李世英夫妻合影（黄旭华提供）

世英女士百忙之中回老家祝贺母亲百岁大寿，其时曾慎其住在肇庆的弟妹们家中。肇庆有个非常美丽的风景区叫七星岩，寿辰过后，百岁高龄的母亲提出陪黄旭华上七星岩，途中母亲说起了60多年前的那件事，说她欠黄旭华一次郊游，在百岁之年必须了却儿子几十年前的一个小遗憾，希望以此七星岩之游作为弥补。

黄旭华、李世英听母亲如此一说，始而惊愕，继而感恸，眼泪止不住扑簌簌地往下流。每一位初闻这个故事的听众都会由衷地感到母爱的无疆。

在对待三儿子黄旭华隐姓埋名、久疏家庭的这件事上，最能体现曾慎其的胸怀。

黄旭华因参与核潜艇研制，要求高度保密，故此在1957年之后30年没有回家，甚至在父亲与二哥去世时，他不仅没能回家看一眼，而且没有任何解释，家中其他兄弟姐妹自然免不了有些怨言，以为三哥只在乎自己的小家而不在乎兄弟姐妹情谊，但曾慎其却不仅对黄旭华的行为报以理解，并要求子孙们宽容以待。她坚持认为三儿不回家、不说明必有苦衷，并坚信黄旭华一定是干着于国于民有意义的大事。

1986年11月，黄旭华因公务需要到深圳大亚湾核电站出差，经上级领导批准，返回时取道广东肇庆，看望阔别近30年的母亲及在肇庆的弟妹们。可是，本该热烈的重逢气氛却十分尴尬，由于严格的保密要求，任何涉及工作，甚至部分事关生活的问题都不能谈及，因此，与亲人叙家常都得小心谨慎，对于家人的关心询问、亲属的好奇打听，黄旭华只能或装聋作哑，或顾左右而言他。

可90多岁的曾慎其，反倒似胸有丘壑，只好吃好喝招待儿子，
黄旭华不说的她绝不问，并且时常阻止子孙们及亲戚们向黄旭华
问这问那。三天过去了，黄旭华要走了，母亲没有挽留，拉住他
的手噙满泪水说："北方冷，好好工作、好好照顾自己。"

次年底，曾慎其意外收到了一本三儿子黄旭华寄回来的1987
年第六期《文汇月刊》。杂志第一篇便是报告文学《赫赫而无名的
人生》，她若有所动，立刻认真阅读，开篇未久即提到主人公"他
的贤内助李世英"时，曾慎其心里兀自一惊，"李世英"！三儿媳不
是叫这个姓名吗？就这么巧？曾慎其隐约预感到主人公会不会就
是三儿子黄旭华。

她赶紧继续往下读，渐渐发现这个人的若干特征越来越熟悉，
文章说到主人公出生在"广东海丰田墘镇""父母行医""母亲是
位助产士""中国核潜艇黄总设计师"，至此，曾慎其确信无疑了，
这篇报告文学的主人公正是自己的三儿子黄旭华。

此时，曾慎其恍然大悟，过去的疑虑烟消云散，终于明白三
儿子旭华这几十年所做的工作。她的判断没有错，三儿子是好样
的，他干的是国家大事！她一遍又一遍地阅读着那篇文章，任凭
眼泪恣意地流淌在苍老的面庞上。

在略微平复一下心情后，她把一家人召集在一起，郑重地告
诉在家的儿女们："三哥的事，大家要理解、要谅解！"

1995年初，102岁高龄的曾慎其不慎摔了一跤，这一跤让老人
家没能再起来。3月21日，已处于弥留之际的曾慎其依稀感觉到有

黄旭华戴着母亲的围巾上班

人来到了她的身边，并倍感亲切。她竭力想睁开自己的眼睛，可是怎么都无法睁开，于是闭着眼问："是谁呀？"

"我是绍强，回来看您了。"黄旭华含着泪抓紧母亲的手说。

此刻，曾慎其心潮澎湃，用最后一丝力气睁开眼睛，看着又多年不见的黄旭华说："我没有告诉人要通知你，知道你忙，可我想你呀……"还没说完眼泪就滚了下来。

曾慎其让女儿帮自己戴上老花镜，要好好看看这个难得一见的英雄儿子。

她端详着黄旭华，轻松地莞尔一笑，喃喃低语："哎呀，绍强你长肥了。"于是，她面带微笑，慢慢地、永远地合上了自己的双眼。

母亲去世后，黄旭华仅从母亲的遗物中选了一条围巾。他说："一到冬天，再好的围巾我也不用，只用她这条。生前我不能陪她，她走后，有这条围巾，如同她永远跟我在一道。"

大哥引领二哥亲　诗记兄弟姐妹情

汕尾市德高望重的名医、解放前曾任汕尾福音医院院长、后任海丰县政协委员的许慕石先生，在曾慎其女士去世之后，撰写了一篇悼念她的诗作，诗中巧妙地嵌入了曾慎其九个子女的名字或行序。

行医济世老送娘，教子忠勤操富强。

五十余年堪赞美，百零四岁不寻常。

阳春白雪歌声振，淑女贤男节气扬。

最是三郎"核潜父"，荣归送母上天堂。

此诗中加下划线的字就是黄树穀、曾慎其夫妇给九个子女取的名。在黄氏族谱中，黄树穀膝下男丁序"绍"字辈，故此七个男儿的名字分别是绍忠、绍振、绍强、绍富、绍荣、绍赞、绍美，两个女儿冠以"秀"字得名秀春、秀阳。按照年龄排序，九位兄弟姐妹分别是绍忠、绍振、绍强、秀春、绍富、秀阳、绍荣，其中最小的两个弟弟绍赞、绍美为双胞胎。

诗中三郎就是本传记的传主黄旭华，他的谱名为黄绍强。"旭华"乃聿怀中学读书期间黄绍强自己所改的名字，而在黄树穀、曾慎其夫妇及兄弟姐妹口中，依然习惯称他"绍强"。

现在互联网上关于黄旭华院士的报道极多，官方的资料显示黄旭华的出生年月为1926年3月12日，而黄旭华实际上是1924年2月24日出生的。黄氏九位兄弟姐妹的出生年度分别为1919年、1921年、1924年、1926年、1929年、1931年、1933年、1936年，时间间隔极近，均在2年、3年的间隔之间。黄旭华上面的哥哥是老二绍振，出生于1921年，下面的大妹秀春出生于1926年，经黄

黄旭华（后排左三）九兄弟妹与父母的合影（黄旭华提供）

树穀、曾慎其生前及弟妹们证实，黄旭华出生于民国十三年农历
正月二十，即1924年2月24日。[1]

在黄旭华的兄弟姐妹中，大哥黄绍忠对他的影响最大，而二
哥黄绍振则和他感情最深。

老大黄绍忠，1919年出生，最初考入西南联合大学，毕业于
清华大学，参加革命工作后改名黄誉。黄绍忠1949年于清华大学
毕业后，随"南下工作团"到广州市军管会文教处工作，具体承
担南方大学的创办事宜。南方大学创办完成后，黄誉被指派参加
广东茂名的土地改革工作。土改工作结束后，黄誉响应技术归队

---

1 至于黄旭华的档案年龄缘何变成了1926年1月20日，却是有过很多的曲折，笔者在本书
中就不赘述，详见拙作《誓言无声铸重器：黄旭华传》的挖掘与考证。

的号召，参加国家重点建设项目建设，先去富拉尔基重型机器厂（即中国第一重型机械集团）工作，后调入成立不久的长春第一汽车制造厂。位于湖北十堰市的中国第二汽车制造厂成立后，他又奉调进入二汽工作，最后在二汽副总工程师任上退休。黄誉1994年在湖北十堰逝世，享年75岁，育有子女二人。

少年时代的黄绍忠受到进步思潮的影响，在聿怀中学读书时发起成立了进步社团"狂呼社"，组织进步学生编排《放下你的鞭子》《不堪回首望平津》等鞭挞反动统治及国民党不抵抗政策的舞台剧，

黄旭华（左）与大哥黄绍忠1946年夏在上海合影留念（黄旭华提供）

并在海丰等地巡回表演，掀起了热爱中华、救亡图存的学生运动。学校迫于当局的强大压力，劝其自动退学。在其后的求学生涯中，黄绍忠初心不改，在重庆和北平也积极参与进步学生运动，并于1948年加入中国共产党。

大哥黄绍忠是八位弟妹在事业上的表率，也是弟妹们的革命领路人。黄旭华深受大哥黄绍忠的影响，大哥的进步思想、理想志趣很早在他心里留下了深深的烙印，从聿怀中学直到在重庆考入国立交通大学，黄旭华都在紧紧追随大哥的脚步，包括后来在国立交通大学积极投身学生运动、加入中国共产党、矢志不渝研制核潜艇都有一部分是源自大哥的影响与鼓励。

不仅黄旭华，其他弟妹也在黄绍忠的指引下纷纷参加革命工作。在黄绍忠的鼓励下，后来成为他夫人的谭道容、大妹秀春（后改名黄牧），三个弟弟黄绍荣、黄绍赞、黄绍美先后进入南方大学三期和四期学习，毕业后，陆续参加了革命工作，最后都走上领导或者专业技术岗位。排行老八的六弟黄绍赞文笔不错，一直活跃在肇庆文史界，他在《肇庆文史》第二十辑上用"文中仁"的笔名发表过一篇《一家六口进南大，各自勤奋写春秋》的文章，详细地回顾了一家兄嫂姐弟六人在南方大学工作、学习的历程及在各自的岗位上建功立业的故事。

兄弟姐妹中，数二哥绍振与黄旭华的感情最好。两人年龄相近一点，打小就一起游戏玩耍，累了困了二哥就背着他，干啥都有二哥照顾着。二哥上学后担心他孤单，就带着他一起去上学读书，他也像个尾巴似的整天跟着二哥。他虽然是跟着二哥上学，但是上课也很用心，结果绍振上课不会背诵的课文他倒会背诵，这样反而时常招致二哥被母亲及老师责罚。

据黄旭华回忆，二哥绍振不喜欢读书，却对经商很感兴趣，兄弟姐妹中，绍振读书时间最短，小学勉强读完，初中没上两天就坚决不去了。母亲曾慎其见怎么劝说都无效，只好让绍振协助父亲黄树縠打理自家的米铺、药店及商贸，绍振也展现了自己在经商方面的才

黄绍振晚年照片（黄德举提供）

能，将自家在香港的米铺及其他商贸生意经营得有声有色。

1949年后，黄绍振心甘情愿地协助父母操持家务，并且一辈子陪伴和照顾父母，以这种方式默默地、无私地支持着哥哥及弟弟妹妹们的读书与工作，并在"文化大革命"时期和父母一起经受过一些灾难。

二哥绍振1921年出生，逝世时仅65岁。他是黄氏兄弟姐妹中最早离世的，也是读书最少、遭受苦难最多的。如果说大哥对黄旭华影响最大的话，那么二哥则是黄旭华最为感谢、敬重且最负愧疚的人。

据黄绍振的儿子黄德举先生回忆，1985年父亲逝世前，非常渴望能见三叔黄旭华一面。而黄旭华在得知二哥绍振去世的消息时，正值第一代核潜艇技术攻关的关键时刻，分身无术，未能回去看二哥最后一眼，这也在黄旭华心中留下了无法淡忘的痛苦和愧疚。

嬉造与逐浪　志趣心中藏

黄旭华小时候是一个乖巧、听话的孩子，天真烂漫、兴趣广泛，但他与众不同之处在于遇事比较用心，既透着聪明，又能表现出他的志趣与抱负。

黄旭华的童年生活简单而快乐。从记事起，有在镇子里简陋的街道上捉个迷藏、玩个游戏什么的；有光着脚丫子去海边溜达，看看大小船舶、捡捡贝壳鱼虾什么的；间或也有在番薯地里看大人做农活儿，听听他们说些自己似懂非懂的故事什么的。稍大一点的时候，在节日里和伙伴们一起玩过舞龙耍狮。不过，大多数时候他是和二哥一起玩耍，很少发生其他小朋友欺负他的事。黄旭华可爱听话，不调皮、不惹事，在大人眼里是一个懂事的乖孩子。

黄旭华虽然乖巧听话，但绝不木讷，小时候做的每一件事都显示出他的机灵与聪慧，他善于思考、动手能力很强。回忆童年时，黄旭华给笔者讲了两件多少有些无厘头的儿时趣事。

那时看见飞机是一件稀罕的事情，每一个男孩子对飞机都会有无穷的遐思，梦想因此在蓝天翱翔。黄旭华看了几次天空中的飞机后，自己试图做一架玩具飞机，他找纸壳、木板按照记忆加想象做成了一架飞机，再找来橡皮筋，绞紧后带动螺旋桨旋转，整个看起来像模像样，用手助力后居然真能在空中滑翔一段距离，这让他十分兴奋，也令其他孩子艳羡不已。

田墘镇距离海边很近，各种各样的船黄旭华见过不少，但还是以渔民打鱼或者小商小贩走私贩运用的小帆船为主。后来，海上又大又快的蒸汽动力船渐渐多了起来，黄旭华对这种冒着白色蒸汽的大轮船很有兴趣，也到处找人打听这个不要人划桨、不要风帆吹动的轮船是怎样行驶的。其实当时在小镇上估计也没有谁真懂这个道理，不过还是有一些人似懂非懂、半调侃半打趣地对他说，那是在船底烧火，把海水烧开变成蒸汽就能推着船走。

听到这些说道后，尽管有些半信半疑，但黄旭华觉得这可能也没啥难的，飞机能造，轮船也可以试试。于是他又一次找来各种木板材料，用木匠工具在二哥的协助下真的拼搭了一艘木板船，再异想天开地在船底开一个洞，设想在这洞里烧木炭或者油料，只要火一起，船就"嘟嘟嘟"地开动了，和蒸汽轮船一样冒着烟在海上航行。

"船"做好了，木炭也找来了，于是就去海边验证自己的设想。黄旭华很兴奋，把船在海边摆好后，把烧着的一堆木炭往洞里一倒，白色的蒸汽倒是立马就冲将出来，"船"仅仅是摇晃了几下却并没有往前挪动分毫，木炭也悉数熄灭沉入海底。

出师不利，事情没有按照他想象的那样发生，黄旭华顿生懊恼，百思不得其解，这个造船的梦想就此萦绕在他的心中，直到几十年后才终于梦圆。

基于历史背景和思想渊源，考察他们那一代科学家的心路历程，我们不能不说这些早期的思维意识与志趣驱策，为他们后来的惊人成就播下了梦想的种子。所谓"月晕而风，础润而雨"，一俟环境与条件兼备，风虽起于青蘋之末，亦能扶摇直上，梦想也就变成现实。

中国的每一位父母总是对孩子有一种期许，虽然黄旭华童年时有天真无邪中表现出的志趣，但是作为父母的黄树毂、曾慎其对他有另一种"子承父业"的祈愿。

就受教育程度及执业能力而论，黄树毂先生与曾慎其女士在他们所处的时代应该算得上是有文化、有思想、有抱负的知识分子，在成就了他们自己的事业、人格魅力的同时，基于对世事的洞察与判断，他俩对九个子女更是寄予厚望，竭尽所能让他们接受更好的教育，并鼓励孩子们去社会上闯荡与磨砺。

　　自打祖父黄华昌开始，他们这一族支的行医水平在揭阳、汕尾一带具有一定的地位与声望，渐渐也积累了一定的家资，并能实现一些悬壶济世的福愿。但与此同时他们也留下过许多的遗憾，虽是寻医问药，救命治病无数，但难免有人力难及之事。

　　黄旭华告诉笔者，父母亲在行医生涯中，虽然一方面不断学习和求教，努力提升自己的诊断与治疗水平，但依然常常对一些疾病束手无策，作为一名医生眼瞅着病人遭受痛苦而无法救治，总不免有一种学艺不精的负疚和遗憾。故此一直以来黄树毂、曾慎其就有一个愿望或者梦想，希望自己的孩子将来能够继承他们的事业，好好学医，将来做一个医术高超的医生，悬壶济世，保一方百姓安康。

　　在这种愿景的驱策下，黄树毂、曾慎其夫妻俩在尊重孩子们的爱好与理想的同时，言传身教，尽可能引导孩子们去做一个好医生。客观而论，黄树毂、曾慎其夫妇的梦想是高尚的，治病救人与解民倒悬一样崇高。这个愿望也是现实的，把理想与职业选择结合一起，今天依然是科学的职业追求与自我价值实现的最佳方式。

　　虽然经历时代巨变，但在黄树毂、曾慎其的引导与培育之下，黄绍富、黄秀春和黄秀阳三名子女继承了父母的事业，把自己的一生献给了当地的医疗卫生事业。而黄旭华，也在父母的引导下曾把成为一名医术高超的医生作为自己最初的理想。

　　其实，黄旭华从小就是一个听话、有梦想、有抱负的孩子，虽然对许多新鲜的事物充满趣味与爱好，但是认知尚浅，谈不上有怎样的超乎寻常、意志坚定的愿望，反倒是耳濡目染，受父母的言传身教，对父母的职业充满崇拜与兴味，故此在他幼小的心灵深处，黄旭华的梦想就是遵照父母的意愿，好好读书、努力学习，将来考医科大学，做一个像父母一样的医德高尚、医术精湛、受人敬重的好医生。

第二章

跌宕传奇求学路
艰辛求索为梦想

那时我就想，长大了，我一定得为国家做一点事情。——黄旭华

追逐梦想总是从读书开始的。在特殊的历史时代，黄旭华的求学历程是一场辗转跌宕，历经荆棘，颇有些许传奇的苦旅。他，于时空腾挪中劳筋骨、饿体肤，完成身心的洗礼；于时局剧变中思国耻、明大道，实现梦想的蜕变。其间于黄旭华这个有梦想、有抱负的青少年来说，能待在学堂里读书就是唯一的诉求，而无关年龄或者学制，无论多么曲折艰辛，只要坚持，就有破茧成蝶的希望。

树基小学始读书　兼修音乐与武术

民国时期的小学教育各地存在较大的差异，在广东潮汕地区，小学教育分为初级小学、高级小学两个阶段，初级小学是1至4年级，5至6年级则是高级小学。

田墘镇上有一所教会兴办的树基小学，是一所规模较小的初级小学，办学经费主要来自当地基督教会及教众的捐赠，黄树穀是这所学校的主要捐资人之一。大约在黄旭华4岁的时候，黄树穀、曾慎其夫妇将老二绍振送进了树基小学读书。

在乡村多子女的时代，大孩子带小的弟妹玩是一种常见的现象。黄旭华打小就是绍振带着玩，两人形影不离，感情甚笃。可是，绍振去学校读书就遇到一个问题，年仅4岁的黄旭华谁来带呢？黄树穀、曾慎其夫妇整日里忙碌在诊所、药房，还

要打理米店及其他商贸生意，哪有时间照看黄旭华？那时的田墘镇也没有幼儿园之类的托育机构，家里也没有富裕到请佣人，再说家里新添的大女儿秀春也刚满周岁，因此，绍振上学读书绍强怎么办一下子成了一个令黄树毂、曾慎其夫妇很头疼的难题。

此时，年幼的绍振对父母亲说，他可以带着三弟一起去上学，学校既安全还能跟着学几个字，而黄旭华也表示愿意和哥哥一起上学。树基小学是教会学校，黄树毂又是校董，让黄旭华跟着二哥去上学料定学校也没啥意见，因此黄树毂、曾慎其夫妻就同意了绍振这个建议。于是，二哥启蒙去上学，黄旭华去学校伴读，俩兄弟又可以焦孟不离。

就这样，兄弟二人每天一起上学、放学，途中撒着欢儿地嬉戏玩耍，日子过得那叫一个惬意。黄旭华是给二哥伴读的，老师对他也没有啥具体要求，上课可是一丝不苟的，听讲也好、做作业也罢，规规矩矩，比二哥及其同学还认真，也没有学习上听不懂、跟不上的问题。

但是，黄旭华这样像模像样的认真伴读给二哥惹来了麻烦。绍振对读书的兴趣本来就不大，上课自然也没有弟弟黄旭华用心，因此无论在学校还是在家里，当老师及父母检查绍振的作业或者让他背诵课文时，二哥大都差强人意，大部分时候没有黄旭华做得好。绍振背不下的课文，黄旭华却总能流利地背诵出来，如此一对照，结果就是绍振被老师及父母批评甚至责罚。不过，二哥绍振倒是很大度，从来没有因此责怪过弟弟，反倒很高兴，觉得弟弟是块读书的料。

黄旭华在树基小学待了将近6年的时间，也说不清自己哪一年正式启蒙的。在树基小学时期，黄旭华在读书学习之外，也有广泛爱好，除了各种动脑、动手的小制作，他对音乐、艺术之类的东西很感兴趣，对武术也有过操练。

父亲黄树毂既粗通武术，也对音乐感兴趣，且弹得一手好扬琴，至于是怎样学会的，黄旭华也不知道。在行医经商之余，黄树毂间或弹奏几首扬琴曲丰富生活，调节生活与情绪。每当此时，黄旭华就认真倾听、仔细琢磨，竟然慢慢地学会了基本弹奏技能。父亲黄树毂见他有了些基本功后，偶尔也指导一番，教他一些音乐知识和弹奏技巧，黄旭华有空也勤加练习，弹奏水平不断提升。就这样，黄旭华开始与音乐结缘，音乐也逐渐成为他人生、事业、家庭的调节剂和润滑剂。

不过，黄旭华可不只擅长扬琴演奏，吹口琴也是他拿手的绝活儿。在树基小学读书时，有一天他看见有个人用双手拿着一把很小的玩意儿在口边吹奏，悠扬婉转，十分动听。黄旭华很是好奇，一打听知道叫口琴，名副其实啊。于是，他也设法去买了一把，由于弹奏扬琴有了一些音乐基础，黄旭华就自个儿慢慢思忖，还真被他琢磨出一些道道来，后来又专门找别人学习，就这样口琴吹奏又成了他的一项业余爱好。

会了扬琴与口琴，自然就会在恰当的时候表演。黄旭华不仅在树基小学的一些庆典场合表演过，后来在聿怀中学时，他还将扬琴带到学校去，以备需要时演奏。参加工作后，黄旭华又添置了一架扬琴，工作之余弹上几曲以作调剂。这架扬琴如今虽然破旧了，但黄旭华依然不舍得丢弃，搁在家中作为纪念。

毕竟扬琴太大不好携带，小巧的口琴便伴随黄旭华走过了一段段艰难的道路。在艰辛的核潜艇研制过程中，黄旭华不时通过吹奏口琴来舒缓压力、寻找灵感。在桑榆晚年，用优雅的口琴声直抒胸臆，成为他多彩生活的一部分。

笔者非常有幸，在多次与黄旭华院士的交谈中，说到动情处，年逾九十的黄老竟然即兴吹奏口琴，悠长隽永，至今似有余音萦绕、不绝于耳的感觉。

当然，黄旭华可不仅仅会乐器，还天生有着一副好嗓子，黄旭华从小就爱唱歌也会唱歌，最早开始唱歌是跟着母亲唱赞美诗。黄树毅、曾慎其夫妇是虔诚的基督徒，每逢周末常常带领孩子们去教堂做礼拜，教孩子们唱赞美诗，黄旭华那时候跟母亲学会了吟唱很多首赞美诗。

记得在2014年的一次交谈中，笔者按捺不住好奇，请求黄旭华给我唱一首听，没想到他爽快地答应了。他略微清了一下嗓子，给我们唱了一首《再相会》。

黄旭华学习乐器后又继续在树基小学逐渐习得一些乐理方面的知识，唱歌水平又有了质的提升，渐渐成为业余领域里的翘楚，经常获得一展歌喉的机会。听过黄旭华唱歌的人都一致认为，他的歌声很有感染力和穿透力。的确，黄旭华的歌声，在广东老家飘荡过，在聿怀中学、在桂林中学、在国立交通大学激昂过，在大海深处、在核潜艇狭小的舱室萦绕过，并且一直穿越到今天。

随着和黄旭华的对话交流日益增多，笔者渐渐明白：唱歌对于黄旭华不仅仅是一种爱好和才艺，更是一种工具，在此后的核潜艇研制工作中，唱歌成为他工作的一种方式与策略，而在他退居二线后，唱歌又成为他发挥余热的重要形式。

黄旭华院士还有一个独门绝活儿极少示人，也基本没有对媒体披露过，不过笔者略知一二。由于黄家一直就有武术传统，因此祖父黄华昌、父亲黄树毅也都有一定的武术基础，黄旭华小的时候，偶尔也跟随父兄练习一些武术的基本功，学习一些武术套路和防身技能。黄旭华院士90余岁依然身体健康，除了有遗传的因素之外，也与他具有一定的武术与健身基础有关。

黄旭华在中年之后，结合太极与长拳自创了一套太极健身拳，凡是看过黄旭华走套路、打太极的内行人都明白，他的武术有一定的童子功基础，中年之后再学的人很难达到那种层次。此外，黄旭华自创的这套太极拳，也是有一定的武术修为的人才能够融会创新的。

笔者曾经多次询问黄旭华院士小时候到底练过武术没有，他总是笑而不答。不过他的小女婿曾经给笔者透露过一个细节，这个细节是他小女婿亲眼所见，给笔者讲述时黄旭华院士也在场，没有反对也无异议，所以笔者料想无差错。

事件发生在20世纪90年代初，黄旭华有一天在家里的阁楼上寻找一件东西。由于阁楼年久失修，有些板子松动了，黄旭华一脚踩在一块松动的木板上，木板的另一头迅速翘起，相当于一脚踏空。眼见黄旭华就要从阁楼上坠落下来，在场的家人都惊慌失措，没想到突然间奇迹发生了，即将坠落的黄旭华顺势一个后空翻，气定神闲地落在平稳的地板上，毫发无伤。至此，小女婿才知道自己的岳父竟然会几招子武术，诧异之余，真不知老爷子身上还藏着多少秘密。

快乐的时光总是特别短暂。黄绍振、黄旭华兄弟俩一晃在树基小学读了6年，绍振早就该升高小了，可因为陪伴弟弟黄旭华他便一直滞留在树基小学。

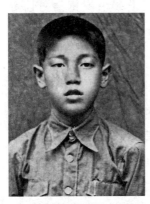

1934年黄旭华着田墘镇小学校服的照片（黄旭华提供）

1934年，树基小学不知何故停办，黄旭华转学至公办的田墘镇小学继续读初小，考虑到黄旭华已经10岁了，父母就让老二绍振去汕尾作矾小学读高小，至此兄弟俩短暂分开。

田墘镇小学当时就与红楼比邻，部分教室还在红楼内。黄旭华在那里相当于读小学四年级，虽然没有二哥的陪伴，但黄旭华和同学们相处也很融洽，依然是一个老师喜欢的好学生。

虽然光阴荏苒，物是人非，但有一样东西依旧能勾起黄旭华的回忆，那就是现在红楼门前的那棵大榕树，当时就在田墘镇小学门口。黄旭华记得在课余，小伙伴们总是在那棵树下玩耍，夏天在树下纳凉躲雨。不过让他感到奇怪的是，缘何历经80余载，那棵树似乎并没有长大多少！

一年后，黄旭华在田墘镇小学初小毕业，离开家至汕尾的作矶小学读高小，再次和二哥绍振在一起。

依旧在田墘镇小学旧址门口的大榕树（2019年，王艳明摄）

2016年黄旭华与80年前校门口那棵榕树合影（黄旭华提供）

作矶小学觅新知　得遇良师苏剑鸣

1935年秋天，在田墘镇初小毕业后，黄旭华随二哥绍振去汕尾的作矶小学读书。作矶小学也是由教会所办，属于比较正规的高级小学，学校的教学质量和办学声誉都很好，由于离家比较远，黄旭华就和二哥一起在学校住读。

当时的作矶小学是仅有一座两层楼小房子的学校，隔壁就是教堂，方便师生们做礼拜。房子的一层是供老师及学生们上课用的教室，二层是师生们居住的宿舍。学校开设有高级小学的两个年级，一个年级一个班，一共三位教员、二十几个孩子。

对于作矶小学，黄旭华印象最为深刻的是一位叫苏剑鸣的教师。事实上，黄旭华与苏剑鸣老师彼此情笃，几十年过去了相互之间记忆犹新。黄旭华只要谈及高小读书，必定谈及苏剑鸣老师，并认为苏剑鸣老师是让他一生受益且对他一生影响最大的教师之一。反过来，苏老师只要回忆起自己的学生，也是言必谈黄旭华，即便在黄旭华默默无闻的时候。

苏剑鸣老师是汕头人，和学生一样吃住都在学校，他的宿舍是在二层的一间比较大的学生宿舍中隔出的一个小间。由于一天到晚上课、吃饭、睡觉都在一起，苏剑鸣和蔼友善，和黄旭华等孩子们建立了深厚的感情与友谊。

当时苏剑鸣非常年轻，黄旭华心里估计苏老师大不过自己十岁，实际年龄也如此。在当时学校的三位教师中，数苏剑鸣的课程最多，除国语、算学、自然、英语四门课之外，还兼带体育课。苏剑鸣老师不仅知识渊博，教学能力也很强，讲课生动活泼、幽默风趣，所教授的每一门课黄旭华都感兴趣，听得也是津津有味，收获颇丰。

民国初期，政府教育部就曾宣布："国语要旨，在使儿童学习普通语言文字，养成发表思想之能力，兼以启发其德智。初等小学校首宜正其发音……"苏剑鸣老师在国语课上很好地贯彻了这一宗旨，始终教导孩子们要学好、说好国语，并为黄旭华他们挑选了著名语言学家、音乐家赵元任先生编写的国语教材，配有一张赵元任先生灌录的唱片，用音乐的方法来教授汉语拼音。同时，他鼓励学生们在学校多用国语交谈，勤读多说。

当时在潮汕一带，几乎所有人都是讲客家话或者粤语等其他方言，说国语的人寥寥无几。但苏剑鸣老师始终对孩子们强调国语的重要性，事实也的确证明了苏剑鸣的高瞻远瞩，黄旭华在作矾小学所习得的是国民政府标定的"国语"，与1949年后标定的"普通话"基本相同。

1993年11月于汕头拜访小学老师苏剑鸣先生（左）
（黄旭华提供）

黄旭华回顾这件事时，对苏剑鸣老师十分感激。在苏剑鸣老师的严格要求及悉心指导下，他学到的国语让他无论在后来的求学生涯中，还是在后来研制核潜艇的过程中，流畅地与他人交流。黄旭华甚至自嘲地说，他非常忠于苏剑鸣老师教的普通话，虽然他后来走遍了大江南北，但他的普通话还是作矾小学读书时的那个水平，不肯有任何长进。

除了教授国语，苏剑鸣老师还给黄旭华他们讲授算学、自然和英语。苏老师讲的算学和自然非常贴近生活，深入浅出，黄旭华慢慢体会了自然的奥秘和科学的魅力，并初步建立起对科学的兴趣。

黄旭华对英语课程也并不陌生。黄旭华的父母在福音医院学习西医时就学过英语，因此在生活中经常教子女们一些简单的英语会话，也教他们唱英语歌曲，黄旭华小时候就跟妈妈学会了英文歌曲《圣诞夜之歌》。比之于其他孩子须从ABC开始英语启蒙学习，黄旭华已经有一定的英语读写基础，所以在作矶小学，黄旭华的英语成绩是最棒的。

黄旭华名列前茅的成绩及聪明乖巧的个性给苏剑鸣留下了深刻的印象。1993年11月黄旭华回肇庆庆贺母亲百岁大寿期间，特地去汕头拜见苏剑鸣老师。找到苏剑鸣后，黄旭华问苏剑鸣老师是否还记得他，苏老师不假思索回答说："黄绍强，高才生，我怎么不认识啊，哈哈哈！"黄旭华离开作矶小学已将近一个甲子了，苏剑鸣对他的姓名能脱口而出，可见苏老师对他的记忆有多深刻。接着，师生俩还唠了许多当年学校的事，双方都是记忆犹新。

在作矶小学不仅学习是愉快的，课余活动也很丰富。打球、游戏、唱歌，精彩纷呈。苏剑鸣极富责任感，为了防止孩子们打球时受伤，只要同学们打篮球，他必定站在旁边照应，时刻提醒孩子们小心，别撞着伤着。大部分周末，苏老师都会带黄旭华及同学们去教堂做礼拜、爬山、郊游，总是尽兴而归。

作矶小学开设有音乐课，教孩子们学习识谱等音乐常识，也练习唱歌，由于是教会学校，因此以教唱赞美诗为主。此外，音乐教师也给孩子们排练一些小型歌剧，黄旭华记得曾排练表演过一个叫《小小画家》的小歌剧。二哥绍振和黄旭华兄弟俩联袂出演，二哥扮演画家，他扮演小猫，在学校及教堂表演过很多场，很受欢迎。这场表演极大地鼓励了黄旭华，增强他的信心，让他以后在聿怀中学、桂林中学及国立交通大学的艺术社团中大放光彩。

1937年仲夏，短暂的两年一晃就过去了，黄旭华与同学们作别苏剑鸣等老师，离开了曾经带给他们知识与欢笑的作矶小学，结束了小学的学业。

寇侵国破读书难　风雨如晦上聿怀

1937年是中国人刻骨铭心的一个年份。就在黄旭华小学毕业后不久的7月7日，爆发了震惊中外的卢沟桥事变，日寇冒天下之大不韪悍然全面侵略中国，中国的全面抗战拉开序幕，黄旭华也开始了在战乱中的求学之旅。

日寇入侵后，时局变化很快，到8月末，地处东南沿海的潮汕地区就处于日寇铁蹄的威胁之下。与作矶小学对口升学的汕头聿怀中学朝不保夕，时任校长陈泽霖决定暂时停学，待迁至新址后再择机复学。由于海丰一带此时也没有别的中学可上，小学毕业后的黄旭华就只能辍学在家，等待聿怀中学搬迁后的入学通知。

但黄旭华在家可没有闲着，恰好此时在聿怀中学读高中的大哥绍忠也在家，席卷全国的抗日浪潮传递到了潮汕一带，大哥绍忠和尚为年幼的黄旭华哥俩在父母亲的认同下，也加入抗日宣传的洪流之中。

由于有文化基础和音乐表演能力，大哥绍忠和黄旭华在抗日宣传队里排练各种文艺节目，在田墘一带流动演出，鼓动人民群众积极参加抗日救国的斗争。

谈起这段抗日宣传的往事，黄旭华立刻激动起来，激愤的情绪溢于言表，他回忆说：

我们上台演出的话剧，叫《不堪回首望平津》，说的是老百姓逃难的事。我男扮女装，主演流亡的小姑娘。我们演得特别认真，台下看的人很多，也很动情。演着演着台上台下就越来越激动，抓到汉奸了，台下无数的观众含着泪水一起高喊："杀！杀！"那时我就想，长大了，我一定得为国家做一点事情。

类似这样的演出，兄弟俩演出过无数场，前后持续了两三个月。此后当地的抗日情绪空前高涨，抗日活动积极活跃，曾给日本鬼子以沉重的打击。

1938年春节临近时，黄旭华和大哥绍忠、二哥绍振终于等到了聿怀中学的复学通知，他们被告知聿怀中学已搬迁至揭西五经富山区的北山村，要求新生和老生于春节后报到学习。

聿怀中学是广东的名校，历史悠久，底蕴深厚。该校创建于1877年，最初是英国基督教长老会创办的宗教学校，历任校长、校董苦心经营，校誉日隆，社会共识。"聿怀"二字取自《诗经·大雅·大明》中的"维此文王，小心翼翼，昭事上帝，聿怀多福"，意为"笃念"，也引申为"使人归回""胸怀广阔"之意。

聿怀中学140余年办学历史中，一直秉承"海纳百川，有容乃大"的办学理念，学校的发展虽然历经沧桑，但始终不忘初衷、纪律严明、教学规范、德智兼养，是文脉昌荣、诗书荟萃、科学启蒙之地，从这里走出的人才也是层出不穷。

聿怀中学培育了一大批享誉海内外的杰出校友，有中国科学院院士杨遵仪（古生物学家、地质学家）、郑度（山地与高原地理专家）、郭予元（病虫害防治专家），中国工程院院士黄旭华（核潜艇专家）、饶芳权（电机专家）、周福霖（隔震减震控制专家），银行家、泰国"金融巨擘"陈有汉，"儒商"袁经伦，经济学家肖灼基，军旅作家徐国腾，熊猫专家潘文石，建筑专家林志群，外

四院士校友齐聚一堂庆贺聿怀中学建校135周年，左二起依次为饶芳权、黄旭华、郑度、周福霖（摄于2012年9月29日，黄旭华提供）

交家张伟烈，学者曾牧野，新闻家方汉奇、杨木，教育家邹剑秋、李鸿昌、卢启智，实业家陈锡恩、唐学元、张华达、刘奇喆、陈厚宝、许伟等，都是各个行业上的翘楚，为国家的发展作出了巨大的贡献。"一校六院士"的美誉就是对聿怀中学办学理念和教育方法的科学验证与价值认同。

1938年春节刚过，辍学大半年的黄绍忠、黄旭华读书心切，正月初四哥俩就背着行李，穿越海丰、陆丰、揭阳，披星戴月，沿着羊肠小道长途跋涉，经整整四天到达揭西五经富，慢慢打听总算找到搬到山区的聿怀中学，开始了一段异常艰苦的读书生活。

到聿怀中学后，大哥绍忠继续读高中，黄旭华念初一，不久之后，二哥绍振在父母亲的催促下也赶到聿怀中学，兄弟三人相聚在聿怀中学，动荡的时局造就了这样一段奇特的际遇。二哥绍振在作矶小学时读书一直断断续续，所以来到聿怀中学只能读初一，因此黄旭华与他再一次成了同班同学。不过，这种状况没有维系多久，因为条件实在太艰苦及其他原因，兄弟三人又相继离开了聿怀中学。

黄绍忠、黄旭华抵达聿怀中学后惊呆了，没想到赫赫有名的聿怀中学如此简陋。学校建在一个山坡的下面，附近就是北山村。说是一座学校，其实就是一座破旧的两层小楼，外加小楼附近搭建的若干茅草棚子罢了。

那座两层小楼是当地已经停办了的村学旧址，黄旭华记得房前匾额上有"克己新村"几个字，这座楼当时作为聿怀中学的教学楼，是学校最好的房子，属于高中部，大哥绍忠就在这幢楼里读书。几间新搭建的草棚子则是初中部，那些茅草棚子四面透风，黄旭华戏谑地说"凉快得很"，同学们吃、住、上课都在棚子里，所幸潮汕的冬季不像北方的冬季那么冷，否则他们这帮孩子可真的扛不住。

对在聿怀中学读书的经历，黄旭华有深刻的记忆。他说当时最苦、最难熬的事情并不是条件的简陋，而是来自读书的艰难及整日的饥饿。

首先是无法安全、安心地在草棚子里读书学习。日寇的飞机常会来侦察，轻则来一阵子机枪子弹，重则丢下几颗炸弹，安全没有保障。一听到飞机的轰鸣声，大家就知道日本的飞机马上就要来了，上课的老师立马提起小黑板，紧急招呼学生们迅速钻进甘蔗地里，然后继续在密不透风、虫蝇肆虐的甘蔗林中上课，直到日机远去。

有时为躲避敌机，学生只得转移到附近山洞里或者别的较为安全的地方上课。总之，那时读书上课和打游击没啥两样，整天里提心吊胆，精神高度紧张，学习效果自然也难以保证。

黄旭华回忆说，一天夜里，有一间茅草棚子突然失火，师生们不顾危险、奋力扑救，火虽然扑灭了，草棚子却所剩无几。天一亮，师生们把过火后的草棚收拾干净，继续上课。

生活条件很差，学生们太难坚持。由于时局动荡，供应奇缺，加上山区运输困难，当时聿怀中学的师生虽然一天三顿，但只有稀饭，而且是定量的，并不能管够。菜就更简单了，大多数时候不仅只有一个，而且是几乎一成不变的、只能称之为"菜"的蘸

聿怀中学迁入揭西五经富山区的教学楼（聿怀中学提供）

酱油条片，其实就是将油条切成一片片淋上酱油，油水荤腥根本见不到。由于吃得太少，学生们整日里饥肠辘辘。

上课、吃饭都难以保障，其他生活条件就更为窘迫。由于是山区，地方狭小，又没有配套的生活卫生设施，日常的洗澡、洗衣、丢垃圾、上厕所等一应琐事困扰着每一位师生，遇到有人受伤，那更是一筹莫展……

由于环境太恶劣、生活太艰辛，有的学生实在无法坚持下去，退学事件时有发生。

然而，尽管地处山乡僻壤，生活窘迫，并饱受敌机、蚊蝇袭扰，聿怀中学的大部分师生却勉力坚持、毫不松懈，教学及各项课余活动井然有序。师生们不仅白天坚持在敌机骚扰下上课，晚上还要求上自习，老师轮流辅导、监督。照明用的是乡间常见的自制灯具，就是用碟子或者墨水瓶装一点豆油、菜油，弄一根棉纱做灯捻子点亮。

同时，不仅课堂学习没有放松，文体娱乐也没有因为环境恶劣、日机骚扰而取消，照样因陋就简、创造条件坚持展开。同学们在简陋的操场上体育课，进行篮球比赛。黄旭华喜欢打篮球，球技尚可，在一次篮球比赛中获得了冠军，赢得了银色金属奖章。奖章为长方形，高40毫米，宽25毫米，正面为一枚男子浮雕，背面刻有"汕头聿怀中学""1939""球类奖章"等字样，该奖章已由黄旭华捐赠给母校聿怀中学。

黄旭华1939年在聿怀中学篮球比赛中所获得的金属奖章正背面（聿怀中学提供）

除了体育比赛，学校也进行文艺活动。比如开展歌咏比赛，这是黄旭华的强项，他也是积极分子。此外，学校还排演话剧、筹办壁报，题材包括抗日宣传及道德教化，黄旭华三兄弟都积极参与，也是表演舞台上的常客。

"乐观向上、自强不息，穷不堕其志、困不毁其规。"这就是聿怀中学的精神与传统，矢志不渝，方人才辈出。

1938年暑假时，黄旭华哥仨在聿怀中学的学习一晃就有半年了。由于揭西五经富距离黄旭华祖籍新寮村比较近，黄旭华一直想去新寮村看看，故此暑假一开始，黄旭华就去新寮村的祖屋崇德堂小住了一个多月，这也是黄旭华这辈子唯一一次在新寮村生活过的日子。这一个多月来，黄旭华把新寮村及其附近玩了个遍，当然黄旭华自小有别于人的可贵之处就在于他的理性，玩耍之余决不把学习落下，温习功课依然是每天必需的内容。

暑假结束后，弟兄三个继续在聿怀中学读书。转眼间寒假又至，兄弟三人放假就回到了田墘镇，放松心情、补充油水，在父母的身边过了一个还算愉快的春节。春节过后，大哥绍忠和黄旭华重返聿怀中学学习，老二绍振说啥也不去了，执意在家帮父母打理诊所、药房及其他生意，再一次辍学了。

1939年广东战事吃紧，形势骤然紧张，聿怀中学在深山中难得的一片艰苦而尚算安定的学习氛围一再被打破，师生们进入了一段迁徙流浪般的学习生活。1939年4月，第一个学期大约进行到一半时，日寇进攻，迫近揭西，聿怀中学被迫解散。由于离家太远，路上又不安全，黄旭华只好暂时栖身于陆丰的同学家。月余后，情况稍有缓和，学校又复课了，复课不久就放暑假，黄旭华和大哥一起回到了田墘镇。

在田墘镇，黄旭华亲眼看到日机经常肆无忌惮轰炸海丰。他家离海边不远，黄旭华和他的兄弟姐妹站在屋顶上，一次次眼睁睁地看着天上日机五六架一群，依次从空中俯冲下来，把停泊在海边的一艘艘渔船炸毁。

1939 年 8 月底，聿怀中学又迁至距离五经富 10 公里外的揭阳古沟，借租当地张氏祖祠复校。由于当时韩山师范学校也迁驻此地，为方便管理及共享有限资源，聿怀中学停办，学生悉数并入韩山师范学校，韩山师范学校为此成立中学部，中学部依旧分为初中年级和高中年级，但韩山师范学校本部与中学部的学生是分开上课的。

聿怀中学撤销并入韩山师范学校时，学校为了保证学生学籍的连续性并有利于其他有条件的学生赴大后方求学，特地给每位学生颁发了类似于聿怀中学肄业的借读证，并由校长陈泽霖署名签印，作为凭证。黄旭华也有一份这样的凭证，但是可能由于 1940 年离开聿怀中学赴广西桂林时没有携带，而

1939 年聿怀中学签发给黄旭华的借读证（聿怀中学提供）

在韩山师范学校的同年级同学张际德恰巧收藏了这份珍贵的档案资料，张际德后转交给在今天韩山师范学院任教的侄子张树发，张树发于2021年4月2日转赠给聿怀中学。

现存于聿怀中学的《广东省立韩山师范学校民国二十八年第一学期各年级学生一览表》显示，黄旭华当时是初级中学二年级一班的学生，该班一共有50名学生。根据韩山师范学校校史资料，黄旭华当时所在班就在张氏祖祠东北边临时搭建的简陋的竹棚里。对此，黄旭华经仔细回忆后表示认同。

笔者广泛查阅同时期揭西山区各中学校址变迁情况，推测当时并入韩山师范学校的中学不止聿怀中学一家，而韩山师范学校设立中学部是遵照广东省教育厅的指示办理的，以广泛接受当时因战乱而失学的中学生就读，这与抗战时期的情况及国民政府的政策是基本吻合的。

1940年初，聿怀中学从韩山师范学校分离，回迁原来的克己新村复校。据黄旭华回忆，1939年因战事变化，学校基本处在不停搬迁之中，管理又受到合并拆分等的影响，教学因此受到比较大的冲击，师资不稳，上课时断时续，学生很难正常学习。

在学校剧变的过程中，又发生了一件与黄旭华密切相关的事。1940年聿怀中学刚恢复不久，校方就通知大哥绍忠须自行离开学校，否则将强制开除。

此事的原委是这样的。黄绍忠很早就接受进步思想熏陶，在聿怀中学读书期间，未经学校和地方当局的同意，私自在聿怀中学成立了一个进步学生社团"狂呼社"，自己出任社长，而且联合学校另一个进步社团"叱咤社"共同开展一系列的抗日宣传活动，组织学生演出《放下你的鞭子》等抗日话剧。

在当时，进行抗日宣传并不违法，学校和当局也不反对，但他们的很多活动涉及对国民党当局腐败的抗议和鞭挞，也有讽刺蒋介石消极抗日的成分，所以引起了地方政府的不满，地方政府于是对学校施压，要求学校取缔黄绍忠组织的"狂呼社"，并开除黄绍忠。

大哥绍忠在聿怀中学学习成绩很优秀，不是第一，就准是第二，综合素质也很高，有教养、懂礼貌，很招人喜欢，还是文体活动的积极分子。陈泽霖校长打心眼里爱惜黄绍忠，迫于当局压力，亲自找黄绍忠谈话。为了保护他，建议绍忠自动离校，换个环境读书，这样就能大事化小，既能敷衍当局，又不至于影响黄绍忠今后的学习与前程。

黄绍忠理解校长的良苦用心，为了不连累聿怀中学的师生，听从了校长的建议，自行离开了聿怀中学。可是去哪里呢？深思熟虑后，他决定远走高飞，奔赴当时抗战大后方广西，意欲去著名的桂林中学读书。

临行前，他对黄旭华说，在聿怀中学已经很难坚持学习了，如果可能的话，他建议黄旭华也设法去桂林中学读书。辞别弟弟后，黄绍忠背着简单的行李，经由梅县去广西了。

大哥绍忠走后，黄旭华心里很失落，但还是坚持在聿怀中学的学习。到了1940年的夏初，战事愈发紧张，聿怀中学的学习更加难以保障。大哥辞别时的嘱咐在黄旭华耳边响起，一个冲动在黄旭华心里产生了，他要追随大哥的脚步，去大后方、去广西的桂林中学读书。

就在黄旭华决定去广西桂林找大哥之时，他接到了父母的来信，信上说二哥绍振可能要再来聿怀中学读书。可以前绍振是自动离校，学校已经将他除名了。于是，黄旭华想让二哥使用他的姓名顶替他继续在聿怀中学读书，他追随大哥去桂林。这样，他必须有一个新的名字，在聿怀中学读书以来，他充分认识到落后就要挨打的残酷现实，希望国家能够如旭日东升般崛起，因此就给自己取名"旭华"，寓意中华民族崛起与振兴。

1940年仲夏，黄旭华启程奔赴广西。他深情地望了望磨砺与滋育他两年半的聿怀中学，揣着桂林中学这个新的目标不舍地离开了，只是此去千里迢迢，凶险多舛、荆棘载途。

今天，黄旭华认为，在聿怀中学两年多的炼狱般的学习生活让他终身受益，这段经历极大地磨炼了他的意志力，让他学会了面对困苦与逆境如何变得坚强与达观，让他在后来的核潜艇研制过程中，不论遇到怎样的困难与挑战，都能保持一种积极乐观的心态，静心坚持，不怨天尤人，工作依然勤勤恳恳，夙夜匪懈。

困栖广益几饿毙　桂林中学梦启航

1940年，年仅16岁的黄旭华只身一人出发了，其实当时他并不知道去广西桂林该怎么走，但是广西位于广东的西部，大方向应该是一路向西，大哥是取道梅县去广西的，而梅县此时尚未陷落，比较安全，他因此直奔梅县而去。

7月底，黄旭华艰难抵达梅县，找到熟人一打听，大哥已不在梅县，而是赶赴桂林去了。黄旭华心里盘算，此去桂林路途遥远，就算一路顺利，到达桂林肯定到了秋季开学的时候，无论如何是赶不上桂林中学的入学考试的，与其这样，不如先报考梅县当地的中学，在此地读一年后第二年再早赴桂林，参加桂林中学的入学考试。

黄旭华立刻赶往梅县当时最好的梅州中学，没承想考期已过，读梅州中学的愿望落空了。他退而求其次，立马转投东山中学，考期同样也过了。到处一打听，仅有基督教会所办的广益中学尚在招考，黄旭华别无选择，赶紧投考广益中学高中部，所幸顺利被广益中学录取。

1941年春于梅县广益中学读书时留影（黄旭华提供）

1940年秋，黄旭华入读广益中学高中部。相比于山沟中的聿怀中学，广益中学教学稳定，学习生活条件也优越很多，但黄旭华却面临着巨大的经济困境。

此时，家乡已经沦陷，日本鬼子烧杀掳掠，到处兵荒马乱，黄旭华和家里的联系完全中断，他担心家人的安危，家里父母也不知道黄旭华身在何处，想给他汇钱又不知往哪儿汇，黄旭华彻底失去了经济来源。广益中学没有免费的学生宿舍，外地的学生只能自己租房住，黄旭华身上的钱财所剩无几，除了偶尔在同学那里借宿外，大部分时候只能在街头或者学校露宿。

　　就这样，黄旭华居无定所、食无保障，三天两头挨饿，不得不靠同学及其他好心人接济度日。在这种困境下，黄旭华实在没办法正常学习，每天考虑的主要事情是在哪里过夜、怎么样设法充饥，来年去桂林中学读书的事也不敢多想了。

　　1941年6月初，黄旭华濒临绝境，他身无分文，既不想找别人借钱，也没处可借，出去乞讨吧，又实在拉不下这个面子。他饥肠辘辘地躺在廉价的出租屋内，实在饿不过就起来喝点白水，整整饿了三天，直饿得眼冒金星、身淌冷汗。

　　就在黄旭华担心要饿死他乡的时候，家里的汇款竟然奇迹般来到了，这让他又活过来。原来，父母及二哥异常担心他的安危，千方百计总算打听到了他在梅县广益中学就读，立刻就给他汇来了一笔还算丰厚的钱，这及时雨般的汇款既救了他的命，又续了他的梦。黄旭华兴奋不已，填饱肚子后估算着桂林中学的招生考试也不远了，决定立刻偕同几个有同样志愿的同学一起出发赶赴桂林。

　　几个少年先乘汽车去了兴宁，但就在抵达时，遇上日本飞机的一通狂轰滥炸，他们原本打算住的旅馆也被炸塌了。见此情景，黄旭华等不敢逗留，决定立刻动身去广东韶关。经多方打听，他们找到了一位贩黄鱼到韶关的盐商，好话说尽，搭上盐商的货车，几天的颠簸之后，终于到了韶关。

　　在韶关，黄旭华意外得到了大哥绍忠的消息。原来，绍忠到桂林后顺利考进桂林中学，读了一年高三，1941年夏季考取了当时的国立中山大学，中山大学此时已经搬迁到广东北部乐昌市坪石镇，而且，大哥已经报到入学了。

得到大哥的消息让他兴奋不已，韶关距离乐昌不远，黄旭华立刻风尘仆仆从韶关赶到坪石，兄弟俩终于在那里重逢了。但是，已经在此学习了一阵子的绍忠认为中山大学不适合他，决定退学，去重庆重新投考国立交通大学。几天后，绍忠办理了退学手续，带着黄旭华离开坪石，掠湘南、越广西，经过一个多月的舟车劳顿，兄弟俩于1941年8月初抵达了桂林。到桂林后，黄绍忠迅即将黄旭华安顿停当，接着马不停蹄奔赴重庆，继续追寻自己的梦想去了。

到达桂林后，黄旭华刚好赶上了桂林中学高中部的入学考试，并幸运地被录取了。经过一年多的颠沛流离，黄旭华终于考进了心中理想的著名中学。9月初，黄旭华在桂林中学报到注册，新的梦想在此起航。

桂林中学有着120余年的历史，前身是宋、元、明、清四朝的广西最高学府——"府学"。此地最初为三国时期始安郡故址，唐进士赵观文之故宅，南宋乾道三年（1167年），靖江知府张维在学校所在地建立府学。后历经府学、路学、县学书院之变迁，至1905年9月23日，由广西巡抚张鸣岐遵照清政府废科举、推新学的倡议建立，定名"桂林府中学堂"。桂林中学的校名虽然因为学制更迭及隶属关系变化等原因几经变迁，但校址一直没有变化，位于桂林市中心地段的现解放西路。

当时桂林中学周围的文化氛围很浓厚。与桂林中学毗邻的是一座很有规模的文庙，平时拜谒文庙的名人就络绎不绝，特殊的日子更是摩肩接踵，黄旭华就曾看见过广西本籍国民党元老、后出任中华人民共和国副主席的李济深来此祭奠。

桂林中学对面是颇为知名的三联书店，售卖具有新观念新思潮的书籍比较多，黄旭华和同学经常去这家书店浏览图书。桂林中学附近还有八路军驻桂林办事处，黄旭华及同学们见身着八路军制服的人频繁在此出入感到有些好奇。

黄旭华桂林中学校服照（黄旭华提供）

抗战时期，处于西南边陲的桂林凭借独特的地理、交通及政治基础成为战时的大后方，很多文化及教育机构搬迁至此，以至于桂林文化荟萃、名流云集。这给桂林中学创造了良好的办学条件，一方面可以聘请到优秀的教师；另一方面能够邀请到文化教育名流来学校讲学讲演，开阔学生的眼界。田汉、欧阳予倩、夏衍、丰子恺、竺可桢等都曾莅临桂林中学讲演。当时政府和桂系军阀李宗仁、白崇禧等人基于稳定大后方的需要较为重视教育工作，因此桂林中学在当时师资强大、条件优裕、环境优美、生活稳定、管理严格，是一个求学求知的好地方。

黄旭华进校后被编入高35班。桂林中学的班级编排采用按进校顺序流水编号，黄旭华这届学生分为高35班、高36班两个班，下一届就从高37班开始编起，班级序号一直沿用到学生毕业。黄旭华读的高35班是理科，高36班则是文科，学制为三年。

桂林中学当时实行的是半军事化管理。学生全部集中住校，住的是大通铺。学校每天检查内务，男生一律剃光头，女生留统一形式的短发，统一着蓝色制服，打绑腿、系腰带，并按规范佩戴领章和胸章。领章可以区别学生类型，一颗星是初中生，两颗星是高中生，胸章上面印有学生的名字。因此，只要有哪个同学没有遵守校纪校规，一看领章、胸章就知道是哪个级别的学生。

桂林中学的学生平时必须待在校内，礼拜天经请假批准方可外出。外出依然得"全副武装"，并在规定的时间内返校销假，否则视为违规。学生触犯纪律、违反校规、私自外出、返校逾期，一律关在禁闭室，禁闭时间的长短依据错误的性质和程度确定。黄旭华记得他们班有位同学想外出会女友，担心请假不会被批准，就私下模仿校长的签名外出，结果被关了两天禁闭。

学生寝室墙边摆有枪架，人手一把木制的长枪，每天早上要背着它"全副武装"上操，被子要求叠成有棱有角的豆腐块形状并摆成一条线，这些内务要求就连礼拜天都不能例外。星期天上午9点整，学生整好内务在床铺前立正站成一排，等候校长或者教官检查，检查完毕合格才可以请假，请假被批准了才能外出，不外出或者请假没有获批的，在校内自由活动。

在严格的管理之下，加上诸多名师的悉心教学与指导，同学间的相互支持与帮助，让黄旭华在桂林中学收获颇丰，思想变得更敏锐了，眼界变得更开阔了，知识更是得到极大的丰富。

由于当时全国知识分子云集桂林，因此桂林中学能顺利地聘任到一大批国内著名的文化人物在校任教，黄旭华的好几个授课教师都是大名鼎鼎的人物。

英语教员是著名诗人柳亚子的女儿、宋庆龄的秘书、著名翻译家、后出任过外交部政协委员会秘书长等政府要职的姑苏才女柳无垢。柳无垢与美国许多外交官非常熟悉，时常出入美国驻桂林领事馆，掌握的信息量很大，因此在课堂上总能给黄旭华他们带来许多时政要闻及二战进程的消息，让黄旭华及同学们备感新鲜，觉得与整个世界的距离都拉近了。

柳无垢极富个性与正义感，经常在课堂上评论时政、针砭时弊、揭露国民党的腐败。柳无垢知识深厚、见闻广博、欧美阅历丰富，教学理念与教学方法先进且适合年轻人的特点，课堂信息量大、内容新颖，黄旭华及其同学们听她的课总是津津有味，往往下课了依然意犹未尽。

黄旭华基于许绍衡代数课笔记整理出的《大代数讲义》手稿（杨艺扫描）

柳无垢热忱善良、和蔼可亲，上课和学生们热情互动，鼓励学生们不要害羞，大胆用英语交流。柳无垢课余也总是和学生们亲密交往，畅谈一切愿意说的话题，并且乐意帮助学生，和学生们关系非常融洽，成为黄旭华他们心中最喜爱的老师。

除柳无垢之外，另一位给黄旭华以深刻记忆且令其终身受益的是数学教师许绍衡。

许绍衡，在广州做过大学数学教授，也受聘过广州著名的广雅中学，来桂林后被聘任为桂林中学数学教师。由于他原本就有一定的成就与影响，又在桂林中学表现出了杰出的教学水平，因而在桂林中学声名鹊起，致其在1946至1947年间出任过桂林中学校长。

许绍衡老师的代数课讲得特别精彩，对各种定律及公式的解析深入浅出、引人入胜，让黄旭华由衷地喜欢上了这门课程。许绍衡上课时，黄旭华不仅课前预习、课中一丝不苟地做记录，课后还要参考别的同学的记录把授课内容系统整理成工整的笔记，如果有不清楚的问题必定请教许绍衡老师，许老师也总是耐心地讲解作答。

黄旭华非常珍视许绍衡老师的讲课笔记，以至于后来在重庆教育部特设先修班学习期间，依据许老师授课笔记，抽空整理出了一本《大代数讲义》。这本《大代数讲义》跟随黄旭华走遍了各地，无论搬过多少次家，他一直不曾丢弃。黄旭华总想将它整理出版，可是一直未能如愿。

得益于许绍衡的悉心指导与科学引领，黄旭华对数理化等课程产生了系统性兴趣，数学成绩和物理成绩尤其出色，从而为他报考国立交通大学奠定了良好的理科知识基础。

其他教师中，黄旭华对两任班主任及地理教师巴小泉尚存部分记忆。

唐棣老师是高一时的班主任，后来也兼任黄旭华他们的外语教师。高二、高三时朱光福老师接替唐棣任高35班班主任。在当时的桂林中学，班主任的主要职责是负责学生的思想教育，私下里还会监控学生的行为，因此班主任普遍不受学生待见，一般情况下学生对班主任尽量敬而远之，甚至不乏憎恨班主任的。

但黄旭华他们班这前后两位班主任心地比较善良，对学生给予理解与爱护，通常情况下对青年学生的思想与行为睁只眼闭只眼，只要学生不太过分基本上不会去干预，偶尔有点小过错他们要么装马虎，要么善意地给出警示，基本不会向校方打学生的小报告，故此与同学们的相处还算融洽，同学们私下里也逐渐接受和喜欢他们。

巴小泉老师教授地理和历史两门课，讲课非常生动活泼，语言诙谐幽默，教学方法灵活巧妙，常常用一些有趣典故将历史与地理知识融会其中，同学们对他的课津津乐道。此外，巴小泉老师性格爽快、耿直、爱憎分明，敢于仗义执言。巴老师思想进步，在课堂上常常借古讽今，痛批国民党政府的无能与腐败，并告诫学生要做一个正直有担当的人。

三年桂林中学的学习与生活，也让黄旭华收获了同学之间的团结与真挚友谊。

强自强，黄旭华在桂林中学最要好的朋友。强自强家庭背景深厚，父亲似乎是国民政府国防部或者陆军后勤部的一个高级将领，当时在重庆出任一个军事机构的负责人。强自强有兄弟三人，起的名字特别而有担当，分别叫强自强、强忠强、强克强，寓意自强、家强、国强。强自强在班上比较低调，随和友善，一点没有官宦子弟的架子，脑子特别活，学习效率高，成绩也好。

强自强与黄旭华志趣相投，私交甚好，学习生活多在一起，彼此也相互关照。强自强不会说粤语，但是感兴趣，开始跟黄旭华学，可黄旭华客家话倒是挺顺溜，粤语也是二把刀，常常教着教着把强自强也带沟里去了，他就转而跟来自广州的同学学。到最后，徒弟超过了老师，强自强的粤语讲得比黄旭华地道多了，为此强自强常常打趣黄旭华，惹来不少捧腹大笑的乐子。

强自强桂林中学毕业后，与黄旭华几位同学一起自桂林去重庆，计划到重庆再投靠合适的大学，到达遵义时适逢浙江大学招考，于是临时改变主意投考了该校航空系，并于当年入学就读，因此强自强比黄旭华早一年上大学，也于1948年早黄旭华一年毕业。

强自强的思想比较进步，对国民党政府的腐败深恶痛绝，思想上倾向共产党的政治主张。强自强从浙江大学航空系毕业后被分配至国民政府交通部所属的中国航空公司从事技术工作。1949年11月9日，强自强义无反顾地参加了震惊中外的"两航起义"，参与新中国航空事业的建设与发展，后任上海飞机制造厂副总工程师。1958年研制成功我国第一架"飞龙一号"水上飞机。由于出身国民党军官家庭，强自强在"文化大革命"中受到较大的冲击，但革命信念始终不变。2010年3月27日，强自强先生因病于上海逝世，享年84岁。

第二位与黄旭华相处融洽、学习上相互帮助的是汪胡熙。汪胡熙出身知识分子家庭，父亲汪胡桢是国民政府水利部的水利专家。1949年后，汪胡桢积极参加新中国的建设，历任华东军政委员会水利部副部长、水利部北京勘测设计院总工程师、黄河三门峡工程局总工程师等职务，1955年当选为中国科学院学部委员。汪胡熙是汪胡桢的独子，就读浙江大学土木系，1950年8月毕业后入伍，作为中国人民志愿军铁道兵赴朝参战。抗美援朝结束后回国，先后出任过铁道兵团铁路新建工程总工程师、计划主任、科研所研究室主任等职，退休后回到北京，2013年逝世。

在晚年与黄旭华保持联系的桂林中学的同学仅有两位，一位是以体谋，回族人。以体谋就读唐山交通大学[1]，1946年因病休学回到家乡广西临桂六塘，贺县中学校长闻讯力邀其出任班主任兼数理化三科教师。以体谋知识扎实，教学用心，深受学生欢迎。

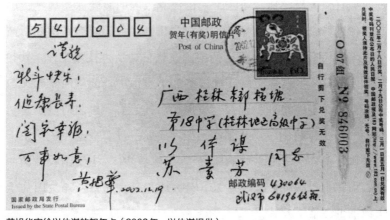

黄旭华寄给以体谋的贺年卡（2002年，以体谋提供）

---

1 交通大学唐山工程学院，乃今天西南交通大学的前身。

1948年病愈后，以体谋又考入广西师范大学教育系，毕业后先后在桂林师范、兴安师范、桂林地区高中（现桂林市十八中）执教，后因教学业绩优异晋升特级教师。以体谋非常喜欢教师这一职业，并努力教诲与影响自己的子孙们。今天，年近百岁的以体谋，"统率"着一个教师之家，祖孙四代11人从事教育教学工作，"四世家传，一门师表"在当地传为美谈。

另一位名叫吴道生，此人和强自强一样出身于国民党军官家庭，父亲虽然是国民党的一位中将军长，但却是一个同情共产党的进步军人。蒋介石派他带兵去江西围剿工农红军，他称病不去，后来干脆退伍了。吴道生读的是中央大学建筑系，他不愿从政，毕业后在汕头一家建筑公司工作，直至退休。

桂林中学的学习和生活条件比较优越，学费和住宿费全免，仅收一点生活费。由于老家处于战乱之中，一来家庭经济收入受到影响，二来从敌占区汇钱来也很不便利，因此父母只能间或汇一点钱来，每次钱一到，黄旭华就赶紧交给学校，汇一次能管好几个月。由于抗战供应有限，学校一天只能提供两顿正餐，但不至于像在广益中学和聿怀中学那样饿肚子，更不用担惊受怕。强自强因为家庭条件较好，有时回家给同学们带一些罐头装的猪油，黄旭华吃饭时舀一勺拌在饭里，吃得津津有味。

桂林中学课程设置科学、齐全，教学管理严格，每门课每学期要进行四五次正式的考试，从而让每一位同学打下扎实的知识基础，并能以较好的成绩继续接受高等教育。桂林中学的校友有四位两院院士，都是那段时间在桂林中学上学读书的，可见那时桂林中学教学质量有多好。笔者问起黄旭华的学习成绩时，他谦虚地说大约在中上，比不上强自强、汪胡熙和以体谋等尖子生，但在桂林中学的扎实的学习为他后来考上国立交通大学打下了良好的知识基础。

1944年6月19日，长沙会战失利，长沙陷落致广西失去了战略屏障，桂林形势骤然紧张，这种情况直接冲击着桂林中学高35、高36班正常毕业进程，常例的高三毕业会考被临时取消了，学校仓促地安排学生照完毕业照，草草发放一张临时毕业证后即宣布1944届高中生毕业，并敦促学生尽快离校。

提前毕业对黄旭华及同学们的学习影响并不大，但突如其来

1944年5月，广西壮族自治区立桂林中学高中第三十五班毕业留念，第四排左七为黄旭华，第二排右五为许绍衡，第二排左八为柳无垢（黄旭华提供）

的变故打乱了黄旭华及同学们的升学进程，在桂林报考任何大学已无可能，而且必须尽快离开朝不保夕的桂林。下一步怎么办？老家在敌占区，回不去。黄旭华没有选择，只能随着西迁的人流向战时的陪都重庆进发，只有到了那里再做打算。于是，又一场更加艰苦的长途跋涉及思想蜕变开始了。

荆棘漫道蛰重庆　报国逐梦选造船

1944年6月底，出于安全的考虑及升学的需要，黄旭华、强自强、汪胡熙、吴道生、以体谋等一帮同学相约向重庆进发。坐火车自桂林到柳州一段还算顺利，他们原计划在柳州稍作停留，看看有没有哪所大学在此招考。可甫一抵达柳州，桂林在紧急疏散的消息就传遍开来，桂林一旦失守，柳州自然危在旦夕，鉴于当时的情况，黄旭华等一干同学决定取消在柳州逗留的计划，立刻转赴贵阳。

当时的柳州火车站完全是一副逃难的场景，车站人山人海，没有任何人维持秩序，大家相互拥挤，买不到票，也不知去哪里买。好不容易来了一趟火车，甚至还没有弄清楚是开向哪里的，大家就拼命往上挤。

谢天谢地，他们非常幸运地挤上了那趟火车。黄旭华一向比较斯文，看着周围都是难民没好意思玩命挤，好在车开时他站上了车厢门口，但是再也进不到车厢里面去。车开动后，他站在门口，一手拎着行李，另一只手牢牢地抓住车厢的扶手。火车非常颠簸，时间一长手发麻抓不住，于是再换另一只手。黄旭华至今想着都非常后怕，那么远的车程，一点都不能松懈，稍不留神手松一点就可能摔下车去。

黄旭华就这么站在车厢门口，渐渐地天黑下来。他寻思长时间这么抓着肯定不行，总得打个盹缓缓。想了好长时间，黄旭华心里有了主意，在火车短暂停住的时候，他腾出一只手把长裤脱了，把一条裤腿系在腰上，另一条裤腿系在门把手上，这样手就可以解放了，还能时不时迷糊打个盹。

火车走走停停、停停走走。沿途不断停下来让军用列车通过，磨磨蹭蹭地走了好几天，好不容易开到了贵州的独山，然后通知不能继续往前走了，全部在此下车。独山距离贵阳尚有600余里地，黄旭华他们无奈只得找旅社住下，到处想办法看能不能找到其他交通工具去贵阳。

从独山到贵阳只能坐长途汽车，而此时逃难的民众已把小小的独山城挤满了，长途汽车票紧俏得用黄金都买不到。黄旭华他们差不多在独山住了半个月才买到了汽车票，坐车颠颠簸簸地来到了贵阳。

甫抵贵阳，就了解到唐山交通大学正在此地招考。该校当时南迁至贵阳附近的平越办学，故此在贵阳组织入学考试。由于到贵阳后没啥事，黄旭华几个同学一合计，决定去试试，考得进考不进无所谓，考进了去不去读反正也在自己，关键是可以借此练练手，看所学的知识荒废了没有。于是，他们几个就报名参加了唐山交通大学的考试，后来黄旭华、以体谋等好几个被录取了，不过只有以体谋报到就读了，这是后话。

考完后大家也没再关注这件事，黄旭华一行人大部分的目标是国立交通大学、西南联合大学、中央大学、浙江大学等名校，而这些名校都没有在贵阳举行招考，因此他们决定无须在此等候唐山交通大学的招录结果，继续赶往重庆，在那里参加这些知名高校的招生考试。

然而，当时西南地区的交通压力实在太大了，一时之间毫无办法去重庆，黄旭华等只得在贵阳暂住下来。这一住就是一个来月，大家带的钱也快告罄，他们心急如焚，四处奔波，各显神通想办法。

许是求学的真诚感动上苍，他们终于有办法去重庆了。

前文交代过，吴道生的父亲是国民党的高级将领，吴道生离开桂林后也与家里失去了联系，他爸爸很着急，到处托人打听，终于知道儿子和一些同学滞留在贵阳。吴道生的父亲随即联系上了在贵阳的军方部下，委托他们设法安排孩子们去重庆。

有军方出面，问题自然就好解决，受托军官在军车检查站扣住了一辆军车，要这辆军车司机捎带他们几个学生去重庆，但是这辆军车是运送弹药去重庆的，他们只能坐在炸药箱上面，时刻充满危险。几位学生心里多少有些犹豫。怎么办呢？他们商量了一下，还是决定就坐这辆弹药车赶赴重庆。

若干天后，这辆弹药车抵达遵义暂停。黄旭华意外发现浙江大学正在此地举行招考，强自强很心仪浙江大学航空系，就留下来参加招考，后来被顺利录取，得偿所愿。

又经过很多天的艰苦跋涉，他们终于抵达重庆，此时已经是8

月底了，距离他们离开桂林已经整两个月了。

历时两个多月，跨越桂、黔、川三省，行程 2 000 余公里艰难跋涉到达重庆，本该开心庆贺，可黄旭华他们的心反而渐渐沉了下去。原来，一到重庆，他们立马打听各大高校招考的事，可发现全部都考过了，随之而起的沮丧把到达重庆的兴奋驱赶得一干二净。错过考试带来一个巨大的问题就是接下来何去何从。如果等待明年再考，那余下的日子怎么过？一连串揪心的愁绪袭扰着黄旭华等几位同学。

正苦闷时，黄旭华意外收到了唐山交通大学的录取通知书，没有选择，他想去报到上学，可发现无法及时赶到贵州平越了。此路不通！怎么办？黄旭华大脑里一片茫然。此时，结伴而来的其他几位同学或者有父亲长辈在国府国军里供职，或者有亲属在重庆，各有安排，就此作别散去。黄旭华考虑了一下，觉得此时除了去寻找大哥，似乎没有别的出路。

所幸大哥此时正在重庆等候弟弟，黄旭华没费多大劲就找到了大哥。1941 年秋大哥绍忠把黄旭华送到桂林后，赶到重庆如愿通过招考进入已搬迁至重庆的国立交通大学。然而他在国立交通大学学习一段时间后，觉得国立交通大学的理工科课程太难，管理又特别严格，这让一向喜欢自由的绍忠有点难以适应，遂萌生了去西南联合大学改读政治学或者经济学的想法。可当得知弟弟正在自桂林赶往重庆的途中，绍忠还是逗留在重庆边打工边等候弟弟，打算把黄旭华的事料理好后再去昆明。

黄绍忠在重庆读书期间，因家里的经济来源不能保障，就利用课余时间在学校附近的一家炼油厂打工。炼油厂有许多逃难来的潮州人，大家都是老乡，对绍忠这个大学生很是关照，因此绍忠在此做事并不辛苦，也可以多赚点路费。哥俩重逢后，因黄旭华一时没有别的出路，又不可能回家，绍忠就托老乡把他也安排在这家工厂里打工，并嘱咐弟弟安心在此打工，来年再投考合适的大学，安排好弟弟，绍忠赶赴云南昆明，投考西南联合大学去也。

大哥走后，黄旭华就在这家炼油厂打工，计划来年再参加大学的入学考试。干了一段时间之后，发生了一件事，又让他再次踏进学堂门读书了。

原来，由于战难的缘故，大批青年学生涌入重庆，其中许多人都错过了各大学的招考而滞留在重庆，一时成为一个严重的社会问题。重庆地方及社会各界有识之士上书国民政府，要求妥善解决这个问题，保证这些未来国之栋梁有书读、有饭吃。为此，国民政府教育部专门成立了一个类似于大学预科的学校，称之为特设大学先修班，招收这些已高中毕业却错过大学招考的中学生。

这所大学先修班选址于重庆附近的江津县白沙镇，任何高中毕业生，均可以自愿在此就读，为他们来年报考各高校提供一个学习生活之地。这所公益性质的学校，不仅不收学杂书本费，吃饭住宿都全部免费。黄旭华听到这个消息高兴得直跳脚，简直不相信这是真的，等到报名进驻后才相信所言非虚，于是结束打工生活，顺利地进入了这个先修班专心学习。

客观而论，这个特设大学先修班确实是国民政府当年办的一

1945年在重庆国民政府教育部特设先修班留影（黄旭华提供）

件大好事，为大批沦陷区的有为青年提供了一个极佳的免费学习与生活的庇护所，新中国许多高级研究和建设人才当年都在这个选修班得到过保护与帮助。

特设大学先修班虽然是一所临时学校，但办学比较正规，每个班50人，开设的课程与大学基础课程接轨，分必修科目和选修科目。公民、体育军训、国文、英文、数学等为必修科目，历史、地理、生物、化学、物理等为选修科目，学制1年，毕业不发证书。

由于白沙镇当时聚集了包括国内多所名校在内的几十所各类学校，文化及学习氛围很浓厚，大家又都是历经艰辛、怀揣梦想来到这里，所以黄旭华及同学们皆格外珍惜这样的学习机会，学习都非常努力。同时由于此时重庆云集了大批国内知识名流，大学先修班得以聘任到优秀的师资担任教学工作，所以黄旭华在这里再次得到许多优秀教师的辅导。

白驹过隙，一年的时间转瞬即逝。1945年7月初，各大学的招生考试又纷纷开始了，同学们都在思考后投考了各自心中的大学，可是此时黄旭华的心里反而不宁静了，他仔细梳理着自己的思绪，以期做出慎重的选择。

从1939年暑假他离家到聿怀中学读书算起，21岁的黄旭华已经6年多没回家了，其间辗转粤、湘、桂、贵、渝5地，艰难曲折、历经坎坷，多次与死神擦肩而过，而这仅仅就是为了读个高中，为何读书这般艰辛呢！黄旭华回忆在老家看到的日机肆无忌惮地狂轰滥炸，想想在桂林、在重庆，再回忆在崎岖险峻的求学路上一双双希冀而又无助的眼眸，多少沦陷区的中国青年为了生存、为了求知、为了那曾经憧憬过的梦想而无惧生死、背井离乡。一个有着悠久文明历史的泱泱大国为何被弹丸之地的岛国倭寇蹂躏得体无完肤？为何无数青年简单的读书愿望都成为奢求？

检视书报上墨染的中国历史，清末以来遭遇外侮所签的一系列丧权辱国的条约让黄旭华唏嘘心疼。中日甲午战败之耻、八国联军破城之辱、国宝财富屡遭洗劫、百姓家园生灵涂炭等场景更是如影视画面一般在黄旭华脑海中反复切换。同时，黄旭华也知道，近代西方列强之所以超越中国，大抵在于近代科技的兴起、近代工业的振兴。

黄旭华明白了，家园要安宁、百姓要安居、童稚好读书，必须要国家强大！国家要强大、民族要振兴，唯师夷长技，倡导实业、科技先行。

大道至简，切肤之痛，岂可覆辙！黄旭华决定了：不得不忤逆父母的夙愿了，弃医易辙，学习科学技术，致力强国安邦。

黄旭华检索了当时国内各名校的特色后，决定报考国立交通大学的造船系。国门之开，乃列强坚船利炮所致；甲午战败，亦缘舰之不锐。学习造船，既可制国之重器，亦可刺激冶金、机械、能源诸实业之繁荣。

心意既决，旋即诉诸行动，黄旭华立马报考了国立交通大学造船系。考试比较顺利，黄旭华感觉大部分试题做得很圆满，考试结束后，黄旭华心里比较淡定，又回到了以前打工的那家炼油厂，在那里边打工边等大学的录取通知。

不久，黄旭华接到了一封信函，拆开一看竟然是中央大学航空系的录取通知书。黄旭华有些纳闷了，自己只报考了国立交通大学造船系，为何却收到了中央大学的录取通知书呢。

原来，黄旭华他们就读的这个特设大学先修班为国民政府教育部所创办，具有保送优秀学生的特权。黄旭华由于品学兼优，被学校保送至中央大学，不过这个保送并不告知当事人，而是由保送的高校对保送学生审核合格后直接以录取通知书的形式确认。中央大学当时在国内、国际也是享有盛誉的，得到这份录取通知

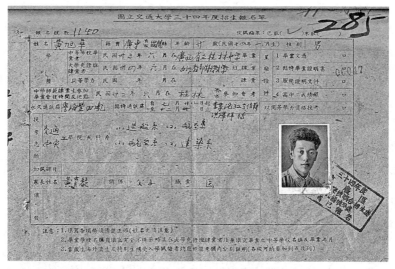

1945年黄旭华投考国立交通大学报名单（上海交通大学提供）

书也算是意外之喜，起码是对自己努力学习的一个认可。

不过，中央大学这份录取通知书依然不是黄旭华最期待的，他，在翘首等待另外一份惊喜。

八月中旬，国立交通大学的录取结果公布了，录取公告刊登在1945年（民国三十四年）8月16日的《中央日报》上。由于当时的考生住所地址频繁变动而难以确定，发放录取通知书并不能保证每一个考生都会收到，故此国立交通大学采取这种更加可靠的形式广而告之。黄旭华拿到《中央日报》后赶紧在公告栏目上找自己的名字，看到了，黄旭华，造船系录取名单上的第一位！

然而，至今令黄旭华非常遗憾的是，那份《中央日报》在国立交通大学读书期间不知何故丢失了。1994年，在他当选工程院院士后，他在南京偶遇一个当年国立交通大学的同届同学，当年他的录取名单也在这份公告上，这个同学保存有那份《中央日报》的复印件，于是黄旭华把这份复印件要过来，自己再复印了一份留在身边作为纪念。

笔者仔细研究过这份复印件，虽然几经拷贝复印质量衰减很厉害，但是

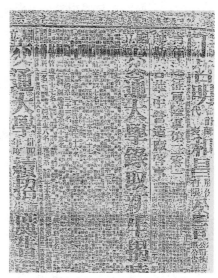

国立交通大学录取名单，登载于1945年8月16日的《中央日报》（黄旭华提供）

造船系33位同学的录取名单上第一位确实是"黄旭华"无疑。

笔者曾和黄旭华院士讨论过这份名单排序的含义，由于当年国立交通大学没有公布学生的考试成绩，国立交通大学历经搬迁后也无法查证当年的招考情况记录，因此确凿的解释肯定是无法得到的。但是我们知道，绝大多数名单排序总是遵循特定的规则的：要么按照事理逻辑排序，比如考试成绩从高到低；要么按照自然逻辑排序，比如姓氏笔画拼音字序等。很显然，这份名单排序我们无法找到任何一种自然排序规律，因此剩下的就是另一种：按照当时考生的考试成绩高低排序。所以，黄旭华当时是造船系考分第一名的推理应该是合乎逻辑的。

当然，是不是第一名并不重要，这仅仅是我们今天回顾此事的一个花絮而已。黄旭华当年压根也没把是不是第一名放在心上，他当时的心思主要是如何处理这个幸福的烦恼。

一个中央大学，一个国立交通大学；前者学习航空，后者学习造船。都是名校诱惑，都是专攻科技，二者不可得兼，如何取舍抉择？

黄旭华并没有长时间的彷徨犹豫，他还是选择了在当时已有东方MIT（麻省理工学院）美誉的国立交通大学，而在航空与造船上，黄旭华也更青睐后者。

国立交通大学造船系！历经风雨、苦苦求索，黄旭华终于奠定了自己梦想的根基，也给自己后来华丽的人生篇章搭建了一个坚实的演绎舞台。

第三章

负笈交大
弦歌不辍跟党走

山那边哟好地方，穷人富人都一样，你要吃饭得做工哟，

没人给你当牛羊。——《山那边哟好地方》

其实，就在《中央日报》上看到自己录取结果的前一天，黄旭华已经经历了人生最大的一个惊喜。

1945年8月15日，日本宣布无条件投降，中国人民从1931年9月18日开始浴血奋战14年的抗日战争结束。黄旭华及炼油厂的工友们兴高采烈，群情激昂，立刻放下手中的工作，冲出工厂的大门，加入滚滚的庆祝洪流中去。黄旭华心潮澎湃，一路上和同胞们载歌载舞，大家共同对国家前途、对自己的前途充满了新的希望。

第二天，当黄旭华依然沉浸在日寇投降的巨大喜悦之余，喜讯再至，《中央日报》刊登了国立交通大学的录取公告，自己赫然在列！谁说福无双至，黄旭华现在就真真实实地感受到了双喜临门，不过他清楚，国家的幸福更重要，没有前一个喜讯，自己纵然考取了国立交通大学，谁又能保证不是又一个颠沛流离的求学苦旅呢。

至此，黄旭华更是明白了一个道理：只有国家强大了，自己才能有真正的幸福。国之幸，民方有宁；民之福，国必先强。

复员徐汇勤负笈　名师耳提亦面命

1945年9月初，黄旭华去国立交通大学报到了。他迈着轻快的步伐，带着阵阵的激动与喜悦，怀揣着新的梦想与期待，向国立交通大学走去，开始了他梦寐以求的大学生活。

莘莘学子

抗战期间，国立交通大学数易校名、几度搬迁，但依然弦歌不辍、救亡图存、薪火相传，始终坚持办学，为抗战培养了大批国家急需的人才。在抗战结束之前，国立交通大学逐渐形成两个校区。在敌后坚持办学的上海校区，俗称"沪校"；在九龙坡的重庆校区，俗称"渝校"。1946年4月"渝校"全部迁回上海徐家汇校区与"沪校"合并后，国立交通大学才全部复原。

1943年6月，依据国民政府教育部指令，地处江北溉澜溪的国立重庆商船专科学校并入国立交通大学，国立交通大学以此校师资和办学条件为基础创办造船系。造船系创立不久，采取土地置换方式迁至九龙坡交通大学主校区。

黄旭华到九龙坡交通大学主校区报到时，师生员工已近2 000人，虽然校区颇具规模，但依然非常简陋，相当一部分校舍是用竹子和芦苇搭建起来的简易棚户，黄旭华他们的宿舍就是这种简易大棚，几十人一间，当时学校的生活及学习条件还是相当艰苦。

入学伊始，适逢国立交通大学酝酿复校回迁。10月初，行政部门、教职员工开始复员，然后是高年级的学生，黄旭华他们大一的新生则被安排在最后。

1946年3月初，总算等到黄旭华他们这最后一批师生开始搬迁了，他们回望了已经空空荡荡的九龙坡校园后，上车向上海进发。

回迁的旅途相比黄旭华当年辗转求学顺利、舒适多了，他们先乘汽车从重庆到陕西宝鸡，在宝鸡换乘火车去上海，中途在西安停留时，他们趁机逛遍了西安古城，几天后再乘火车出发。不知道是校方刻意安排还是纯属巧合，1946年4月8日，黄旭华他们这最后一拨师生恰好在这一天到达上海。这日子很特殊，每一位国立交通大学的学子都知道它的由来，自此，这个国立交通大学的校庆日又因为是最后一批学生自"渝校"复员而被赋予了一层新的含义，成为国立交通大学整体复员日。

自1945年9月入学到1946年4月，漫长的搬迁工作实实在在影响到学校的教学工作，黄旭华记忆中这段时间的教学工作基本上是紊乱的，俟全部迁回徐家汇且安定下来之后，黄旭华的大学生活才算逐渐步入正轨。

迁回上海后，已是大一后半学期，在其后的三年多黄旭华分

黄旭华大一、大二时居住的"新中院"宿舍（上海交通大学档案馆提供）

别住过三个地方，条件逐渐改善。大一和大二期间住在"新中院"，这是一座新建的两层楼房，是为区别原有的"中院"而命名的。新老"中院"建筑方位与样式相似，像四合院，呈四边形，由大一和大二的学生共住。黄旭华开始住106宿舍，大二搬到204宿舍，这两间宿舍都是8人间，条件略显简陋。

1948年9月，黄旭华上大三了，宿舍调整到"上院"，住319宿舍，是四人间，条件比"新中院"略好。到了大四，黄旭华搬进了著名的"执信西斋"。"执信西斋"是1930年建成的宿舍楼，为纪念孙中山先生的忠实追随者朱执信先生而命名。"执信西斋"都是两人间，条件更好。当时黄旭华和厉良辅住一楼的130房间，

黄旭华大四时居住的"执信西斋"（上海交通大学档案馆提供）

隔壁128房间住的是穆汉祥。

"新中院"和"执信西斋"至今保护完好，修葺一新，与其他老建筑一起，见证了国立交通大学的发展历史。

黄旭华所在造船系属于工学院，上课和实习都在叫作"工程院"的一幢楼房里。

1945年造船系录取的学生共33人，但报到入学的仅有20人左右。黄旭华在录取时是造船系的第一位，笔者在上海交通大学档案馆查阅到的1945年国立交通大学学生名册证实亦是如此，造船系的学号从他开始编制，他的学号是2152，名册上他的名字下面备注了一个"造"，表明自黄旭华起是造船系的。黄旭华前面的

黄旭华在大一、大二时居住的"新中院"宿舍（2011年4月10日，黄旭华提供）

念大四时居住的上海交通大学"执信西斋"宿舍（2011年4月10日，黄旭华提供）

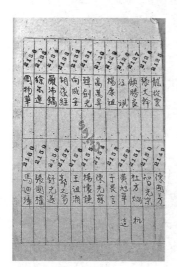

国立交通大学造船系学生注册簿（上海交通大学档案馆提供）

2151号杜方炯同学的名字下面备注了一个"机"字，杜同学自然是机械系的。2153号是于畏言，此人也是从重庆大学先修班考取的，不过当时和黄旭华不在一个班。2154号是陈先霖，他仅在造船系读了一年，后转入机械系，1949年后一直在北京钢铁学院（现北京科技大学）任教。他在冶金机械领域造诣颇深，1995年当选中国工程院院士，和黄旭华院士同在机械与运载工程学部。

上海是当时中国最发达的大城市之一，国立交通大学其时也有半个多世纪的办学历史，因此给学生提供的生活条件还是优裕的，远非过去黄旭华所经历过的学校可比。黄旭华在重庆校区刚入学时是全公费的，学费、住宿费、书本费、学杂费一应全免，连伙食费都有补贴。迁至上海后，学校对每个学生的家庭条件重新进行甄别，认为黄旭华的家庭条件在学生中算是过得去的，就改为半公费。

在上海交通大学档案馆保存的当届学生登记卡上，黄旭华、于畏言下面明确标注有"半公费"的赭红色字样。"半公费"可减免一部分学费，其他费用大部分自理。

黄树穀、曾慎其开诊所、办药房、兼理商贸，家庭条件原本尚算殷实，可经过日寇入侵的掠夺和影响，家中收入锐减，加上孩子们都长大了，全部在读书，开销很大，故此并不能给黄旭华太多的资助。黄旭华也非常懂事，明白父母资助无多，定是有困难，因为父母亲对孩子读书向来是不遗余力的。由于上海的生活水平较高，半公费每学期需要缴纳的费用依然不菲，黄旭华在经济上就有些捉襟见肘。这点困难自然

国立交通大学1947年度学生公费、半公费名册（部分）（上海交通大学档案馆提供）

难不住黄旭华，当时国立交通大学的学生做家教很抢手，自1947年下半年开始，黄旭华开始带两份家教，最多时教了三个孩子。其中教得最长的一个孩子叫李大来，是一位医生的儿子，一直教到高中毕业。李大来原来成绩一般，经黄旭华的调教成绩上升明显，后来可能考取了天津大学或南开大学。由于当时当家教的报酬还算丰厚，黄旭华的经济条件立马好转，足够支付学习生活费用，甚至略有富余。后来，黄旭华还用做家教打工挣的钱买了一块瑞士手表，尽管比较低端，但能防水，样式也新颖，着实让同学们羡慕了一把。

名师熏陶

国立交通大学的"渝校"和"沪校"教学情况相差很大。黄旭华在"渝校"学习期间，造船系的课程主要是公共基础课，加上搬迁所导致的教学不正常，黄旭华在学习上还算轻松。回到上海已经是大一下学期，各种专业课陆续开设了，这课听上一堂，黄旭华的头就发胀了，因为全是英文讲课，他几乎都听不懂。

合并后的国立交通大学上课就与"渝校"大不相同了。国立交通大学迁回上海后，原有船专教师绝大部分逐步解聘，引进的教师大部分是从欧美留学回来具有博士学位等高学历的人才，故而造船系的教学在返沪后就基本与国际接轨，采用类似欧美的先进教学模式，目标是培养具有国际水准的专业人才。教材，直接引进英文原版；授课，全英语教学。作业和考试题目，同样是英文，就连做笔记、做作业、考试答题都要求用英语。

黄旭华在国立交通大学造船系前三年的课程表（上海交通大学档案馆提供）

　　此前，黄旭华对自己的英语能力还是相当自信的，在同辈人中他所受的英语教育还算系统。孩提时代在父母面前和教堂里就能咿呀几句英语，在作矶小学、聿怀中学也学过英语，桂林中学的柳无垢更是将他的英语能力提升了一个档次，自己对英语也有着较为浓厚的兴趣。可现在把英语作为真刀真枪的学习工具和手段时，黄旭华才发现过去的英语能力有多么不足。

　　当然，黄旭华从来没有在困难面前退缩过，艰辛的求学苦旅更是锤炼了他坚韧的意志。他迎难而上，虚心求教，不耻下问，晨昏温习，经过一段时间的勤奋学习，逐步跟上了学习节奏。大二以后，就完全适应了这种学习方式，专业课程的学习得到了保障，阅读英文科技文献的能力迅速提高。

《造船原理》是造船系的核心专业课程，黄旭华他们使用的教材是英文版《造船原理》上、下两册。70余年过去了，黄旭华保存的这套教材封面已经完全模糊了，部分文字可能由于受潮字迹有些洇化，书的老化严重，手指翻过的痕迹明显，这本教材可以验证黄旭华的学习认真程度。黄旭华告诉我们，这套教材非常经典，阐释的原理系统而科学，即使在今天作为教材使用也没有问题。

巧合的是，黄旭华后来在一机部船舶工业管理局设计二处仿制苏联的常规潜艇时，资料室购买了一批俄文技术资料，其中有一套俄文资料《造船原理》，也是上、下两册，黄旭华很好奇，仔细翻看比对后发现，其实就是他的大学教材《造船原理》的俄文版，可见他们当时选用教材的先进性及前瞻性。

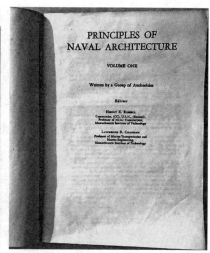

黄旭华在上海交通大学就读时所使用的英文教材《造船原理》（黄旭华提供）

说到读书学习，自然离不开业师。黄旭华非常幸运，他的多位专业教师都是当时颇有造诣的大师级人物，让他打下了扎实的知识基础。

叶在馥，我国早期造船领域宗师级人物，中国造船工程学会创始人之一，他亲手设计的船舶达500余艘，尤以川江轮的设计见长。此公1912年考入英国格拉斯哥大学造船系，1915年入美国麻省理工学院攻读军舰设计与制造专业，获海军工程硕士学位。回国后任职于江南造船厂，1943年出任国立交通大学造船系主任，来上海后同时兼任民生公司的总经理兼总工程师。

叶在馥老师（黄旭华提供）

据黄旭华回忆，叶在馥在给学生教授船舶建造方面的课程时，理论联系实际，他将民生公司建造的各种类型船舶的设计图、施工图都拿到课堂上，生动具体地传授船舶设计建造的知识和经验。他这一点让学生记忆深刻，也让学生们受益良多。不过，由于社会兼职很多外加公务繁忙，叶在馥每次上完课就匆匆离开了，说是要赶回去上班。

辛一心，著名的造船学家和教育家，中国造船工程学会的创建者之一，当代中国船舶设计和科学研究机构的创始人，国立交通大学造船系的创始人之一，创建了中国第一座船模试验池，为中国造船和航运界培养了大批专业人才。1936年，辛一心公费留学英国纽卡斯尔杜伦大学皇家学院攻读造船工程，获硕士学位，后转入英国格林尼治皇家海军学院攻读造舰工程。辛一心在船舶流体力学和结构力学方面均有很深造诣，著述等身，出版了《船之阻力》《船体强度》《船舶构造力学》《船舶流体力学》《船舶振动学》等多部影响深远的学术著作，为开创当代中国的船舶设计、科学研究和教育事业作出了卓越的贡献。

辛一心老师（黄旭华提供）

辛一心是叶在馥之后的造船系第二任系主任，他给黄旭华他们讲授过《造船原理》《船舶结构》《流体力学》《弹性力学》等多门专业课程，足见其知识面之广博、专业功底之深厚。辛一心授课不仅逻辑性强，知识衔接性好，注重实验验证，而且授课时非常投入，精彩处手舞足蹈，说话铿锵有力，感染力极强，黄旭华及其同学们都特别爱听他的课。

辛一心出身知识分子家庭，家教甚严，虽然他主攻造船专业，但闲暇却喜欢阅读文史。他国文基础雄厚，文理兼备、学贯中西，教学认真负责，对学生倾囊相授，不厌其烦、悉心指点，深得学生敬重与爱戴。

当时国立交通大学造船系的学生中流传着一个小故事，这个故事让每一位同学对辛老师肃然起敬。辛一心去英国是庚款公费留学，他深知这种公费背后的心酸历史，所以学习非常认真刻苦，惜时如金，留学英国5年，竟然没去一次电影院。

辛一心既是一个教学狂，培养了无数的专业人才，又是一个科研狂，教学之余又潜心科研、勤勉著述。可令人扼腕痛惜的是，1957年12月16日辛一心罹患癌症英年早逝，年仅45岁，许多业内人士都认为，辛一心的早逝是我国造船业的巨大损失。谈起辛一心老师的言行往事，黄旭华动容地说："我们造船系的师生谁都不会忘记他。"

王公衡，造船学家和教育家，是中国造船工程学会和国立交通大学造船系创始人之一，中国船舶流体力学学科的先驱者。王公衡1933年入英国格拉斯哥大学造船系，1936年毕业后再入英国格林尼治皇家海军学院造舰系学习。回国后在多家造船企业任工程师，1943年

王公衡老师（黄旭华提供）

任国立交通大学造船系教授，1947年兼任南京国民政府交通部技正。1948年，作为中国政府代表出席"一九四八年国际海上人命安全会议"，并参与制订和翻译了《一九四八年国际海上人命安全公约》，晚年倾注全部精力主持编纂《船舶工程字典》，毕生为中国的造船和教育事业作出了突出的贡献。

王公衡教授上课生动，他讲授的船舶动力及推进方面的课程，理论与实践结合得很科学，擅长解剖亲身经历的实际案例，让黄旭华及同学们大受裨益。由于在国民政府交通部兼职，平时在南京上班，王公衡每周坐火车来国立交通大学上两天课再返回上班，工作非常辛苦，但他兢兢业业，从没耽误课程。

王公衡老师很有人情味，对学生比较宽容，对此黄旭华有亲身的体会。一天，适逢黄旭华所在的"山茶社"有重要的演出活动，黄旭华希望全班同学都去捧场助威，可那天正好是王公衡老师的课程，黄旭华思考后便去找他请假，心想如果王老师同意的话那就全班同学参加，如果王老师不同意，他就一个人去，其他同学照常上课。

于是，黄旭华找到王公衡老师说了情由，请示今天的课是否可以取消，挪到以后补上，让全班同学参加活动。

王公衡听完后，"啪"的一声把讲义摔在讲台上，对黄旭华喷怒道："（同学们）都给你带坏了！"然后不置可否，拿着教案扬长而去。

百岁寿辰时的杨槱老师（黄旭华提供）

黄旭华顿时很开心，他明白，王老师这样做显然是同意的，只是由于学生开展的是政治运动，他一个国民政府的职员不便明确表态而已。

后来有一天黄旭华偶遇王公衡老师，与王老师相视一笑，王老师拍拍他的肩膀说："算你幸运，不然我不让你毕业的！"

杨槱，我国船舶行业第一位科学院院士，有"船界活化石"的美誉，2017年10月17日度过了他的百岁华诞。除黄旭华外，"蛟龙"号总设计师徐芑南院士、中国第一艘航母辽宁舰总设计师朱英富院士、中国第一艘海洋石油钻探船设计师曾恒一院士都是他的门生。

1940年，杨槱毕业于英国格拉斯哥大学造船系，回国后在重庆商船专科学校任教，是造船系仅有的原商船专科学校留任的教师。杨槱老师当年虽然年轻，给黄旭华讲课时仅仅30岁，但他的阅历丰富，技术全面，此前不仅在费城美国海军造船厂监造过"普林斯顿"号航母，回国后还在海军江南造船所、海军青岛造船所做过技术负责人，有着丰富的实践经验。

杨槱老师讲授的是船舶建造方面的课程，给予了黄旭华和同学们丰富的学养。杨槱老师后来在船舶稳定研究上贡献卓著，其理论与技术同样在黄旭华探索核潜艇的稳定性上提供了有力的借鉴。

说完了老师，再约略说说黄旭华的同班同学。

大半个世纪过去了，岁月稀释了太多的记忆。在造船系的同学中，现在黄旭华

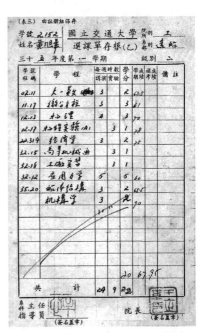

黄旭华大二（上）部分课程成绩（上海交通大学档案馆提供）

院士能准确地说出姓名的仅有姜次平、颜家骥（原船研所总工程师）、杨家盛（原702所总工程师）、黄荫梁、吴伟璞等，其他几近尘封。

姜次平在班上成绩最好，毕业后留校任教，是上海交通大学船舶专业的杰出教授。姜次平学习特别用功，一次考试中他晕倒了，醒来后坚持继续考试。另外能记得的几位同学都在中船系统工作，毕业后因专业及工作方面的际遇偶尔见过面或者有过联系才留在记忆中。黄旭华后来30年的隐姓埋名，同时由于保密的需要，他基本上中断了和同班同学的联系，时间一长，和同学们相关的往事也就淡出记忆了。

说到学习自然该提及学习成绩。当笔者问黄旭华在国立交通大学读书的成绩时，他毫不讳言地说："一般。"黄旭华告诉我们，以前在聿怀中学、桂林中学、教育部特设大学先修班读书时，他的成绩都是名列前茅，但在国立交通大学四年的成绩则是平均水平，至多中等偏上。在探究原因时，黄旭华坦承主要是在学习上投入的时间不够，有些课程缺课较多。那么，时间去哪儿了呢？黄旭华说除了做家教耽误了一些时间之外，另一个原因在于他所从事的特殊社会活动占用了较多的时间与精力，后文会有详细的陈述。

黄旭华虽然花在学习上的时间不多，成绩中等，但他始终守住两条底线。一是不能挂科，也就是不能不及格。虽说有时没去上课，但他一定借同学的笔记誊抄，有时间的时候再认真学习，不懂的就问同学，凭借自己的聪明勤奋及课余的合理安排，四年下来全部考试顺利通过。第二则是绝不作弊。黄旭华认为，挂科，可能是学习方法问题或者学习态度问题，而作弊就不同，是诚实等品德问题，这绝不是他黄旭华所为。

上海交通大学档案馆保存有黄旭华的部分学习档案，从大二、大三及大四第一学期共两年半的学习成绩看，成绩的确一般，很多课程的成绩在70分左右，证实了黄旭华诚实不饰、所言非虚。

当然，仅就学习成绩一项来评价一名学生在校的总体表现有失公允。黄旭华在校读书尽管学习成绩一般，但学习之外的其他各方面都比较突出，也因此先后获得过国立交通大学奖学金、上海市统一奖学金以及上海市轮船业同业公会专项奖学金，这些获奖纪录都保存在上海交通大学档案馆。因此，即便不考虑他在国立交通大学的政治素质，黄旭华也堪称一名综合素质很高的优秀大学生。

黄旭华来上海读书后，和家中父母的联系也就正常了。平常，黄旭华常写信问候父母，汇报自己的学习生活情况，而母亲曾慎其对他的来信则每封必复。母亲的信是用拉丁文写的，每一封信都极其用

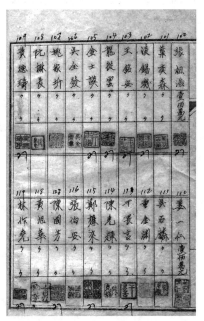

国立交通大学领受上海市轮船业同业公会奖学金学生名册

心，字迹工整而流畅，可惜后来由于"文化大革命"及多次搬迁，这些信散失殆尽，黄旭华为没能保存下母亲任何笔墨而常常自责与遗憾。

1948年暑假到了，黄旭华和几位广东籍同学结伴出发，急切地赶赴老家。黄旭华心情无比激动，这是自他1939年暑假离家以来，时隔9年第一次回家乡。

经过三天的航行，黄旭华抵达汕头，去聿怀中学找到五弟绍富后，兄弟俩一起向田墘镇的家中奔去。

阔别9年，历经坎坷，跑遍半个中国，黄旭华终于见到了早已泪眼婆娑的双亲，曾慎其抱着已经是帅大小伙子的黄旭华端详，久久不敢相信。一家人欢天喜地地团聚了，黄旭华在家里重温父母与家庭的温馨，享受了一个久违的充满温情的假期。

山茶社里斥方遒　峥嵘岁月逐光明

在国立交通大学加入"山茶社"，是黄旭华走上革命道路的契机。

早在重庆时，黄旭华就结识了"山茶社"的主要组织者、被推举为社长的于锡堃。于锡堃1944年在昆明朝阳法学院读书时，就参加了地下党的外围组织——民主青年同盟。他思想进步，热情爽朗，乐于助人。1945年，于锡堃考取了国立交通大学航海系，黄旭华考取造船系，二人入学后住在同一间大棚里，此外还有厉良辅、邓伟霖、窦其山、狄陆嘉、卢世堞等也住在一起。于锡堃当时与同年考入交大航空系的陶行知先生的儿子陶城交好，二人经常去陶行知先生所创办的育才中学实验剧团看演出，黄旭华等室友也偶尔过去一起看，并被他们所演出的节目深深吸引。

1946年元旦，陶城、于锡堃、许健、陈明煌、钱存学等人，请来育才学校的实验剧团来九龙坡交大校园演出，其中的三幕川剧《啷个办》揭露了国民党军队抗战时弃土溃逃的丑恶；秧歌剧《王大娘补缸》鞭挞了国民党压迫人民的暴行；大合唱《抗战8年胜利》号召胜利后加强民族团结。这些节目切中时弊，发人深思。而那些具有乡土气息及民族特色的农作舞、新疆舞、西藏舞也新鲜活泼，给沉闷的校园吹进了一股新风，给师生们以极大的震动。[1]

在育才实验剧团演出的影响下，于锡堃联络厉良辅、黄旭华、邓伟霖、窦其山、狄陆嘉、卢世瑈等同学一起学习实验剧团所演出的歌舞及川剧，并经常在学校门前的开阔地上跳起农作舞、新疆舞、西藏舞，还学跳苏联舞蹈，有时还学唱诸如"大家唱""茶馆小调"等具有进步思想的歌曲。这些活动逐渐吸引了越来越多的同学参加，极大地活跃了校园氛围。

1946年2月，此类活动渐具影响后，有几个同学萌生了成立一个以学习民间歌舞为主要内容的学生社团的想法，倡议一出，立刻得到了多人的积极响应。于锡堃提议以他在昆明时常见并特别喜欢的山茶花命名，因为山茶花不仅鲜艳火红，让人兴奋、欢乐，而且不畏严寒、傲霜斗雪，品质高洁。大家一致认同于锡堃的提

---

1 金凤，《唱出一个春天来——"山茶社"纪事》.《水之源》编委会，《水之源》（三），上海交通大学出版社，2002年5月版，第103—116页。

议，遂将社团命名为"山茶社"，并推举于锡堃为社长，陶城、许健、陈明煌、钱存学等人马上就加入了"山茶社"，成为社团核心成员。不过，此时的"山茶社"尚处于秘密状态，知道的人还是非常有限，加入的仅是少数大一新生。

也有当事人回忆，当时取名"山茶社"是寓意革命青年不愿做温室里的花朵，而要做扎根于人民之中的火红吐艳的山茶花。

上海交通大学党史校史研究室编著的《民主堡垒——战斗在交通大学的中共地下党》一书，对"山茶社"成立后的工作状况有这样的描述：

"山茶社"成立后，社员即到育才学校学习秧歌舞，回来后开展大家唱大家跳活动。大家唱的歌曲不下三四十首。其内容有通过怀念显示意志和力量的，有通过揭露丑恶现实向往美好未来的，有抗战歌曲、苏联歌曲等。"大家跳"主要是教跳秧歌舞和集体舞。"山茶社"的活动主要是通过歌舞、短剧、影子戏等形式在学生运动中进行宣传，并组织辅导学校文艺活动，团结学生。

"山茶社"成立后即引起了中共重庆地下党的关注，党开始通过各种途径来引导"山茶社"的活动及主要领导人物。于锡堃、许健、陈明煌等发起人后来都成为共产党人。

可是没过多久，大一新生也开始复员回迁，复员到上海后的一段时间大家各忙各的事，再加上上海的文化氛围与重庆有着极大的区别，因此似乎大家淡忘了社团活动，"山茶社"一度陷入瘫痪，也有说自动解散了。

于锡堃等人搬到上海一段时候后，育才学校也迁回了上海，地下党组织通过关系动议于锡堃等人恢复"山茶社"，并希望该社团不断发展壮大。于是，于锡堃联络在上海的原"山茶社"社员，建议恢复"山茶社"。得到积极反馈后，"山茶社"得以恢复，于锡堃继续担任社长，并推举许健为副社长，同时一致同意迅速发展组织，扩大在国立交通大学乃至于在上海的影响。

黄旭华第一个进入了于锡堃扩大"山茶社"的视野。

黄旭华非常感谢于锡堃：是他，邀请他加入"山茶社"；是他，带领他参加各类学生运动；是他，从重庆到上海的复校途中灌输一些进步思想；是他，逐步将他培养成学生运动骨干，并引导他加入共产党，走上革命道路。

来到上海没多久，于锡堃就找到黄旭华，向他详细介绍"山茶社"的基本情况，他认为黄旭华的音乐及表演才能很适合"山茶社"的特点，"山茶社"需要黄旭华这样的文艺人才。黄旭华对文艺活动有着与生俱来的兴趣，不仅自己毫不犹豫地加

山茶社社友在交大校园操场上摆成"山茶"字样的造型，"茶"字部分居右的女生正后方卧者为黄旭华（黄旭华提供）

入了"山茶社",还动员了同宿舍土木系的厉良辅同学一起加入。

"山茶社"在上海交通大学校园恢复后,一方面通过社员及同学互相推荐,另一方面也在"新中院"贴出海报,招收社员,成为公开的校园社团组织,也能公开开展各种文艺活动。[1]

在党的指导下,"山茶社"发展迅速,很快由最初的十余人发展到五十余人。许多党员和积极分子参加了"山茶社"的活动,在其中起重要作用的先后有于锡堃、许健、陈明煌、陆兆珊、蒋励君、黄旭华、魏瑚等。"山茶社"不仅学习歌舞、演出进步话剧,还积极组织和参加著名的护校运动、五四营火晚会及上海解放运动等。

有文献资料及部分"山茶社"社员在"山茶社"的成立时间上有不同说法,有人认为"山茶社"是在复校上海后由于锡堃发起成立的,持这种观点的包括黄旭华及蒋励君等山茶社骨干。

但上海交通大学党史校史研究室经过资料考证编写的《民主堡垒——战斗在交通大学的中共地下党》一书认为,"山茶社"在国立交通大学"渝校"时即已成立,由于当时并未公开,社员仅限于几位骨干成员。而"山茶社"成立时交大已经处于搬迁的过程中,一个月后几位骨干成员也启程奔赴上海,故此"山茶社"在"渝校"时知道的人很少。

黄旭华是于锡堃来上海恢复"山茶社"时动员参加的,时为

---

1 金凤,《唱出一个春天来——"山茶社"纪事》.《水之源》编委会,《水之源》(三),上海交通大学出版社,2002年5月版,第103-116页。

国立交通大学物理系学生、后为《人民日报》《中国老年报》记者、笔名为金凤的蒋励君也是在上海加入"山茶社"的。但金凤在其回忆录《唱出一个春天来——"山茶社"纪事》中有两个疑点：一是说"山茶社"成立于1946年2月，事实上"山茶社"的发起者于锡堃此时尚在重庆校区，黄旭华也同样在"渝校"；二是说"山茶社"成立时她并未参加，故此推理她也是听他人以讹传讹的。《民主堡垒——战斗在交通大学的中共地下党》一书应该是在综合考证了各种史料后确认"山茶社"是在"渝校"成立，尔后在上海恢复的，并由隐蔽转为公开。

"山茶社"平时公开的活动是组织学生学习歌舞、编排并演出一些经典及进步话剧、教授乐器演奏等，而内部则小范围组织学习过艾思奇所著的《大众哲学》，也学习《共产党宣言》《新民主主义论》《论联合政府》等革命书籍。当时，厉良辅、金凤、黄旭华等人都是学习的积极分子。[1]

黄旭华在新中院宿舍前练习小提琴（1947年，黄旭华提供）

---

1 金凤，《唱出一个春天来——"山茶社"纪事》。《水之源》编委会，《水之源》（三），上海交通大学出版社，2002年5月版，第103-116页。

　　"山茶社"最核心的工作是组织学生运动，配合中共地下党的工作。"山茶社"所组织和发起的学生运动主要有三项：护校运动、五四营火晚会及上海解放运动。黄旭华是这三项活动的主要参与者及组织者之一。

　　黄旭华具有良好的音乐基础，中学时多次参加抗日宣传，积累了丰富的表演经验，加入"山茶社"后又学会了小提琴演奏，在"山茶社"可谓是如鱼得水、挥洒自如。他多才多艺，可以引吭高歌，可以登台演出，可以演奏口琴、扬琴、小提琴，可以参加合唱团并偶尔客串乐队指挥，迅速成为"山茶社"不可或缺的积极分子。

　　黄旭华等"山茶社"社员还依据党组织的指示积极走出校门，一方面辅导和指导一些中学生的文艺活动，同时以此为掩护在校外组织具有进步意义的及宣传共产党纲领性质的演出，产生了良好的社会影响。

　　黄旭华在"山茶社"里的影响与活动受到了大家的一致好评，也引起了地下党组织对他的关注。

　　金凤在回顾"山茶社"往事时称赞黄旭华是"热情活泼、积极参加进步学生活动，并于上海解放前夕加入地下党的小伙子"。[1]

　　上海交通大学百年校庆时，几个当年的同学见到黄旭华兴高采烈，争相向校媒体爆料："老黄当年那可是一副好嗓子，唱歌拿手，又是我们合唱团的总指挥！"[2]

---

1 金凤：《中国核潜艇工程总设计师黄旭华》.《中国老年报》，2001年7月3日第4版。
2 同上。

　　经过两年的历练，1948年的黄旭华已经从一名"山茶社"的普通社员成为举足轻重的骨干，并在党的影响和暗中安排下成为后来的"大江歌咏团"及"晨社"的主要领导人。

　　"山茶社"恢复后的两年间，积极活跃在国立交通大学的文化娱乐的舞台上，对弥合"沪校"与"渝校"之间的隔膜起到了重要的纽带作用，也极大丰富了师生的业余文化生活。"山茶社"有时也配合学校的管理层开展一些主题教育及文化宣传活动，因而也得到了学校管理层一定程度上的认同与支持，校方为此还划拨一间办公用房给"山茶社"做活动室。"山茶社"还不定期印刷社刊《山茶情》在学生中散发传阅，从而更进一步扩大了影响。

　　随着影响与日俱增，"山茶社"成为国立交通大学学生运动的核心组织，同时，也引起了国民党警察和特务的注意。

　　1947年8月，中共地下党从特殊渠道得知于锡堃已经上了国民党特务重点监控的黑名单。其实，此时的于锡堃还不是中共党员，由于他是"山茶社"社长，比较显眼，又要经常抛头露面，容易被国民党特务盯上，地下党出于保护他的需要，当时并没有让他加入党组织。在这种情况下，党组织安排于锡堃退学去香港暂避，于是，于锡堃按照组织安排去学校办理了退学手续，国立交通大学还给他办理了

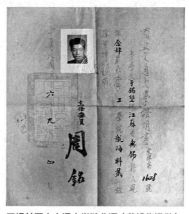

于锡堃国立交通大学肄业证（黄旭华提供）

肄业证。但于锡堃还是没能逃脱国民党特务的魔爪，于1947年底被国民党特务逮捕。在他被捕以后，地下党才正式吸收他加入党组织。

于锡堃退学以后，副社长许健接替了社长的职位，继续带领黄旭华等"山茶社"的同学们开展各种活动。

1948年下半年，"山茶社"成员许健、厉良辅、陈明煌、姚镒、张景云、金凤等因形势逼迫或工作需要，先后经由组织安排

1949年6月，上海解放后，山茶社同学（前排俯卧者为黄旭华）于交大校园内兴奋合影（黄旭华提供）

进入解放区，参加革命工作。黄旭华等大部分"山茶社"成员则留在交大坚持斗争，迎接解放。

1999年交大校庆时，黄旭华、李钟英、马美丽、陆兆珊、魏瑚、刘泉祺、潘伟成等十几位"山茶社"成员再度聚首上海交通大学，并在交大校园栽下了3棵十年树龄、枝繁叶茂的山茶树，立下一块纪念碑，碑文写道：

山茶

灿红如火雪中开

为纪念半个世纪前活跃在交大校园内外的一支文艺尖兵——成立于一九四六年初的交大山茶社特植山茶以寄深情。

山茶社全体社员

1999年校庆

"山茶社"以生生不息的精神传承，汇聚起国立交通大学莘莘学子的爱国报国和自强团结的精气神，展示出中国共产党地下党组织领导交大学生反对国民党统治、追求真理和正义、同心筑梦的强大力量。

山茶社碑铭（汪佳莹提供）

"护校运动"歌声隆 "营火晚会"忙保障

五四运动以来，尤其是在抗日战争、解放战争时期，国立交通大学及上海地区的其他高校掀起过多次大规模的学生运动，在反帝反封建及争取民族独立与解放的运动中起到了重要的作用。

亲历"护校运动"

抗日战争胜利后，蒋介石罔顾国内和平的呼声，发动全面内战，国家经济形势日趋恶化，教育事业因此遭到重创。1946年秋，迫于财政压力，国民政府教育部决定压缩国立交通大学的教育经费，先是要求国立交通大学停办航运和轮机两系，继而又作出决定，不准设立此前已批准的水利、纺织、化工三个工程系，并拟将国立交通大学改名为"国立南洋工学院"。1947年春，教育部拨给国立交通大学的经费仅为学校预算的五分之一，学校各项工作面临停摆的局面，校方与教育部多次交涉未果后，触发了国立交通大学历史上声势最为浩大的学生运动——"护校运动"。

黄旭华亲历并见证了整个运动的过程。

1947年5月13日清晨5时许，在国立交通大学中共地下党组织的策划与领导下，黄旭华和近3 000名师生员工一起，乘坐57辆由校友上海总务局局长调来的大卡车向上海火车站进发，车队打着"交通大学进京请愿团"的横幅，冲破层层阻拦到达上海火车站，准备继续转乘火车去南京国民政府请愿。

为了阻止学生，政府当局命令停开去南京的火车，并派大量军警恐吓阻拦。黄旭华等同学们没有屈服于军警的威慑，反而更是激愤，群起高呼"五十多岁的交大，今天发出怒吼，举起反抗的大旗为自由而奋斗"。

当局见事态紧急，竟然清空车站，把车站里的火车都开走，再把火车司机和铁道工人都调走，以彻底断绝师生们去南京的念头。

可是，这哪里拦得住赴南京请愿的队伍。在进步铁路工人的帮助下，机械系的学生们找来了机车、车厢和煤炭，运用平日里实习学来的技能，大家有的当起司机，有的当机车技师，有的当起炉工、水工，三下两下就让火车开了起来。黄旭华隔壁宿舍的穆汉祥写了一幅"交大万岁"的巨大标语贴在火车头上。就这样，由学生们自己驾驶的火车满载着国立交通大学的学生及前来声援的复旦大学、同济大学等其他高校的学生，轰轰烈烈地向南京进发了。

政府当局气急败坏，竟然命令军警拆除前方铁轨，迫使列车停了下来。

可是，这依然难不倒聪明的交大学子，"没有铁轨，我们自己铺"！土木系及黄旭华等山茶社的学生们立即下车，有的扛枕木、有的敲道钉，把后面的铁轨拆下来装到前面的路基上，然后火车就往前开一段。就这样，学生们通过拆一段、装一段的方式缓缓向前开进，其间还勇敢地冲破了荷枪实弹的国民党军队的阻拦。

最后，南京政府急红了眼，在铁路拐弯处将道岔都拆除了，这样一来，火车实在没办法继续前进了。但是同学们依然没有退缩，不能前进我们就停在这里，让你的铁路交通彻底瘫痪。

最终，国立交通大学师生护校的气势、决心和勇气极大地震慑了国民政府。为避免事态进一步恶化及考虑国际国内影响，上海市市长吴国桢、警备司令宣铁吾、教育部部长朱家骅、青年军司令蒋经国等高官悉数赶赴现场，朱家骅代表国民政府同学生谈判。

就在国民党政府谈判小组抬着扩音器准备与校方及学生代表对话时，学生纠察队却发现谈判现场的山坡附近竟然埋伏有许多国民党青年军士兵，学生代表立刻表示抗议，提出必须先撤走军队再谈判，朱家骅无奈只得让步，同意学生的要求。

最后，经谈判后与校方协商，朱家骅代表政府作出书面答复："同意交大校名不更改，轮机、航海两科不停办，增加学校经费……"得到官方的承诺后，黄旭华及同学们在热烈的欢呼声中返回学校，"护校运动"取得了决定性的胜利。

在"护校运动"中，黄旭华的表现可圈可点，一方面和同学们一道不畏危险，积极参与同当局的斗争，另一方面和"山茶社"成员一起，充分发挥文艺特长，带领大家一遍又一遍地高唱《团结就是力量》等鼓舞同学的歌曲。

黄旭华虽然不是"护校运动"的领导者，但却是一名积极的鼓动者。他自豪地说："我有这套本事，这个群众大会上我一站起来，两手一挥，底下就跟着我一起唱。"

"护校运动"的胜利深刻教育了黄旭华，使他认识到，要取得斗争的胜利，首先是不能软弱妥协，必须坚定勇敢；其次要讲究方法，形单影只行不通，必须要团结，要齐心协力，要发动群众，要争取支援。这些认识和心得，是黄旭华在1949年后从事各项工作，尤其是在核潜艇研制中过程中克服困难、取得成功的思想基础。

维护"营火晚会"

"护校运动"胜利一年之后，黄旭华又参与了国立交通大学学运史上另一场波澜壮阔的运动。

1948年5月3日，在中共地下党的精心策划与指导下，经过充分酝酿与筹备，上海各高校学生联合在国立交通大学体育馆举行了一场纪念五四运动的大型文艺晚会，演出了以反帝、反封建为主题的《觉醒》《农作舞》和讽刺蒋介石效法袁世凯当大总

纪念五四运动晚会会场上搭建的"民主堡垒"
（《民主堡垒——战斗在交通大学的中共地下党》一书中的插图）

统的新编历史剧《典型犹存》等节目。《觉醒》《农作舞》是"山茶社"演出的重点剧目，黄旭华以演员的身份参与了这两个剧目的排练与演出，取得了极大的成功，直接将晚会的气氛和民众的愤懑推向高峰。

中共地下党审时度势，把握时机趁热打铁，组织上海各大中学校次日晚继续进行纪念五四运动的活动，举办主题为反对独裁统治、反对美国扶植日本军国主义势力的"五四营火晚会"，以掀起"红五月"运动的高潮。

5月4日，国立交通大学校园布置一新，自校门口到民主广场（即大操场），沿途排列着一系列大型学生运动历史资料的图片，装扮出一条"从五四（1919）到五四（1948）的中国青年的道路"。这条路用彩灯做成的大路标，依次标着"五四""五卅""九一八""一二·九""七七""一二·一""抗暴""五二〇""1948年五四"等学生运动事件的字样，最后一个巨大箭头上醒目标示着"走向黎明"，指向营火晚会的大门。

在广场大草坪中央，高高矗立着威严的"民主堡垒"，它是国立交通大学学生用竹篱笆扎制、外面用彩纸蒙贴，呈炮楼式样式的临时建筑，正面悬挂着"民主堡垒"四个大字，顶部迎风飘扬着一面硕大鲜艳的红旗。民主广场的主跑道旁布置了一块有50平方米之巨的、题有"为独立自由、民主富强的新中国奋斗"的画作，寓意旧中国在灭亡、新中国即将诞生。在广场北侧的"中院"，还筹办了一个以反对美国扶植日本侵略势力复活为主题的展览会。

黄旭华给笔者描述了那天晚上他所看到的及后来所了解到的当时的情况。

自5月4日下午开始，外校的许多大学生就陆陆续续进入交大，到晚饭后估计有2万人左右，学生们欢欣鼓舞，一派节日气氛。入夜，各大高校师生成群结队在"民主堡垒"下且歌且舞、开心畅谈。夜深后，民主广场开始举行营火晚会，一万多名学生围坐在熊熊的篝火周围唱歌、演讲，焚烧象征美帝、日本法西斯和蒋介石的三个稻草人，进步的思想连同熊熊火光一起大放光明，温暖了大家的心灵。

但是，作为营火晚会的组织者，校学生会、学生纠察队及"山茶社"的社员却比较紧张，不敢有丝毫松懈。因为国民党上海市政府此时对上海各高校的学生运动已经高度关注，管控极严，前几天复旦大学、同济大学的学生组织遭遇了国民党的大逮捕，这两所学校的学生运动已经遭到禁止，大批学生只好涌入国立交通大学。国立交通大学由于入学考试严格，国民党特务很难以学生身份混入，因此相对比较稳定。为保证营火晚会顺利举行，学生纠察队不仅在各门口设岗检查，而且还在学校围墙边巡逻，严防国民党特务趁机混入。黄旭华一方面积极参加演出，得空就参与一些组织保卫工作，忙得不亦乐乎，为"五四营火晚会"的成功举办，流下了辛勤的汗水。

国立交通大学的"五四营火晚会"是上海解放前夕最成功的一次学生运动，当时在国内产生了巨大影响，既给上海乃至全国高校陷入低潮的学生运动提振了信心、树立了榜样，又给国民党政府一次巨大的打击。这激怒了国民党反动当局，此后针对国立交通大学学生运动积极分子的秘密监视变得疯狂起来，学生中的许多共产党员和学生积极分子先后遭到秘密逮捕。

作为"五四营火晚会"的亲历者，黄旭华的心灵再一次接受了锻炼与洗礼，也让他变得更加成熟。

领导"晨社"与"大江" 如愿加入共产党

1948年，春寒料峭，乍暖还寒。于锡堃被捕后，国民党特务对"山茶社"的监视与限制日益严密。在这种情况下，如果继续以"山茶社"的名义坚持斗争，势必会造成巨大的牺牲，而且难以达到活动的目的与效果。国立交通大学地下党组织决定改变策略，既保护自己，同时又不懈地坚持斗争。

担任社团领袖

很快，在中共地下党的策划与组织下，1948年4月，国立交通大学的校园里出现了一个新的学生社团——"大江歌咏团"。可细

黄旭华填写的"大江歌咏团"社团申请登记表（上海交通大学档案馆提供）

心的同学慢慢发现了蹊跷：这个社团里的成员怎么大都是"山茶社"里熟悉的面孔？

原来，"大江歌咏团"是以"山茶社"的合唱团为班底成立的，由于原"山茶社"的活跃成员本就是合唱团的成员，因此"大江歌咏团"差不多就是"山茶社"换了块牌子，像许健、黄旭华、魏瑚等"山茶社"的重要积极分子依然活跃在"大江歌咏团"中。

这样，"山茶社"的牌子继续挂着，也维持基本的教唱歌舞的活动，以迷惑敌特，而大部分积极分子却转到"大江歌咏团"里采取新的方式继续坚持斗争。

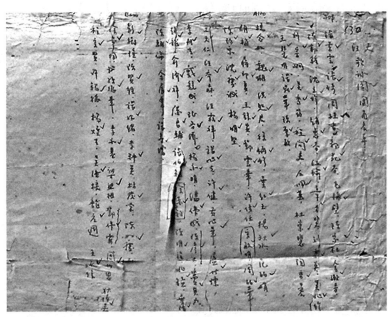

"大江歌咏团"团员名单（上海交通大学档案馆提供）

与此同时，统治当局对高校的学生社团的管控趋于严格，"大江歌咏团"必须得到国立交通大学官方的批准，学生加入社团必须填写"国立交通大学学生团体申请登记表"。好在"山茶社"过去并没有严格的组织原则，管理相对比较松散，除几位抛头露面的人物之外，其他核心成员及普通成员并没有在"山茶社"登记过，故此"山茶社"的社员大部分顺利在"大江歌咏团"登记注册，保持了斗争的连续性。

在上海交通大学档案馆，可以查阅到4份黄旭华在"大江歌咏团"的档案资料。其中两份是1948年4月和1948年7月6日填写的"国立交通大学学生团体申请登记表"。经了解得知，前一份应该是"大江歌咏团"初创时填写的，只登记发起人的名单，登记办公地点为"游艺馆十六室"。后一份则是"大江歌咏团"正式成立后经确认登记的，填写了"大江歌咏团"的全部85位成员，办公地点改为"山茶社社址内"，这也证明了"大江歌咏团"与"山茶社"之间的渊源关系。另两份是"大江歌咏团纸质卡片""大江歌咏团团员名单"。前者是"大江歌咏团"的证件，登记团员姓名和卡片编号，黄旭华的编号为"508-1-258-（129-131）"。后者所列团员名单中，许健、黄旭华、魏瑚等原"山茶社"的骨干赫然在列。

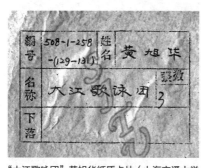

"大江歌咏团"黄旭华纸质卡片（上海交通大学档案馆提供）

"大江歌咏团"正式成立后，鉴于黄旭华以前是"山茶社"的骨干，又是"山茶社"合唱团的指挥与领唱，同时还是党组织重点关注的考察对象，政治上比较可靠，因此国立交通大学地下党组织认为黄旭华是"大江歌咏团"负责人的理想人选。此外，黄旭华为人比较低调儒雅，尚未引起国民党特务的过分关注，便于开展工作。于是，经过地下党组织的巧妙运作，黄旭华被确定为"大江歌咏团"的主要负责人，带领大家继续以开展各种文艺活动为掩护，坚持进步宣传和对敌斗争。

在"山茶社"的掩护下，金蝉脱壳后的"大江歌咏团"在黄旭华等人的带领下，以崭新的面貌积极活跃在国立交通大学及上海各大高校之间，继续传播革命思想与斗争火种。可到了1948年底，国民党特务终于看出了端倪，迅速调转枪口把注意力转移到"大江歌咏团"上。与此同时，地下党组织及时审时度势，为了"山茶社"的地下党员及"大江歌咏团"的积极分子的安全，不仅果断地撤销"山茶社"，还暂停"大江歌咏团"的一切宣传活动，以待调整斗争策略。

当然，党组织不会因为危险就停止对敌斗争，而是基于全国解放的形势和当时国立交通大学地下斗争的需要，决定与统治当局展开游击战，在撤销"山茶社"、暂停"大江歌咏团"活动的同时，与国民党当局打起了"游击战"，另行发起成立了"晨社"，寓意上海和国立交通大学即将迎来晨曦一般的解放。

"晨社"成立后，"山茶社"和"大江歌咏团"的成员自动转入，以新的面貌继续斗争，让敌特晕头转向。此时黄旭华已经秘密加入了地下党组织，他再次被党组织委以重任，担任"晨社"社长。

此后，黄旭华按照上海地下党组织的指示，带领同学们巧妙与敌周旋，重点保护好国立交通大学，并筹备迎接上海解放的部分工作。

光荣入党

在担任"晨社"社长前夕，经过组织上长期的观察和严格的考察，黄旭华终于如愿以偿地加入了中国共产党。

入党是黄旭华进入国立交通大学后一直梦寐以求的大事，他曾经对笔者详细回忆过加入中国共产党的心路历程、努力的过程及加入的经过。

在聿怀中学读书前后，在大哥绍忠的引领下，年幼的黄旭华参加过一些抗日救亡活动，搞过义演和募捐，懵懂中开始对中国当时的积贫积弱、民不聊生的现状产生了愤懑情绪。辗转求学，黄旭华亲身感受了日寇侵略所造成的痛楚，也目睹了国民政府的腐败无能，这些多次让他在思考自己的前途的过程中报以对国家前途的忧虑。大哥黄绍忠的进步言行及所创办"狂呼社"宣传的道理早已深深地印在他的心中，让他渴望一种新生。桂林中学开明教师的慷慨陈词，同学中私下流传的中国共产党抗日主张让黄旭华隐约感觉到当时在中国有一股新的思想、新的力量在谋求着国家的独立与富强。

在国立交通大学，通过与于锡堃的交流，他第一次了解了毛泽东思想，受到了革命思想的启蒙，他看到了于锡堃收藏的毛泽东的著作及画像，找到了这些思想与力量的源泉。在"山茶社""大江歌咏团"的各项活动中，在"护校运动"中，在"五四营火晚会"上，他处处感受到了这股力量的坚韧和强大。黄旭华不仅从排练及演出的许多进步剧目中悟出了更深刻的革命道理，而且揣摩到中国大地上还有那么一个令他无比神往与期待的"山那边"。

在国立交通大学，在"山茶社"，黄旭华多次听过从解放区传来一首很悦耳的歌曲，叫《山那边哟好地方》，这首歌曲旋律轻快、格调朴素，令人耳目一新。每每谈到这首歌曲，黄旭华总是抑制不住内心的激动，不由自主地清唱起来：

山那边哟好地方，一片稻田黄又黄，大家唱歌来耕地哟，万担谷子堆满仓。大鲤鱼呀满池塘，织青布呀做衣裳，年年不会闹饥荒。山那边哟好地方，穷人富人都一样，你要吃饭得做工哟，没人给你当牛羊。老百姓呀管村庄，讲民主呀爱地方，大家快活喜洋洋。

黄旭华特别喜欢这首歌，在"山茶社""大江歌咏团""晨社"，他都会私下教同学们唱这首歌。一传十、十传百，国立交通大学校园每一个角落里都能听到《山那边哟好地方》的旋律，革命种子及对"山那边"的渴望就这样在交大校园里萌发了。

进入国立交通大学以来，黄旭华的思想进一步开阔，尤其在进步思潮的影响下，他逐步意识到过去的想法还是太肤浅，仅仅学好科学、办好实业也不能拯救积贫积弱的中国，他认识到国民党太腐败、太无能了，无法给国家带来希望，就算学好科学办好实业依然会报国无门。他认为："一个国家，如果没有一个为人民、为国家办事情的一个廉洁的政府，是不行的。"国家的前途只能寄希望于那股力量及"山那边"的人。

因此，黄旭华改变了过去的想法，修正了自己的梦想，他意识到鉴于当时的中国国情，思想的解放和救赎之急甚于对科学的学习，打破一个旧世界，建设一个新政府、新国家才是民族振兴的希望。

于锡堃被捕后，黄旭华更加急切地寻找那种力量，寻找真正属于"山那边"的人，渴望融入这股力量中。他知道这股力量就在"山茶社"，"山茶社"里肯定有"山那边"的人，可他无法确定。不过，他也明白这种事绝对不能随便打听。

黄旭华一度陷入苦闷与焦虑，他能感受到这股力量就在自己身边，自己就在门外彷徨，但终归不得其门而入。他很无奈，只能是全力投入"山茶社"及"大江歌咏团"的工作中，在工作中期待。

其实，黄旭华所不知道的是，国立交通大学地下党组织也早就在关注及暗中培养他，在工作中考察他，只是由于环境的严酷，组织纪律的严格，同时为了更好保护黄旭华和其他同志，他们采取了极为低调和谨慎的方式。

1948年秋，地下党组织经过长达两年的培养与考察之后，终于正式向黄旭华伸出了手。

一天，在"大江歌咏团"排练间歇，原"山茶社"社员、现同为"大江歌咏团"成员的铁道运输系的陈汝庆找到黄旭华，在讨论完"大江歌咏团"的工作之后，陈汝庆把话题闲聊般地引入到关于时政及国家前途的问题上来，进而大胆地谈到中国共产党的政治主张，描绘"山那边"的情况，听得黄旭华心潮澎湃、心慕不已。陈汝庆审时度势，顺势问黄旭华想不想加入中国共产党，黄旭华急切地说："想啊！做梦都想！可共产党在哪里？"陈汝庆笑着回答说："我就是啊。"

黄旭华心花怒放，他终于找到共产党了。他知道陈汝庆所言非虚，仔细想想陈汝庆、许健、魏瑚等人平时的言行应该错不了，他们肯定都是地下党员。陈汝庆此时就不再绕弯子了，直接告诉黄旭华，首先写一份入党申请书，把对国民党腐败政府的认识，对共产党及其主张的了解等思想状况做个详细汇报，然后说明自己是否愿意加入中国共产党，申请书写好直接交给他，然后接受组织对他的考察。

1948年冬，黄旭华把认认真真写好的入党申请书，通过陈汝庆正式递交给了党组织。此后，黄旭华心里变得更加踏实，愈加努力学习与工作，坦然接受组织的领导及考察。

递交入党申请书之后，黄旭华开始参加由许健主持与安排的入党积极分子的理论学习及思想教育，在这里他见

黄旭华入党介绍人魏瑚（汪佳莹提供）

到了许多熟悉的面孔，才知道和他有相同理想和愿望的同学还不少。黄旭华还记得当时他们学习过的一些毛泽东的著作，其中他对《论联合政府》印象较深，书中观点他非常认同，当然黄旭华也坦承当年思想还不够成熟、理论素养还比较浅，也存在对部分观念及主张不太理解的地方。

1949年春节后的一天，同为"山茶社"社员及"大江歌咏团"成员的魏珊找到黄旭华，于无人处紧紧握住黄旭华的手，郑重地说："党组织已经批准了你的入党申请，祝贺你正式成为中国共产党预备党员。"魏珊还告诉他陈汝庆和她是他的入党介绍人，黄旭华早就熟识魏珊，也曾怀疑过她是共产党员，但直到此时恍然大悟，她也是"山那边"的人。

黄旭华入党后，在地下党的领导下主持和开展"大江歌咏团"和"晨社"的工作。他和党组织之间是通过联络人进行单线联系，这个联络人也是他工作上的领导。最初的联络人是魏珊，可由于临近解放，人员变动频繁，后来连续调换了两个。而在调换党的联络人的过程中，发生了一些让黄旭华很吃惊的事。

一天，魏珊告诉黄旭华，由于工作需要，将有新的联络人来接替她的工作。魏珊告诉黄旭华，在某个特定时间拿着某种报纸去国立交通大学体育馆，如果发现一个手里也拿着同种报纸的人就使用联络暗号，如果对上暗号这人就是他的新联络人。

快过去70年了，当时具体的接头时间、双方手中所拿的报纸、接头暗号都已在黄旭华的记忆里尘封，但黄旭华说这些环节及后来接头时发生的过程、结局基本上和今天上映的谍战片还真有七分相似，紧张且刺激。

由于地下工作的特殊性，接头工作往往就像导演好的一样，出不得半点差错。接头的日子到了，黄旭华拿着指定的报纸，按照约定的时间去了学校体育馆，当他见着拿着指定报纸的人时，震撼得倒吸一口凉气，对方也是一愣，但按照纪律双方都没有吱声，待接头暗语准确对上后，黄旭华又长出了一口热气：这世界太奇妙了，新的联络人竟然是自己的室友！

前文交代过，大四时黄旭华住"执信西斋"，宿舍是二人间，开始是黄旭华和厉良辅住一起，在厉良辅躲避特务逮捕搬离后，一个叫许锡振的同学住了进来。许锡振是航空系的，比黄旭华低一届，由于二人几乎没有交集，再加上都干点特殊工作，平时口风都比较紧，因此两人很少交流，各忙各的，进出无碍。可这世界就是如此奇妙，这个新联络人，而且还是他的领导，竟然就是住自己对床的室友。二人联系上后，彼此会心一笑，感慨良多。也好，住一起工作更方便，随时交代工作、交流思想。

不久，许锡振又离开了，黄旭华又得更换联络人。这个联络人黄旭华同样认识，也是国立交通大学校友，叫庄绪良，当时是地下党的总支书记。庄绪良工作能力很强，隐蔽得很好，庄绪良的父亲也是共产党员，奉命打入了国民党警察局做卧底，庄绪良平时有事没事就去警察局的父亲那里转悠，国民党特务或者警察有什么特殊行动，其父亲知道后就通过庄绪良转告地下党，从而避免了许多不必要的牺牲。

庄绪良作为黄旭华新的联络人时，上海解放的形势已经趋于明朗，地下党组织已经几乎可以半公开地进行活动了。庄绪良、黄旭华等党员同志为迎接上海解放筹划了一些准备性工作，可还没等到工作全面展开，上海很快就解放了，他们的工作迅速转向解放后的建设和恢复工作，此时隐藏在学生中的共产党员就全部公开了，黄旭华这时发现同班的黄荫梁同学竟然也是地下党员。

不过，由于1949年后上海解放的进程迅速，党组织由地下转为公开，人员及机构变化非常大，办公地点也更换频繁，档案资料交接处理可能出现了一些差错，以至于黄旭华的入党申请报告、地下党组织批准其入党的文件均找不到，相关当事人也无法确认具体的时间，故黄旭华的入党时间一时难以认定。无奈之下，在1950年4月20日黄旭华办理转正手续时，党组织依据转正的时间为一年的惯例采用倒推法，确定黄旭华入党时间为1949年4月20日，并确认入党介绍人为陈汝庆和魏瑚。

智斗敌特若等闲　革命爱情亦浪漫

革命，从来就不是一帆风顺的，艰难、惊险甚至流血牺牲都是革命过程所经常付出的代价，投身革命的黄旭华同样经历并见证过这样惊心动魄的历程。

血雨腥风斗敌特

1948年岁末，就在黄旭华向党组织递交入党申请书的前后，全国及上海解放的形势已经趋于明朗，但国民党反动政府不甘心失败，开展疯狂反扑，犹做困兽之斗。在上海各高校，国民党特务对地下党及进步学生实施了大抓捕，黄旭华等地下党员及进步同学迎来了一场腥风血雨。

厉良辅，黄旭华的好友加室友、"山茶社"及"大江歌咏团"的核心成员、时任国立交通大学学生会主席，这第一个故事就是关于他的。

1948年12月15日，大约在深夜12点，"执信西斋"内静悄悄的，厉良辅已经沉沉睡去，黄旭华回来较晚还没有睡觉，待要上床时，几声敲门声突然响起，黄旭华问："谁，啥事情？"门外回答说："厉良辅，学生自治会有些事要找你，在食堂开会，你马上去！"门外的人以为问话的人是厉良辅。

黄旭华赶紧叫醒厉良辅，说有人通知他马上去学生自治会开会，厉良辅立马起来穿好衣服，迷迷糊糊就准备出去。

刚要开门，黄旭华却拦住了他，若有所思地对他说："良辅啊，你是学生自治会的主席，怎么（自治会）开会你却不知道，还要别人来通知你？"

经黄旭华这么一提醒，厉良辅觉得有道理，回黄旭华说："哎，是啊，没有这回事啊！"

他们俩的宿舍在"执信西斋"一楼，窗户外有一个烧开水卖钱的老虎灶。黄旭华拉着厉良辅朝窗外一看，竟然发现老虎灶的树底下蹲着几个人。黄旭华和厉良辅立刻警觉起来，他们寻思，这大半夜的，几个人蹲在那里干什么？学生自治会怎么可能这么晚开会？联想到最近国民党特务经常混进上海各高校抓人，厉良辅是学生自治会主席，又是"山茶社"骨干成员，经常组织和带领同学们开展学生运动，偶尔还和国民党特务及警察发生直接对垒，虽然他还不是地下党，但也是进了特务黑名单的进步学生领导，因此，他俩断定通知开会就是抓捕厉良辅的一个圈套，黄旭华攥住厉良辅的手坚定地说："你不能去！"

少顷，敲门声再次响起，催促厉良辅赶紧去开会，黄旭华大声说："厉良辅已经去了，开会去了。"

其实，国民党特务就在宿舍的走廊上，他们并没有看见厉良辅出门，自然不会相信。接着，就听见钥匙开门的声音，特务们急了，想直接冲进来抓人，黄旭华和厉良辅赶紧把房门死死顶住。

情况万分危急，黄旭华明白，门是顶不住的，顶着也不能解

1996年4月10日，山茶社老社友（第三排左三：黄旭华，第四排左二：厉良辅，第一排左三：魏瑚）聚于上海交通大学（黄旭华提供）

除危险，必须想其他的办法。黄旭华突然想到当时特务们还不敢明目张胆抓人，于是急中生智，不停大声呼叫：

"同学们，特务来抓人啦！"

顿时，"执信西斋"骚动起来了，愤怒的同学们手持棍棒纷纷涌向他们宿舍。国民党特务见势不妙，也还不敢在国立交通大学明火执仗行凶抓人，只得仓皇而逃。[1]

在黄旭华及同学们的帮助下，厉良辅逃过了一劫，但是也无法再待在学校了。天亮后，地下党就安排他离开了国立交通大学到皖西解放区。后来，厉良辅正式加入党组织，并被派遣去苏联学习水利技术，获副博士学位，1949年后逐步成为我国著名水利工程专家，曾当选第七届全国人大代表，担任郑州工学院（即现郑州大学工学院）院长达十年之久。

1949年4月20日左右的某一天，有同学得到准确的消息，说国民党特务这两天要来交通大学进行大逮捕，作为"大江歌咏团"及"晨社"负责人的黄旭华也上了黑名单。虽然不知道消息是否准确，但是党组织谨慎起见，还是派魏瑚通知黄旭华赶紧撤退，并给了他一块银元作为路费。

黄旭华等地下党员离校后并没有马上离开上海，而是在校外找到一个安全的地方住了下来，两天后发现国民党特务并没有去学校抓人，于是他们经组织同意后返回了学校。几天后才得知，

1《水之源》编委会，《水之源——解放战争时期交通大学革命斗争回忆录》，上海交通大学出版社，1997年3月版，第167-169页。

抓人的消息是确切的，可那些奉命抓人的特务由于好久没领到薪水及补贴，出发前要挟当局依诺发钱，否则罢工。由于这个意外的变故，策划好的大逮捕无疾而终。

约莫一周之后的一天，上海解放的炮声已在耳畔，黄旭华和同志们一起做了许多迎接解放的准备工作，一直干到很晚才散。凌晨一两点左右，黄旭华回到宿舍，刚刚上床，突然窗外传来一阵"哒哒哒"的机关枪扫射声，由远及近似乎是奔宿舍而来。黄旭华及同学们立刻兴奋起来，以为是解放军提前入城了，赶紧起来穿衣服准备迎接解放军。

黄旭华正整装出门，却发现是一群国民党宪兵凶神恶煞般冲进来，大声叫道："不准动！""动就开枪了！"黄旭华突然明白是来抓人的，可能就是来抓自己的。黄旭华急中生智闪身折进了洗脸间，躺在水槽的底下躲起来。黄旭华躲在洗脸间里，远远听见宪兵在一间一间宿舍里清点抓人，其中就叫到他的名字。

没过多久，有位学生来洗脸间洗脸，发现了躲在水槽底下的黄旭华。这个同学认识黄旭华，立刻明白了怎么回事。他对黄旭华说老躲在水槽底下不是办法，说不定宪兵一会儿就会搜过来，这会儿二楼和三楼之间的宪兵正在换岗，中间有一个时间差，而且三楼宪兵已经查过了，应该已经无人把守了，要黄旭华赶紧溜出来趁换岗的间歇躲到三楼去。

黄旭华觉得这个同学说的话有道理，迅速冲上了三楼，也没看清宿舍号码，迅速推开其中一间宿舍就猫进去了，房间里恰好也没人。执信西斋主体是三层，二层其实是翼楼，黄旭华刚进去不久就听见楼下宪兵们嚷嚷道："他妈的，三个房间里的人都给跑掉了！"后来知道，宪兵所说的这三个房间里的人除了黄旭华，还有穆汉祥和另一位地下党员。

国民党宪兵没抓到人只好撤离，黄旭华待宪兵走后迅速离开宿舍，等他出来时才发现有一只鞋不知啥时候掉了，他也不敢回去寻找，趁着夜色离开了学校。

说来也巧，黄旭华匆忙间躲进的三楼这个房间，是李钟英的宿舍。李钟英比黄旭华低两届，同样是"山茶社"成员，但比黄旭华入党的时间早，李钟英在1949年后担任的最高职务是七届全国人大副秘书长。后来，李钟英证明了黄旭华所说的真实性。据李钟英说，当晚抓捕发生时他在校外办事，国民党宪兵撤离后他才返回宿舍，进门后发现宿舍有人进来过，还有一只鞋子掉在宿舍里。第二天李钟英悄悄打听这件事，有人说黄旭华昨晚离开执信西斋时光着一只脚，这只鞋应该是黄旭华的。

然而，穆汉祥同志却在这次大逮捕中落入敌手。穆汉祥住黄旭华隔壁宿舍，本来在头一天晚上和黄旭华一样在同学们的帮助下逃脱了抓捕，可由于手头还有几件重要事情没有交代，同时以为这次抓捕和过去一样，抓捕过后就会太平几天，就想第二天返回交通大学，把事情交代完毕即行离开。没想到国民党特务这次监视非常严密，穆汉祥在返回学校的途中，在虹桥路附近被国民党特务抓获了，与他一同被捕的还有史霄雯同学。史霄雯是交通大学学生自治会执委干事、化学系学生，主持过交通大学著名的"真假和谈"辩论会。

穆汉祥、史霄雯二人被捕后被秘密关进警察总局死牢，遭受了各种酷刑逼供。为了营救穆汉祥、史霄雯，上海地下党组织采取多种方法，最终营救无果，就连交通大学的校长王之卓都出面了，他亲自给市警察局长、特务头子毛森打电话为学生求情，但毛矢口否认关押过这两个人。

穆汉祥、史霄雯不愧是真正的共产党员、真正的革命者，面对酷刑及利诱，二人意志坚定、宁死不屈，于1949年5月20日被国民党特务秘密杀害于闸北宋公园（今闸北公园）。二人殉难前挺胸高呼："中国共产党万岁！""中国人民解放军万岁！"穆汉祥遇难时年仅25岁，史霄雯更年轻，还未满23岁。

黄旭华在回忆穆汉祥、史霄雯的事迹和英勇就义的壮行时，声音哽咽，眼里噙满了泪水，笔者亦放下手中的纸笔，和黄旭华同志一起在心里默默地向二位革命者表达深切的哀思。

在血与火的洗礼中，黄旭华从一名象牙塔里的学子蜕变成一个意志坚定的革命者。

无疾而终的爱情

当然，革命者也是血肉之躯，无情未必真豪杰，青春不能没有爱情，革命同样不拒绝浪漫！

在屏住呼吸体验黄旭华的惊险革命之旅后，让我们放下绷紧的神经，放松身心，一起来见证黄旭华作为一个革命者的浪漫。

大学，于黄旭华而言，既是汲取知识的象牙塔，也是追求真理的宝塔山，也可以是缔造浪漫的伊甸园。黄旭华英俊倜傥，多才多艺，自然是女同学心目中理想的白马王子。

黄旭华的爱情故事，得从山城重庆开始说起。

1945年9月，黄旭华踏入了心中理想的国立交通大学，入学不久，就意外邂逅了一位玲珑剔透、天真活泼的金陵女孩。她和黄旭华同时考入国立交通大学，黄旭华是造船系，这个女孩子是电信系。初识之后二人彼此都留下了极好的印象。1946年初，他和她同一批返沪，一路上他对她悉心关照，彼此叙说求学的故事，交流观念与思想，到达上海时二人就有了些许的钦慕。

窈窕淑女，君子好逑。到上海不久，黄旭华在"山茶社"里才情更是得到了淋漓尽致的展示，加上他的真诚、聪明、帅气，很快就俘获了她的芳心，郎才女貌，两人感情迅速升温，未久就成了形影不离的恋人。

为尊者讳，亦为生者讳，恕笔者在此不使用她的真实的姓名，姑且称她为媛媛吧。

媛媛乃是大家闺秀，出生于官宦之家，家境殷实。其父地位显赫，曾任国民政府参议。黄旭华的家境虽然谈不上清贫，但与媛媛家比实在悬殊。黄旭华刚到上海后由全公费生变为半公费生，经济拮据，媛媛却不以为意，从未嫌他贫，不仅日常对黄旭华的生活悉心照顾，全力支持黄旭华在"山茶社"里的工作，而且在经济上对他巧妙接济，竭力不伤及黄旭华的自尊。随着时间的推移，两人感情愈发笃深，及至相约终身。

1946年夏末，长兄黄绍忠途经上海，约三弟黄旭华见面，媛媛就以女朋友的身份陪同黄旭华一起去看望大哥，可见二人当时的感情已经升温到了家人认可的程度。

然而，媛媛虽然在国立交通大学收获了愉悦的初恋，但在国立交通大学的学习却并不愉快。媛媛是金陵才女，幼读红楼，痴迷于文学，学习电信味如嚼蜡，一直渴望转读文学，而国立交通大学又没有文学系，因此就产生了重新投考国立中央大学[1]的愿望。

黄旭华毫不犹豫地支持她的决定。1947年，媛媛经过努力如愿考取了国立中央大学英语系，然后拥别黄旭华去南京读书了。

此后，一对璧人，两地相思。

媛媛去国立中央大学读书后，黄旭华就全力投入到了"山茶社"的工作之中。虽然两人依旧鸿雁往来、互诉衷肠，感情并没有因为分处异地而受到影响，但是黄旭华在懂得了更多革命道理尤其是加入地下党后，思想却出现了波动，对他们这份感情的未来产生了新的思考。

当时国共两党势若水火的残酷斗争对中共党员在婚姻问题上提出了特殊政治要求。媛媛的家庭背景复杂，父亲身份特殊，这些必然成为他们婚姻难以逾越的鸿沟，也让黄旭华对这份感情渐感渺茫。黄旭华为此揪心不已，他深爱媛媛，甚至已经给组织写好了报告，请求组织对他们的关系进行审查，让有情人成为眷属。可是，黄旭华明白，这种审查在当时的政治环境下是很残酷的，会给媛媛造成抚不平的伤痛。

最终，为了革命事业，为了更远大的梦想，也为了不给媛媛造成一辈子的痛苦，他妥协了，违心做出了残酷的抉择。

---

1 台湾中央大学。

1949年初，黄旭华给媛媛写了一封最长也是最后的书信，信中从《钢铁是怎样炼成的》的主人公保尔·柯察金谈起，谈到自己在辗转求学及在"山茶社"的经历和感受，告诉媛媛自己已经坚定了共产主义信念，一辈子要义无反顾地走向保尔·柯察金一样的革命道路，但他的志向和选择与她的出身相冲突，他害怕将来给媛媛造成无尽的痛苦。黄旭华虽然没有在信中明确提出分手，但暗示了他们应该理性结束这份感情。

媛媛是何等的冰雪聪颖，她早就隐隐约约知道黄旭华所干的工作，她不会不明白在那个政治氛围下家庭出身对于他们来说意味着什么，而且因为这份感情她也早就承受着来自家庭的压力。无须捅破那层窗户纸，一个暗示就足够了，媛媛克制地默认了黄旭华的选择。

对于这段无疾而终的初恋，笔者产生了极大的好奇，通过多方打探与各种曲折的联络，确切得知媛媛女士从来没有责怪过黄旭华，反而给予了黄旭华更多的理解。几十年来，她依然像一个老朋友一样，始终默默在关注和祝福黄旭华。

特殊的年代，擦肩而过的姻缘，经历了凤凰涅槃般的理性冲撞与洗礼后，完成了由情侣到朋友的蜕变。

写到这里，笔者想起了匈牙利爱国诗人裴多菲·山陀尔所写、左联作家殷夫所译的一首著名诗作：

"生命诚可贵，爱情价更高。若为自由故，两者皆可抛。"

是啊！在中国革命乃至人类进步的历史上，多少共产党人和仁人志士为了自己的理想，为了实现国家的强大，舍弃了生命、割舍情感，义无反顾地献出了自己的一切。

爱情可以自私，也可以坦荡。黄旭华没有对夫人李世英女士隐瞒这段感情，李世英女士更是胸襟豁达，对丈夫黄旭华与媛媛女士这段情感历程一直抱以深切的理解与惋惜。1949年后，有一次黄旭华恰好出差到媛媛女士工作的城市，李世英女士明确要求黄旭华像看望老朋友一样去看望媛媛女士。媛媛女士亦安之若素、心无芥蒂，像老朋友一样热情接待了黄旭华。

一段初恋，数缕幽思，不仅超越了世俗情殇，诠释了新的爱情观与价值观，见证了男主人公的诚实与坦荡，更是礼赞了两位女士崇高的品德及惺惺相惜的情愫。

雄鸡一唱天下白　学成毕业踏征程

在国民党军警对上海各高校地下党员和进步学生实行大逮捕后不久，大概在1949年4月底，大批国民党守城军队进驻了交通大学，野蛮地将学生全部赶出了校园，书声琅琅的学校变成了杀气腾腾的军营，黄旭华他们的实验室竟然被国民党士兵当成了马厩，臭气烘烘。黄旭华他们这届学生完全没有办法完成毕业前的必要程序和正常学业，大家只能在校外找地方暂时住下来，在解放军的炮声中等待学校发布与毕业相关的消息。

雄鸡一唱天下白，1949年5月28日，顽固的国民党守军溃败，上海终于回到了人民的怀抱，黄旭华等交通大学的学生兴高采烈，黄旭华更是抑制不住自己的激动，自己为之奋斗的理想终于实现了。他积极参与迎接解放军入城、庆祝上海解放的各种庆祝活动，之后和同学们一起逐步回到了离别月余的校园。他们自发组织起

交通大学造船工程系1949级毕业生留影（后排左三为黄旭华）（黄旭华提供）

姓 名	家庭成份	個人出身	院 系 組	畢業證書號碼		備 註
				學 校	教育部	
√姜次平			工學院造船工程學系（船舶組）	四八造船字第○一號教次號	002708	
√楊家威		↓	↓	○二	〃002709	
√顏家驥		↓	↓	○三	〃002710	
√蔡定邦		↓	↓	○四	〃002711	
√黃旭華		↓	↓	○五	〃002712	
√辰平雄		↓	↓	○六	〃002713	
√戴恩沚		↓	↓	○七	〃002714	
√沈玉麟		↓	工學院造船工程學系（輪機組）	四八造機學字○號	〃002715	
√廖成梅		↓	↓	○二	〃002716	
√黃連先		↓	↓	○三	〃002717	

1949年交通大学造船系毕业学生名册（部分）（上海交通大学档案馆提供）

来打扫校园，整理被国民党军队破坏的校舍。"山茶社"的社员还集中到一起欢庆胜利、畅谈未来的打算和理想。

由于新政权已经诞生，由国民党政府任命的交通大学校方领导也不知道他们该如何处理学校下一步的工作，只好在1949年6月初草草宣布黄旭华他们1949届学生毕业。

按照解放前国民政府的教育章程，高等院校颁发的学历证书必须经过教育部验印方为有效。南京先于上海解放，国民政府教育部处在逃亡的过程中，再说上海解放，新的市政府已经成立，故此当时交通大学校方不知怎么发1949届学生的毕业证书。

最后，为了替学生负责，交通大学校方想出了一个权宜之策，不发不具效力的正式毕业证，给1949届毕业生颁发了由学校和校长王之卓署印的"国立交通大学毕业证明书"，仅以此证明学生在交通大学完成全部规定学业，准予毕业。1949年后，再按照新政

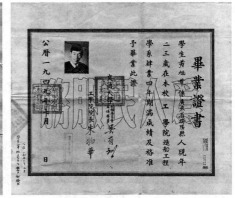

黄旭华的"国立交通大学毕业证明 1949年后交通大学颁发的"毕业证书"（黄旭华提供）
书"（黄旭华提供）

府的规定补发毕业文凭。

最终，黄旭华他们1949届交通大学毕业生正式的毕业证书确实是由解放后的新交通大学于1951年9月补发的。

新的国家诞生了，人民当家作主了，黄旭华的梦想初步实现了，学业也顺利完成。1949年7月，黄旭华和同学们一道，打理好行装，迈着轻快的步伐走向天南海北，在新国家新岗位上去追逐人生的新梦想。

第四章

———

勇担大任
结缘〇九

核潜艇，一万年也要搞出来！——毛泽东

1949年6月，大学毕业了、上海解放了，人民当家作主，黄旭华感到很幸运，一踏进社会就赶上了一个万象更新的好时代。他的心情有些激动，期望能给百废待兴的祖国做更多的工作、作出更大的贡献。

党校学习堪重任　数易岗位展才能

毕业后，在其他的同学依据自己的理想与状况编织着自己的梦想时，黄旭华没有贪图安逸，没有想留在上海这个中国最繁华的大都市，而是毅然决然向组织提出去尚未解放的南方工作。他的老家广东依然处在国民党的腐败统治之下，他想参军亲自去解放自己的家乡和百姓，因此他决定报名参军南下。

上海市委党校学习

当时，参军是许多同学的愿望，校园内报名的同学排成了很长的队伍，由于条件比较严格，办理的手续比较复杂，故此进程较慢，黄旭华只能随着队伍慢慢往前挪动。

突然，后面有人拍了拍他的肩膀，黄旭华扭头一看，是他在地下党时的联络人、其时已是交通大学党总支书记的庄绪良。庄绪良对他说："你不要报名了，组织决定选送你进上海市委第一期党校学习。"

进党校学习，可以系统学习党的历史、纲领，自然是难得的好事。不过还是有些遗憾，毕竟黄旭华还是很渴望能够参军去亲自解放自己的家乡。但是他也没有犹豫，作为党员必须服从组织的安排，回来后立刻打起行装去党校报到了。

在上海市委党校，黄旭华系统地学习党的历史、纲领、章程、党的组织原则与纪律及共产主义理论，使自己的革命信念与意志更加坚定，并默默地告诫自己必须为党的事业、国家的强盛奉献终生。在学习中，他还幸运地见到了陈毅、谭震林等多位党的高级领导人，聆听了他们热情洋溢、幽默自信的讲话。尤其是时任上海市市长的陈毅同志，他的报告从来没有讲稿，诗人般地即兴发挥，每次都是激情四射、妙语连珠、充满哲理，黄旭华觉得听他的报告一点都不觉得枯燥，完全是一种享受，至今仍然回味无穷。谭震林的讲话既严肃又严谨，内容丰富，深入浅出，总能深刻地阐释革命真理。

转岗历练终归队

1949年10月，黄旭华结束了在党校的学习，他没有对组织提出任何要求，就四个字：“服从分配”。结果，组织上考虑到他的专业背景，将他分配至上海市华东军管会船舶建造处。于是，黄旭华怀着知识与梦想，走向自己的工作岗位。

华东军管会（华东军区上海军事管制委员会）船舶建造处是1949年后为了解放台湾而设立的一个特殊临时机构，后来又更名为华东军政委员会船舶建造处。因为解放台湾需要大量的船舶，设立船舶建造处的目的就是对以前的老旧船舶进行修造、改造，也建造部分特殊船舶，以适应渡海作战的需要。

黄旭华去船舶建造处报到后，发现建造处处长竟然就是自己的老师辛一心教授。一出校门，就能在自己的老师领导和指导下工作，黄旭华觉得很高兴。

由于有造船专业背景，黄旭华就被指派去各船厂做技术指导。当时主要对征集来的客轮和货轮进行改装，以方便加装武器等军事装备。船厂中既有像江南造船厂这样已经收归国有的大公司，也有很多规模不大的民营船厂。黄旭华的工作既包括对修船、造船提供技术指导，也包括监督船厂的业务，防止偷工减料、保证船舶建造与改造的质量。

1950年9月，华东地区船舶改装及建造工作大体完成，而此时为了适应抗美援朝的战略需要，船舶建造处被撤销，黄旭华被分配至已完成国有化进程的招商轮船局工作。

其时的招商轮船局的局长是于眉。于眉是中国共产党早期的革命家，中共七大代表，原名于经海，蓬莱市安香于家村人。1950年秋，于眉出任中央交通部航务总局副局长。此后，历任海运总局副局长、局长、海河总局局长、招商轮船局局长、港务局局长，当时他的主要工作就是带领干部，依靠群众，自上而下系统地接管、改造招商局所属十多个企业，恢复和重建我国的江、河、海洋的水上运输业。后来，于眉还出任过交通部副部长及国家建委副主任。

在招商轮船局，黄旭华一开始并没有被安排具体的工作，约一个月之后，被告知给局长于眉做秘书工作。黄旭华做秘书期间，干得最多的一件事就是帮于眉局长整理各种资料。于眉对资料的要求很高，既强调要及时，又必须系统、准确、细致。他对数据很敏感，加之记忆力很好，每次去北京交通部开会，总能在会上说出一大堆准确的数据，时任交通部部长的章伯钧总是惊讶于眉脑子里为何总能装下那么多的数字。

于眉工作非常勤奋，对招商轮船局的国有化进程和经营正常化作出了巨大的贡献，黄旭华对他非常钦佩，总结他的工作作风有两大特点。

一是作风泼辣、处事干练，有坚强的执行力。在工作中，只要他决心一下，必定雷厉风行，不达目标誓不罢休，下属们没有不敬畏的。

二是实事求是，对工作中的各种数据高度重视，没有数据没有发言权，不能随意做出决定。而掌握了数据，还必须准确分析隐藏在数据背后的问题，并做出科学的决策。

黄旭华认为于眉局长那种重视数据及数据分析，并依据数据进行科学决策的管理风格对他产生了很大的影响，这让他在后来领衔研制核潜艇的过程中逐步养成了注重各种数据的收集与整理、通过数据分析发现问题、依靠数据寻找思路、立足数据指挥工作的工作习惯。

黄旭华参加工作后不久，还搞过一段时间的统战工作。1950年底，上海市委统战部为了做好统一战线工作，从全市的中共党员中选调一部分同志加入民主党派，协助做好民主党派的发展工作。黄旭华被上海市委选中后，加入了民革（中国国民党革命委员会的简称），协助民革上海市委的工作。黄旭华遵照民革章程，参与民革上海市委组织的定期学习及其他一切重要活动。黄旭华所在的学习小组组长是中国著名的"北四行"（金城银行、盐业银行、中南银行、大陆银行）之首的金城银行董事长李维城。当时的学习活动严肃、规范，每周举行一次。由于黄旭华是双重身份，因此他的发言往往比较受到关注，但在各项活动中，黄旭华谦虚谨慎，和民革同志的关系处理得相当融洽。

1953年11月，黄旭华去民主德国考察访问，其所兼任的统战工作才告一段落。1954年回国后，由于参与高度机密的潜艇转让仿制工作，组织上不再让他参与民革的相关工作，且仓促之间也没有办理相关的退出手续，他的民革党员身份也就不了了之。

1951年秋，年轻人特别多的上海港务局亟须加强共青团的工作，需要一位能力强、有朝气、政治素质高的人担任团委书记。港务局领导经过多方物色考察，觉得具有地下党工作经历，热情活泼又多才多艺的黄旭华非常适合这个岗位，然后经过一番努力把黄旭华从于眉局长身边挖了过来。黄旭华虽然内心非常舍不得离开于眉局长，但还是服从组织安排去港务局走马上任。

由于有在交通大学社团活动上的组织能力和于眉身边工作所积累的经验，

1952年黄旭华于上海港务局工作期间留影（黄旭华提供）

黄旭华很快打开了工作局面，港务局共青团的工作有声有色、焕然一新，青年人的精神状态和工作激情发生了很大变化，他也因此受到了港务局领导及年轻人的一致好评。

1952年初，"三反""五反"在上海市开展。港务局应形势发展需要及上级安排也抽调人员参加这项运动，由于黄旭华思想健康、政治素质高、行政经验丰富，一度被抽调到港务局"三反""五反"运动办公室工作。

在"三反""五反"运动中，一些革命同志和个体工商业者受到不公正的伤害，黄旭华后来进行过深刻的反思，并表达对受伤害的同志的歉意。

1952年5月，由于黄旭华有过地下党的工作经历，政治素质过硬，加上参加过上海市委党校的学习培训，工作后在几个单位表现良好、成绩突出，为此被推举为中央人民政府政务院[1]人民监察委员会监察通讯员，并由该委员会主任签发了聘任书。

政务院人民监察委员会监察通讯员聘书（黄旭华提供）

黄旭华这团委书记一干就是一年多，日历一晃就掀到了1952年底1953年初。此时，黄旭华心里开始产生了一种莫名的失落和惆怅感。从交通大学毕业进党校学习，先至华东

---

1 国务院前身。

军管会船舶建造处，再至招商轮船局，再来上海港务局，自1949年冬天到1953年春天，黄旭华走马灯似的换了三个工作单位，干过三项完全不一样的工作，虽然他服从组织安排，工作认真努力且成绩出色，但黄旭华的内心还是希望能回归自己所选择的专业技术领域，他的志趣并不在行政管理工作。

1953年初，位于上海的原重工业部船舶工业局变更管理体制，划归第一机械工业部并更名为船舶工业管理局，办公地点不变。在新的船舶工业管理局组建当中，黄旭华在交通大学的很多同学及其他专业的校友都进入了这个单位，设计处处长就是辛一心老师。黄旭华得知这个消息心里怦然一动，这正是回归专业的绝佳机会，他觉得自己可以去争取一下。

调动工作，当然得要调出和调入单位双方都审查同意才行。船舶工业管理局刚开始筹建，急需专业人才，有同学、师长相荐，黄旭华料定管理局接受应无障碍。经申请沟通，果如所料，船舶工业管理局愿意接受。可是，港务局这边却遇阻了，黄旭华打了几次报告申请调动，要求归队从事专业技术工作，港务局就是不批。于是，黄旭华一方面坚持工作，另一方面等待、寻找时机。

最终，黄旭华通过一次机缘巧合的误会实现了他工作调动的愿望。对于这个阴差阳错的巧合，黄旭华至今回忆此事时，在略感愧疚的同时也报以会心的一笑。

原来，在港务局团委工作期间，黄旭华发现港务局下属企业张家浜造船厂的共青团工作存在一些问题，就想去这家造船厂蹲点工作，一来可以接触自己的造船专业，二来顺便把团的工作抓起来。为此黄旭华向港务局分管干部调动的干部人事处打过几次报告，但是一直没有取得同意。其实港务局倒也不是故意为难黄旭华，他们实在是舍不得这么好的团委书记。调动不力，虽然还是有点郁闷，但黄旭华没有影响工作，但也没有放弃努力。

一天，黄旭华又一次拿着到船舶工业管理局的请调申请报告来到干部人事处，打算再磨一次嘴皮。可进门后没等黄旭华开口，人事处的领导不知何故竟然主动向他问起了张家浜造船厂的共青团工作问题，黄旭华把问题进行了详细的介绍，并恳求人事处满足他的调动要求。

干部人事处的领导这次可能是被感动了，答应了他的请求，并让他把请调报告拿来签字。黄旭华灵机一动，竟然把手里的去船舶工业管理局的请调申请报告递了过去，那位领导误以为是去下属造船厂的请调报告，拿起看都没看就签字盖章了。

黄旭华估计到当时这位领导误批了，没想到竟然歪打正着。事不宜迟，他担心夜长梦多，赶紧拿着领导的签批迅速办理了所有调动手续，立马就去船舶工业管理局报到了。

大约一个月后，那位领导不知怎么想起了黄旭华，就询问有关工作人员黄旭华在张家浜造船厂工作进行得怎么样，回答说："什么干得怎么样，人家都调走了，还是你批准的呢！"该领导赶紧翻出黄旭华的请调报告，才发现被黄旭华暗度陈仓了，急切之下命令一位叫张烈的同志，"你到船舶工业局去给我（把黄旭华）要回来！"当然，这也仅仅是气话，木已成舟、为时已晚，那位领导私下里也只有叹服黄旭华精明的份了。

如愿调入船舶工业管理局之后,黄旭华被安排在船舶实验筹备处工作,开始了他的专业技术工作。

技术归队搞仿制

船舶试验筹备处的工作其实就是筹备船舶试验处,该处当时仅有技术组和秘书组两个部门,大部分都是交通大学的校友。鉴于黄旭华既往工作经历,他被任命为秘书组组长。因人手比较紧张,黄旭华的工作重心放在技术组的技术工作中。

秘书组主要负责试验处的组建、完善工作,同时承担船舶工业管理局的各种船舶的试验、测试项目的报批及与技术组的协调工作等。技术组就是承担诸如试验水池、风洞等船舶试验,测试项目的论证、研制、设计、施工等专业技术工作。

黄旭华虽然既做专业技术又搞行政工作,但心情愉快,两方面都干得得心应手,在专业技能得到进一步锤炼的同时,组织协调能力也得到加强。尤其是在这段时间接触到了船舶试验水池的技术工作,学习与掌握了一些经验与方法,为他后来在核潜艇研制初期负责试验水池的工作打下了基础。

船舶试验处正式建成后,黄旭华并没有被留下来,而是被重新分配至设计处,并担任设计处总体组的副组长,专门从事船舶总体的技术设计工作。这是他首次接触并专攻船舶总体技术,以后在核潜艇的研制工作中,他所承担的也一直就是总体设计工作。

此时的设计处处长是业师辛一心教授,辛老师在船舶总体设计上具有很深的理论修为及实践经验,对黄旭华几乎是倾囊相授,经常在工作中面对面、手把手地对他悉心指导与提点，不厌其烦。对于关键问题，还要求黄旭华举一反三，黄旭华似乎又回到了课堂上，收获很大，为他以后的技术工作奠定了扎实的基础，让他初步具备了在船舶总体设计方面的技术能力与学术素养。

1953年10月，国家从政府各部门选调一部分工作人员组成一个政务代表团，赴民主德国考察学习政府各部门的工作。黄旭华由于专业与政治素质过硬被选中了，10月底赴北京报到，集中学习后于11月飞赴莫斯科，再经莫斯科转乘火车，于1953年底抵达当时的东柏林，其时正值东柏林严冬。

赴德考察前，除了考察团本身的工作安排外，船舶工业管理局领导及辛一心私下授意黄旭华，如果有机会和可能，顺便关注与了解一

1954年，黄旭华在德国波茨坦会议遗址的留影（黄旭华提供）

下民主德国的造船技术及其发展状况，有哪些值得我们借鉴和学习之处。黄旭华在考察过程中特意收集了一些这方面的资料及情况，并找机会去了解他们船舶试验水池的建设状况。可是因为东德所属地域的水池在二战中全部被损，新的水池正在建造之中，因此收获不大。

1954年4月于莫斯科大学前留影（黄旭华提供）

黄旭华对摄影有着浓厚的兴趣，当时德国的照相机制造技术可是世界第一，黄旭华倾尽全部出国津补贴买了一部当时技术最先进的蔡司135照相机，这部相机至今仍然完好地珍藏着，而且还能够正常使用。

1953年6月，中苏经过多轮协商终于在莫斯科签订了《六四协定》。依据这个协定，苏联同意将护卫舰、鱼雷快艇、鱼雷潜艇、猎潜艇和基地扫雷艇等5型舰艇及其建造技术有偿转让中国，在中国的船厂里进行仿制建造，我国建造海军舰船的历史也由此发端。

在此之前，我国的船舶制造行业规模小、建造水平低，且只能设计建造民用及商用小吨位船舶，能够转让仿制苏联海军5型舰船给我国的船舶制造迎来了一次大好的发展机会，一机部船舶工业管理局也迎来了新的发展契机。船舶工业管理局原来有一个设计民用及商用船舶的设计处，在接到转让仿制苏联军事舰船的

与黄旭华共事时的潘镜芙（潘镜芙提供）

任务之后，为了保密及工作的需要，专门成立了负责5型舰船设计的设计二处，设计二处也因此成为我国最早的军用舰艇专业设计机构。据同在这个处室工作过的我国两代四型驱逐舰总设计师潘镜芙院士回忆，当时这个设计二处也被称为设计分处。

1954年4月，完成了赴德考察任务的黄旭华回国了。但回到船舶工业管理局报到后却被重新分配到专门承担苏联军用舰船转让仿制的设计二处。

设计二处下设了4个专业科，第一科负责护卫舰，第二科负责快艇，第三科负责潜艇，第四科负责扫雷艇和猎潜艇，黄旭华被分配到第四科担任科长。黄旭华来到第四科时正好是潘镜芙的领导，潘镜芙当时是承担大型基地扫雷舰的转让仿制设计工作，他比黄旭华小6岁，毕业于浙江大学电机系，后来成为我国两代四型驱逐舰总设计师，中国工程院院士，与黄旭华同在一个学部。

由于设计二处所承担的是军工项目，对外高度保密。从那时起，依据保密纪律，黄旭华对外的联系逐步减少，并终止了过去所承担的统战工作，对外、包括对父母家人不再谈他工作上的事。

新中国军事舰船的制造也是从转让仿制起步的。所谓转让仿制，就是转让方出技术、给图纸、给资料、给设备、给材料、派专家，在中国制造出与转让方样式、功能一模一样的各型舰船来，我国当时的转让仿制基本来自华约国家，主要是苏联。当时，我国的军事舰船设计制造技术完全是空白的，黄旭华、潘镜芙等中方的技术人员开始接触这些时觉得很新鲜，可是真正扎进去时，却发现这些技术难度很大，并不容易掌握，仿制也不是那么容易实现的，弄不好就是画虎类犬。

对于苏联提供的这些成套设计、制造技术，黄旭华、潘镜芙等饶有兴致，他们刻苦用功，非常珍惜这样的学习成套且成熟技术的机会，经常加班加点钻研技术细节，认真吃透每一份图纸和技术资料。在这段时间，黄旭华、潘镜芙等对于自己弄不懂、吃不准的问题，总是虚心向苏联专家请教，直到弄懂吃透为止。

黄旭华当时和别的技术人员不一样，他不仅要掌握资料上的技术，而且要弄清楚这些技术后面的理论与原理，换句话说就是不仅要知其然，还要知其所以然，只有这样才能把技术吃透，只有吃透才能发展与创新，才能继承与颠覆。

黄旭华、潘镜芙曾经都对笔者说过，当时苏联来指导转让仿制的专家非常友好，工作尽职尽责，只要你能提出问题，他们一点也不保守，总能尽力解答、倾囊相授。黄旭华在工作中发现，在交通大学的专业学习还是比较基础和肤浅的，理论基础也不扎实，实践素养更是缺乏，的确是纸上得来终觉浅。

意识到上述问题后，黄旭华立马把当时在交通大学上课的教材、笔记都悉数整理出来，每天晚上及周末空闲时间坚持系统学习，遇到不懂的问题第二天就去请教苏联专家，并在仿制实践过程中进行验证。经过这样的刻苦钻研和勤奋努力，黄旭华在业务能力上崭露头角，吃透了所仿制的各型舰船的相关技术，不仅成为处里的业务骨干，就连苏联专家都认为他是可造之才。

两年多的转让仿制工作成就了黄旭华在技术上的造诣，让他在后来更艰巨的工作中受益无穷。通过转让制造的实践锤炼及向苏联专家的系统学习，他基本掌握了军事舰船的设计理论与制造技术，熟悉了军事舰船的设计制造、测试应用的全套流程，清楚了军事舰船的总体、动力、通信、武备等系统之间的关系，为他日后研制核潜艇奠定了扎实的专业基础。

因为严格的保密要求，自参与军工项目以来，黄旭华与家中的通信联系明显减少，家中父母及弟兄姐妹对他的工作均不知情。1957年元旦期间，黄旭华利用去南方一带出差的机会，途经广东时经请示回了一趟海丰县田墘镇老家，看望了父母。黄旭华上一次回家是1948年暑假，10年才回来一次，家里人免不了问这问那，他只字未透漏自己在干什么，很多问题他只能或者回避，或者顾左右而言他，家里人莫名其妙，也因此或多或少有些隔阂。

黄旭华1957年任潜艇科科长时于
上海留影（黄旭华提供）

而在这一次探亲之后，除了一个信箱号码外，黄旭华的消息越来越少，以至于慢慢杳无音讯，不知所踪，一直无声30年。

1957年初，船舶工业管理局在北京筹建一个设计管理处，急需专业人才。该处杜春武处长向来欣赏黄旭华的人品及专业才能，力邀黄旭华来北京工作。于是，黄旭华经组织同意调到了北京。

可是，到了年底，上海这边的设计二处发生人事变动。潜艇科科长因为特殊原因离开了设计二处，科长职位空缺，当时潜艇科的转让仿制任务异常艰巨，在军事及政治上尤为紧迫。船舶工业管理局经过慎重考虑，认为黄旭华政治素质高、专业技术过硬，是理想合适的人选，因此就动员黄旭华回到上海任潜艇科科长。

黄旭华同意了组织的决定，再次回到了上海。黄旭华坦言，回到上海也很美好，不仅夫妻可以团聚，还可以每天都听见刚出生的大女儿燕妮的哭声和笑声。

而这次回来，让他开始一辈子与潜艇结缘了，他也把一辈子献给了潜艇。

一世姻缘定世英

黄旭华在交通大学有过一段无疾而终的恋情，此后毕业进党校学习，分配至船舶建造处，调招商轮船局，再转岗港务局，未再涉足个人感情，慢慢熬成大龄青年了。而在就任港务局团委书记期间，他在工作中认识了李世英，二人擦出了爱情的火花，姻缘由此而开启。

李世英，上海市人，出生于知商之家，算得上是大家闺秀，秀外慧中。1951年夏，李世英高中毕业，适逢上海市许多政府机关和企事

高中毕业时的李世英（黄旭华提供）

业单位办公人员奇缺，即从刚毕业的高中毕业生中选拔一批素质较高的充实到这些机构。李世英顺利入围，分配到港务局工作。到港务局报到后，领导依据她的特点将其安排在团委任青年干事，恰好就在刚到任的团委书记黄旭华的领导下工作。

开始，二人的关系仅止于工作。组织寄予黄旭华厚望，希望他能把港务局的共青团工作搞上来，因此他一心扑在工作上，无暇考虑个人问题。李世英才踏出高中校门，年龄不大，只想把工作做好。因此，两人虽朝夕相处，但在感情上秋毫无犯。不过，黄旭华名牌大学毕业，俊逸潇洒、年轻有为，李世英水灵貌美、活泼能干，更兼知书达礼，两人彼此在心底里都很欣赏对方。

1952年夏，李世英赴大连海运学院学习俄语。其时中苏关系处于蜜月期，大量的俄语资料及大批苏联专家进入中国，因而俄语翻译人才奇缺。鉴于此，国家在各行业都选调大批的年轻人进入高校学习俄语。在这种背景下，李世英因为高中毕业，知识基础比较好，工作中表现优异被港务局选送至大连海运学院学习俄语，顺带圆了她的大学梦。

大约就在李世英离开港务局半年多时，黄旭华也于1953年初调去船舶工业管理局。这样，李世英、黄旭华就先后离开了港务局，就像普通的同事正常工作变动一样分开了，除了给彼此留下了一个好的印象，似乎也没有希冀未来还能再次相遇。

可是命运似乎总是那么奇妙，它既会捉弄人，也会创造惊奇。

1954年4月，黄旭华访德归来后回到船舶工业管理局，被分配至设计二处担任第四科科长。同年夏季的一天，黄旭华去找苏联

1956年4月29日黄旭华与李世英在家中举办婚礼时的合照（黄旭华提供）

专家请教问题时，竟诧异地发现了给苏联专家担任翻译的李世英。

原来，李世英1954年夏结束了在大连海运学院两年的学习，回来后被分配至船舶工业管理局设计二处，作为苏联专家的俄语翻译。就这样，两人分开两年后再次相逢了。

金风玉露一相逢，天寓两人成姻缘。美好的邂逅让两个年轻人的心里不禁漾起丝丝涟漪，过去在港务局一起工作时留下的美好印象终于作为爱情的种子，在后来的朝夕相处中慢慢生根发芽了。

平时，李世英给苏联专家当翻译，黄旭华跟着苏联专家学习技术，李世英成了苏联专家与黄旭华等专业技术人员沟通的纽带和桥梁。因此，只要是上班，两人就形影不离。相互的好感、重逢的情愫让他们的心渐渐靠近，终于有一天，黄旭华鼓起勇气向李世英送去两块手绢和一个精装笔记本，并顺势表达了爱意，而李世英早已芳心暗许，二人没费多少周章就成了恋人。

此后，一对爱侣，工作比翼齐飞、闲暇互赛才艺，爱情之果臻于成熟。

1956年初，黄旭华已经三十出头了，两人感情稳定，是时候谈婚论嫁了。于是，二人向组织打报告请示结婚，不仅很快得到了批准，组织还把位于上海武康路272号的一间房子分配给他们。

1956年4月29日的下午，黄旭华和李世英先一起去民政部门办理了结婚手续，领取了大红的结婚证，回来后两人把各自的行李搬到了单位分给他们的那间房子里，再添几件简单的家伙什，新房、新家就成了。晚上，两人买了一些喜糖、水果，邀请设计二处的年轻人在房间开了个舞会。同事们一起载歌载舞，纷纷向两位新人致以祝福。

第二天，两人像往常一样准时出现在苏联专家身边，一个当翻译，一个蹭技术，没有休一天婚假。

婚后不久，李世英调到了局专家工作科，黄旭华也调去了北京。1957年9月6日，他们有了爱情的结晶，大女儿出生了，黄旭华从北京赶回上海，与妻子斟酌后给孩子起名海燕，意思大约是上海的燕子或者海上的燕子。黄旭华在家待了几天后又去北京上班了。

添了女儿后，李世英又当爹又当妈，但工作却不马虎，依旧积极上进。她白天忙工作，晚上在夜校学德语，后来还依据工作需要跟外国专家学习波兰文，很快因为业务能力出色而成为专家科的骨干力量。

后来，李世英担心事情太多影响工作，经黄旭华的同意请了一个保姆。1957年底，黄旭华又奉调回到上海，转任设计二处潜艇科科长，一家人才得以团聚。

"核潜艇，一万年也要搞出来！"

二战结束之后，东西方两大阵营的冷战局面逐渐形成，并愈演愈烈。不仅美苏两个超级大国在核武器领域的竞争呈现白热化的态势，英法等国的核武器技术也取得了长足的进展。虽然当时的新中国还很年轻，国力尚弱，但为了打破超级大国的核讹诈，确保我国国防的自主与安全，以毛泽东主席为核心的决策层高瞻远瞩，以举国之力，于1950年代中期开启了研制核弹（原子弹、氢弹）、导弹、卫星技术的"两弹一星工程"，并且总体进展顺利。

"〇九工程"缘起

1954年1月24日，世界上第一艘核潜艇"鹦鹉螺"号建成下水，试航成功后服役，美国取得了海基战略核力量上的领先地位。但苏联第一艘核潜艇"列宁共青团"号也随即于1957年8月9日下水首航，迅速取得了在海基战略核力量上与美国的均势地位。核潜艇的建成服役，不仅让美苏两个超级大国的三位一体的核战略发展成型，而且使其在具备核打击能力的同时，具有二次核反击的强大威慑力。

时不我待、形势严峻，党和国家领导人及时对国内外形势进行判断和评估，高屋建瓴、谋定而后动，迅速制定了《1956—1967年科学技术发展远景规划纲要（修正草案）》，在"两弹一星"之外，提出了发展原子潜艇的意见，旨在建立中国版的"三位一体"核战略。

在此背景下，国家把发展原子潜艇、建设海基二次核反击力量确定为"〇九工程"，并于1958年正式启动，略晚于"两弹一星"工程。

据已公开披露的资料，时任国务院副总理、中央原子能事业三人领导小组成员的聂荣臻元帅一直密切关注美苏原子潜艇的研制动态，并基于当时中苏的友好关系，借鉴原子弹研制的经验，他认为有可能在苏联的帮助下展开原子潜艇的研制工作。1958年6月27日，聂荣臻元帅于深思熟虑之后向中共中央及国防部长彭德怀秘密呈报了编号为"238"号的《关于开展研制导弹原子潜艇的报告》（以下简称《报告》）。《报告》递交上去仅仅两天，国务院总理周恩来、中央书记处总书记邓小平分别对这份绝密文件进行了批示，并经其他有关中央领导传阅后呈送毛泽东主席。毛主席接到《报告》后高度重视，及时圈阅批准，并责成相关人员及时落实。

这样，在最高决策层的关注下，我国的核潜艇研制工程迅速拉开了序幕，1958年是我国核潜艇研制的第一年。"238"号文件，也成为我国核潜艇发展史册的第一篇章。

聂荣臻元帅的女儿、曾任国防科工委科学技术委员会副主任的聂力中将在其2006年出版的《山高水长——回忆父亲聂荣臻》一书中全文披露了尘封半个世纪的"238"号绝密文件，今天我们有幸得以浏览这份文件的主要内容。

238号文件（部分做保密处理）：

关于开展研制导弹原子潜艇的报告

中央传阅文件 1958年238号

德怀同志、总理并报主席、中央：

我国的原子能反应堆已开始运转，这就提出了原子能的和平利用和原子能动力利用于国防的问题。关于和平利用方面，科委曾开过几次会进行研究，已有布置。在国防利用方面，我认为也应早作安排。为此，曾邀集有关同志进行了研究，根据现有的力量，考虑到国防的需要，本着自力更生的方针，拟首先自行设计和试制能够发射导弹的原子潜艇，待初步取得一些经验以后，再考虑原子飞机和原子火箭等问题。初步安排如下：

一、以641型潜艇（1 800吨）的资料为基础，先设计试制2 500吨的原子潜艇，接着再设计5 000吨的，前者争取在1961年10月1日前下水。

二、拟以罗舜初、刘杰、张连奎、王诤四同志组成一个小组，并制定罗舜初同志任组长，张连奎同志任副组长，筹划和组织领导这一工作。

三、分工：

（1）总体布局和要求由海军提出，统一总体设计工作。

（2）船体、主辅机、电机、仪表以及工艺设计由一机部负责。

（3）原子动力堆由二机部负责。

（4）战斗导弹由五院负责。

四、生产基地，从保密和安全考虑，上海不太合适，似应放在××××。建议×××××今年继续动工，并补充原设计之不足，争取在1960年初建成，以便承担上述任务。

关于设计和试制原子潜艇问题，二机部刘杰同志曾与该部苏联专家谈过，专家表示，他个人愿意大力支持。

以上是初步安排和建议，当否请批示。

敬礼

聂荣臻

1958年6月27日

"238"号文件经毛泽东签批后，决策层迅速任命了以罗舜初同志为组长，张连奎同志为副组长，刘杰、王诤为成员的"核潜艇工程领导小组"（亦称"中央四人组"），责成该小组具体筹划和组织核潜艇研究的前期工作，核潜艇研制秘密工程正式拉开帷幕。

依据"中央四人组"的部署，1958年7月，一机部、二机部、海军立刻统一调配力量，依据核潜艇的设计技术特点及制造任务，分别筹建了核潜艇总体设计组和核潜艇动力设计组，配套的核潜艇总体建造厂也随即获准立项，并迅速择地动建，核潜艇研制工程的各项主要工作紧锣密鼓地全面展开了。

为方便工程的管理及协调，同时出于保密工作的需要，绝密军工项目的惯例，核潜艇研制工程必须拥有一个工程代号。这个代号最初被确定为"07"，核潜艇研制机构也被称"〇七研究室"。1960年以后，又改为"09"，此后在官方正式文件中通常称为"〇九工程"。

"〇九工程"这个绝密代号使用了半个世纪之久被公开，在今天已成为国人皆知的、充满骄傲的公开秘密，黄旭华等核潜艇研制人员今天依然也习惯称核潜艇研制工程为"〇九工程"，并形成与铸就了"〇九精神"这一文化名词。

"〇九工程"正式启动后，1958年8月间，为寻求苏联的帮助和支持，中国人民解放军副总参谋长张爱萍将军率领中国军事科学技术代表团访问苏联，但因苏方设限无功而返。1958年10月21日，以苏振华为团长的中国政府代表团带着满腔的希望及数十个技术问题启程赴苏，11月11日代表团副团长兼秘书长、海军副司令员方强专门将我方日夜加班准备好的"核潜艇初步设计资料"提供给苏方代表团副团长、苏联部长会议对外经济联络委员会总工程局副局长尤林将军，希望给予解答并能与他们一起进行探讨。然而，尽管我国政府代表团几经努力、反复交涉并在苏联滞留等候至1959年1月底，仍然没有得到苏联方面的任何正面答复。此后，经由正式外交渠道向苏联要求得到核潜艇研制技术的提议，都遭到苏联的漠视或回绝，看来想得到苏联的帮助似乎走不通了。而此后发生的另一件事不仅间接证明苏联不可能帮助中国研制核潜艇，而且在军事部署上直接漠视我国国防的独立性。

当时，苏联出于与美国及北约争霸的需要，提出在中国南海建立长波电台，并与中国建立由苏方主导的联合舰队。而在这两个问题的具体方案上，苏联领导人傲慢无礼，无视我国的主权和安全诉求，提出中国没必要研制核潜艇，由他们提供保护即可，建在中国领土上的长波电台也由他们管控使用。毛主席被彻底激怒了，不仅直接拒绝了苏方的无理要求，而且字字铿锵地说：

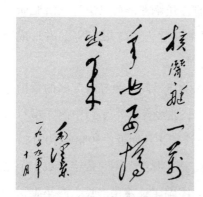

核潜艇总体建造厂用毛泽东的草书组合而成的"核潜艇，一万年也要搞出来"（《见证中国核潜艇》）

"核潜艇，一万年也要搞出来！"

毛主席的话激情豪迈、气势如虹！传达后立刻激起了所有知悉此事，尤其是核潜艇研制人员的豪情，坚定了独立自主研制核潜艇的信心。

"核潜艇，一万年也要搞出来！"宣示了已经站起来的中国人民不畏霸权、宁折不弯、自强不息的意志和精神，同时也激励着广大工程技术人员不舍昼夜、筚路蓝缕、奋发图强。

今天，在中船总公司某研究所位于武汉的新基地，在办公大楼一楼大厅的正面大理石墙面上，毛泽东主席"核潜艇，一万年也要搞出来"的恢宏而遒劲的大字，继续激励着新时代核潜艇人继往开来、再创奇功！

受命参与核潜艇研制

1958年8月初的一天，黄旭华刚上班不久，就接到船舶工业管理局领导打到潜艇科的电话，通知黄旭华立刻去北京出差，既没说什么任务，也没说去多少天就撂下了电话。由于设计二处承担的本就是机密军工任务，大家都有保密习惯，上级不说具体情况一般也不会询问。黄旭华放下电话后，给妻子李世英打了个招呼，简单地收拾一下行李就奔北京去了。

到北京后，船舶工业管理局的领导才郑重地对黄旭华说，绝密级的核潜艇研制工程已经立项启动，党中央、国务院高度重视，举全国之力进行研制。根据他的政治素质、专业背景和工作经历，决定选调他参加该工程的研究，并分配到核潜艇总体设计组工作。

领导接着告诉他去海军大院报到，不用再回上海，留在北京直接上班，相关问题组织会妥善安排。就这样，黄旭华都没能和夫人及女儿道别就被调到北京了，并且不能向李世英解释调动的原因，也不能告知新的工作单位及工作性质。不久后，夫人李世英才托来京出差的同事，把工作、生活用品带给了黄旭华。

黄旭华到总体组报到后第一件事是领导谈话，支部书记曹磊告诫他三点，让他有思想准备：

"首先你被选中，说明党和国家信任你；二是这项工作保密性强，这个领域进去了就出不来，犯了错误也出不来，出来了就泄密了；三是一辈子出不了名，得当无名英雄。"

接着，曹磊对黄旭华特别强调了核潜艇这个"天字第一号"

项目的保密纪律，不能对任何人（包括父母、妻子、儿女）透漏工作单位、干什么工作、工作性质，所有对外联系、回家探亲都须经过严格的审批。

1958年7月，由海军舰船修造部和一机部船舶工业管理局联合组建的核潜艇总体设计组正式成立，它是核潜艇研制工程立项后第一时间建立的核潜艇研制的专业设计机构，对外称为"造船技术研究室"，海军舰船修造部副部长薛宗华大校担任组长，船舶工业管理局船舶产品设计院副院长王星朗为负责人之一，党支部书记由海军政治部青年部副部长曹磊兼任。

核潜艇总体设计组名义上归属海军舰船修造部，事实上由"核潜艇工程领导小组"直接领导，办公地点最初在北京市公主坟海军大院最偏僻的西南角53号楼的二、三层（现南区55号楼）。两个多月后，因环境比较嘈杂，不利于工作与保密，就迁到53号楼北面的5号楼（现西区78号楼）的二层办公。

7月18日，原存放在海军修造部的苏联转让的"641"潜艇资料，由薛宗华副部长的秘书陈谭生负责搬到了53号楼。"641"常规潜艇资料是核潜艇研制设计最初仅有的资料，先期报到的核潜艇总体设计组的同志立刻对资料进行学习与研究，核潜艇研制工作迈开了第一步。

核潜艇总体组最初主要由海军舰船修造部驻造船厂军事代表室和一机部船舶工业管理局系统抽调的人员组成，合适的人数较少，只有29人，其中专业技术人员仅17人。根据军事舰船总体设计的一般规律，总体组进一步划分为船体组、动力组、电气组三个专业小组。黄旭华被分在船体组，组长是张景诚，副组长是李建球。

张景诚与黄旭华一样，来自船舶工业管理局系统，此前在上海船舶设计院工作，因工作关系曾与黄旭华有过几面之缘。张景诚是上海造船界的权威，在业内享有很高的威望，20世纪60年代主持了我国第一艘万吨级远洋货轮"东风"号的设计。他技术精湛、业务能力强，为人谦逊厚道，对黄旭华比较器重，在工作上给予过很多指导与关照。李建球则来自海军舰船修造部，是刚刚留苏回国的技术人员。

1959年时，由于有新的技术人员不断进入，船体组升级为船体科，黄旭华因为工作出色与武杰一起被增补为副科长。黄旭华认为，以他当时的资历，在人才济济的船体科能迅速提拔为副科长，应该得益于张景诚的直接推荐。

当时，总体组虽然也在海军大院内，但与海军大院其他机关单位都没有联系。总体组这批人着装随意，总是匆忙进出，谨言慎行，别人都对他们感到好奇，即使打听，也得不到任何回答，就连与他们比邻的海军舰船修造部的人对他们也一无所知。

黄旭华自1958年到北京参与核潜艇研究工作之后，严守保密纪律，极少与广东老家联系。老母亲偶尔在信中问及他工作生活情况，他担心话多必失，总是简单说"都好、在北京"等寥寥几个字。30年来，家人对于黄旭华的了解，仅限于一个"北京××信箱"，其他几乎一无所知。

就这样，我国的核潜艇研究工程在这个无人觉察的角落有序推进，黄旭华开始了他隐姓埋名的探索岁月。

矢志恒　定初心　下马亦坚持

核潜艇研制工程虽然启动了，但生不逢时，困难重重，虽经不懈探索，但还是无奈下马。所幸智者远虑，留待一息尚存，然亦生生不息。

困境下的探索

1958年7月，核潜艇研制工作甫一启动，即遭遇了三大困扰。

第一个难题是"左倾"思想的干扰与影响。

1958年正值"大跃进"运动蔓延，不讲科学瞎指挥、虚报浮夸等风气在各行业严重泛滥，而这种思想也反映在核潜艇研制设计中：主观臆断、制定不切实际的高指标，盲目乐观，要求1961年就得下水。在一些研制企业，不尊重科学、排斥专业技术人员、蛮干乱干的情况时有发生。这些思想上的冒进、行动上的蛮干给核潜艇的研制带来很大的困难，让黄旭华等专业人员经常束手无策，不仅很难正常开展研制工作，还得默默地纠正由此而引发的一系列错误。

第二个难题是生活困难、物资匮乏、配套不全。

祸不单行，到了1959年，"大跃进"的后遗症与自然灾害叠加，食物供应奇缺，黄旭华等核潜艇参研人员只能饿着肚子、啃着咸菜做设计工作，一段时间之后普遍出现营养不良，且逐渐引发了肝炎、浮肿病等疾病，大家的身体遭到严重伤害。

与此同时，由于国家物资的匮乏，核潜艇研制所需要的设备、材料都出现严重短缺，设计验证等研究工作的配套机构及设施几乎是空白，核潜艇的研制设计步履维艰。

黄旭华经常用到的瑞士ASMLER面积仪（2014年4月3日，杨艺摄）

其中，核潜艇研制所需的设备仪器的落后与短缺让黄旭华等技术人员感受尤其深刻。

即便是在科技高度发达的今天，核潜艇依然是一个复杂的系统工程，世界上能独立研制设计核潜艇的国家屈指可数，可谁能想象得到在1960年代前后，黄旭华等第一代核潜艇人是靠原始的设计与计算工具来研制核潜艇的。

搁在今天，无论是哪一代核潜艇的设计，数据计算都是海量的，只能依赖计算机进行计算和数据处理。而60年前的我国核潜艇人计算工具只有两种，一种是咱们的祖先传承给我们的原始计算工具——算盘，一种是稍微先进一点的计算尺。那么大的计算量，无论总体组还是动力组，所有的运算都是靠这两位功臣拼出来的，黄旭华等设计师用时间加汗水拼出可与美国人的计算机媲美的计算量。

黄旭华当年使用的K&E牌带有封套的计算尺（2014年4月3日，杨艺摄）

每当黄旭华拿出当年他用过的计算尺，总是要饱含深情地凝视和抚摸片刻，上面深深的痕辙仿佛诉说着他们当年的不易。黄旭华还有一把当年使用的算盘，那是他的岳母为了勉励他努力工作而赠送给他的，上面清晰地刻着"旭华"二字。虽然笔者没有亲眼见到这把算盘，可看着这把算盘的照片时，脑海里不自觉闪现出"岳母刺字"的故事，"精忠报国"！几千年的爱国文化薪火相传、生生不息，激励着一代代中华儿女自强不息、报效国家。

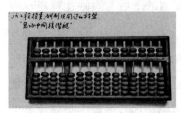

黄旭华当年所使用的算盘（黄旭华提供）

《见证中国核潜艇》的作者，也是中国核潜艇发展的亲历者之一的杨连新先生非常珍惜这把黄旭华赠送给他的算盘，将它打上核桃油小心地收藏好，以保存一段不朽的历史记忆与爱国情怀。

第三个难题是没有可供参考借鉴的资料。

在1950年代末，大家仅仅从新闻里了解到美国、苏联制造了核潜艇，至于核潜艇是什么样子谁都不知道，没有一张照片、没有任何资料。黄旭华说，就算他们这些专业技术人员，对于核潜艇的了解也仅限于是一种用核能推进的潜艇，其他的一概不知。

而当时的状况是，我国仅处在对苏联转让的常规潜艇的消化仿制阶段，基本不具备自主研制设计能力，更何谈核潜艇的设计研制。而核能的研究在我国也是刚刚起步，原子弹研制尚未攻克，陆上核反应堆都在探索中，更毋庸说船用反应堆了。

一句话，当时谁也说不清楚核潜艇是一艘怎样的潜艇。

不知道并不意味着就可以止步不前，而是要去探究、摸索、了解，那么首先就是要去寻找关于核潜艇的资料。当时科研人员非常渴望能得到核潜艇的资料。

资料是科学技术研究的基本条件，具有思想启发、知识传承、技术借鉴、验证辨析的作用。当时仅有美苏研制出核潜艇，资料属于绝对机密，能披露的少得可怜，即便是常规潜艇的资料也不多。故此，国家在外交、商务、教育、科技等领域通过各种渠道收集关于核潜艇的资料，核潜艇总体组及动力组的每一位科技人员同样使出浑身解数寻找关于核潜艇及其配套设备技术的资讯，哪怕是只言片语。而即便是这些少得可怜的资料，也是真假莫辨、鱼龙混杂。

为了查找、甄选真正有价值的资料，黄旭华认为要用好"三面镜子"。

一面是放大镜——沙里淘金。在庞杂的信息堆里寻找出有用的信息。

一面是显微镜——去粗取精。有的信息比较笼统、粗糙、模糊，需要做进一步的深入研究。

一面是照妖镜——去伪存真。有的信息貌似有用，但可能是错误的甚至是误导性信息。有的信息中真假成分都存在，需要分析后去掉虚假的信息，保留有价值的部分。

尽管核潜艇研制伊始就面临三大难题的困扰，但参研人员并没有被困难所吓倒，赵仁恺、彭士禄、黄旭华、尤子平等专业技术人员满怀强烈的责任感和使命感，迎难而上，排除思想干扰，同困难抗争。大家愈挫愈勇，依旧斗志昂扬、艰难求索，核潜艇的研制在困难中逐渐破冰。

经过两年多的艰苦努力，1961年初，黄旭华所在的总体组在以下几个方面取得了阶段性的成绩与成果。

一是很好地消化了苏联常规潜艇的设计制造技术，弄清楚了核潜艇与常规潜艇的基本区别，明确了研制的主要重点难点所在。

二是初步形成了核潜艇的设计方案，对部分关键技术展开了预研，借鉴常规潜艇的设计原则，编制出了核潜艇设计技术规范，并分别完成了核潜艇的普通线型和水滴线型的初步设计方案。

三是拟定了核潜艇设计与制造主要配套设备及材料清单，为后续核潜艇配套工作创造了条件。

四是对核潜艇部分关键技术、重要技术参数及设计规程展开了试验研究，以验证设计思想。

通过这些早期的开创性研究工作，大家总算形成了核潜艇的基本概念、建立起了核潜艇大致的轮廓，尽管这些概念与轮廓有太多常规潜艇的影子，甚至有些部分在后来看来有些想当然的成分。

1959年12月24日，海军成立科学技术研究部，核潜艇总体组划归该部建制，同时对外的"造船技术研究室"更名为"〇九研究室"，仍然由薛宗华负责。1960年，薛宗华因言蒙冤，被撤职降级、留党察看、调离"〇九工程"，周圣洋被任命为"〇九研究室"第一任主任，苏平被任命为第一任政委。

主持试验水池及配套工作

作为水下作战的武器平台，核潜艇的设计是否科学合理、技战术性能先进与否，都必须通过下水试验来验证，而这个水下试验在设计阶段就是通过试验水池来完成。

1959年初，依据核潜艇设计的需要和当时国内试验水池的技术及配套状况，总体组指派有过船舶水池试验经历的黄旭华回上海，主持核潜艇试验水池设计建设及试验测试等相关工作。

回上海负责核潜艇试验水池的工作，客观上让黄旭华一家人得以团聚，黄旭华由衷感谢组织上的关怀。事实上组织并没有去刻意关照，让黄旭华回上海工作主要是基于工作需要考虑。

首先，黄旭华具有船舶试验水池的工作经验。黄旭华技术归队调入一机部船舶工业管理局，就分配在船舶试验筹备处，他在这个处的工作中就接触到了船舶试验水池的工作，对上海乃至全国的试验水池的情况比较了解，也积累了一些工作经验与方法，对试验水池的相关技术都有一定程度的了解。

其次，只有上海具有试验水池及其建设条件。在旧中国及20世纪50年代，上海的造船实力雄厚，配套也相对完善，上海的交通大学造船技术最强且拥有全国唯一的试验水池。因此，核潜艇研制要解决试验水池的问题，去上海是一个最合适的选择。

基于上述两个因素的考虑，同时加上黄旭华具备独当一面的工作能力，他去上海主持试验水池工作自然是最理想的人选。至于家人团聚，纯粹是一种巧合罢了。

从1959年至1960的两年间，黄旭华先期的工作是协助与配合交通大学的试验水池建设。当时交通大学的水池处在建设末期，黄旭华需要基于核潜艇研制试验、测试的需要提出一些具体的建设与完善要求，并亲身参与到水池的设计修改及建造中，从而让交通大学的试验水池将来能满足核潜艇研制的部分试验需要。

试验水池建成后，黄旭华的工作就转向核潜艇水池试验工作上来。黄旭华带领核潜艇水动力性能组的钱凌白、崔继纲、单海扬等技术人员筹备核潜艇水池试验方案，设计试验模型，研究测试技术与测试方法等。此前，国内既无水池，也没做过这样的试验，黄旭华他们从零起步，试验方案、试验方法、试验仪器仪表逐项攻关。由于时间紧，他们在尚未完全完工的水池里已经做起了试验。

交通大学当时的试验水池主要是考虑满足教学和科研而设计建造的，相关试验条件既不齐备也很简陋，做一些小型船舶及常规潜艇试验还能对付，但是做大排水量的核潜艇试验就很勉强了。因此，黄旭华他们仅限于用一些简单的模型做定性试验，定量试验实在没办法做。

在黄旭华最初所做的试验中，大都没有特定的预选方案，基本上是探索性的。譬如在核潜艇线型试验上，黄旭华一开始就看好水滴线型，因此基于自己的预判，主要围绕水滴线型做，希望通过试验来验证自己的判断。尽管当时他所做的这些试验不太成熟，但足够支撑他后来在核潜艇线型之争上的底气。

钱凌白是黄旭华在研制一代两型核潜艇过程中最得力的助手，据钱凌白回忆，黄旭华当年虽然家在上海，但是从来没有因为家里的事影响工作。偶尔周末回家，也不会在家休息，第二天同样出现在工作现场。平时工作平易近人，从善如流，认真听取大家的意见。工作中身先士卒，不怕苦不怕累，同时业务技术能力很强，他们一帮年轻人当时都很佩服黄旭华的专业素养。

1960年初，除继续负责试验水池工作外，黄旭华还承担起一部分与核潜艇研制相关的设备及技术配套工作。依据1960年3月国防科委会议上确定的技术、设备配套的行业与单位名单，黄旭华去这些行业和单位逐一进行调研，编制配套报告，明确配套的技术和设备要求。其中哈尔滨汽轮机厂、上海电机厂等核心单位黄旭华都去过多次，对配套工作严格把关。黄旭华回忆说，那时有关核潜艇尚未明确的问题太多，所做的配套工作总体上还比较简单、粗糙，甚至有些盲目，而1965年核潜艇工程再次上马后的设备配套工作就细致、系统、科学多了，但也多少得益于这些前期的工作成绩和基础。

黄旭华在分担设备、技术配套工作以后，试验水池的工作就交给钱凌白等人继续进行了，不过黄旭华也参与重大试验方案及试验方法的讨论与审定。据钱凌白回忆，有一次黄旭华和他们一起讨论核潜艇稳定性试验方法时，曾经提出通过艏端加激流，提前进入湍流状态，验证曲线艇体能否快点稳定下来的试验方法。后来他们在试验中验证了这种方法的科学性及合理性，并在后续的试验中加以采纳和运用。

交通大学试验水池中的核潜艇水动力试验虽然取得了一些关于核潜艇试验方案、试验模型、测试技术、测试方法等方面的成果，也总结出了核潜艇水动力试验对实验水池的技术要求，但也暴露了我国船舶试验水池建设存在的问题。依据这些试验的结论，黄旭华所在水动力试验组以"〇九研究室"的名义向上级提出建设我国高标准、多种类型的大型试验水池的建议，并详细论述了建设的必要性及技术的可行性，以满足后期核潜艇及其他大型专业船舶研制的试验及测试要求。

1961年，我国大型试验水池获准立项，并由702所承担建设任务，在领导机关的指示下，黄旭华立刻带领钱凌白等技术人员进驻702所，积极参与702所各种大型试验水池的设计与建造，基于核潜艇水动力试验的技术要求，提出了操纵性水池、拖曳性水池、回转水池及风洞的技术参数，并对水池建设进行技术审查，为核潜艇恢复上马后的各种水动力试验打下了良好的基础。

初担重任　父丧难归

1961年6月，"〇九研究室"规格升级，建制由海军划归国防部，并入国防部舰艇研究院，改称"〇九技术研究室"，周圣洋继续担任研究室主任。不久以后，国防部舰艇研究院整体划归军队编制，番号为国防部第七研究院（简称七院），但建制属于海军系列，"〇九技术研究室"再次恢复为原来的"〇九研究室"。

1961年11月14日，黄旭华迎来了人生中第一次重大考验，上级组织鉴于他在前期核潜艇研制中所体现出的过硬的专业素质、较强的组织领导能力及出色的工作业绩，时任海军司令员萧劲光、政委苏振华签发了对黄旭华的任命书，任命他为国防部第七研究院"〇九研究室"副总工程师，自此，黄旭华正式走上了核潜艇研制的重要领导岗位，接受组织与事业对他的更大的考验，组织上要求他从全局的角度组织与协调核潜艇的总体设计及技术抓总与配套工作。

12月14日，恰好在他被任命为"〇九研究室"副总工程师一个月后，黄旭华接到来自汕尾的加急电报，被告知父丧速归。黄旭华接到电报痛苦不已，工作缠身、刚刚又被委以重任，保密要求极为严格。无奈之下，他只能电报回复说"无法回家"。既不能说明真实的原因，又不愿意撒谎，黄旭华选择默

任命黄旭华为国防部第七研究院〇九研究室副总工程师的海军任命书（黄旭华提供）

默背负对父亲的无尽愧疚和兄弟妹妹们的合理埋怨。

父丧不归，当时不仅家中老母及弟妹们不解，就连夫人李世英都颇有微词，黄旭华心中有苦说不出，除了沉默还是沉默。后来有媒体采访黄旭华时，问及父亲逝世不能回去是怎样解释原因的，他说不解释，没法解释，撒谎会漏洞百出，解释清楚就泄密了。

1962年3月底，经过三年多来的努力工作，彭士禄、黄旭华、尤子平等技术人员领衔的"〇九研究室"完成了《原子导弹潜艇初步设计基本方案（初稿）》。这个方案是一个正式的规范文本，主体是导弹核潜艇的初步设计方案，同时列举了全艇、反应堆、关键配套设备等关键技术157项，试验课题254项，编制了后续研

制工作的总体框架，并提出了专项研究的策略与技术方向。

1962年4月，海军政委苏振华与铁道部部长吕正操联合决定，"〇九研究室"迁出海军大院5号楼，搬到北太平庄铁道学院的一栋更加隐秘的楼房里。

1962年年中，黄旭华也收获一份惊喜与温馨，组织上将李世英调入到北京的"〇九研究室"，黄旭华结束了近四年的两地分居，与夫人和大女儿黄海燕团聚了。

当时，他们一家三口虽然挤在一间破房子里，但是非常开心，至少在黄旭华看来可以给夫人和女儿一份安慰，可以缓解自己对夫人的负疚感。黄旭华非常疼爱女儿，小海燕来到北京时快5岁了，黄旭华高兴地说"咱女儿现在是北京的妮子了，该有一个北京味道的名字"，就把女儿的名字改为燕妮。

李世英在"〇九研究室"的工作是专门负责与核潜艇有关的资料收集、整理与翻译工作，至此才逐渐明白黄旭华是干什么工作的，也了解了这项工作的重要性与保密程度，不仅过去的一些不解和埋怨烟消云散了，反而更加体谅丈夫的难处，敬佩丈夫的胸怀，也更加支持黄旭华的工作了。

"下马"后的坚守

"不经历风雨，怎么能见彩虹！"

特殊的历史背景注定核潜艇的研制过程也将成为这句名言的注脚。

当日历翻到1962年时，黄旭华就敏锐地觉察到核潜艇研制的步履陡然间迟滞下来，许多工作不是停顿就是蠕行，到了8月间，"〇九工程"搁浅，核潜艇研制正式下马。

史料显示，"〇九工程"下马的决策过程既慎重又痛苦。无论是最高决策层，还是海军及二机部领导，都经过长时间的反复研究、讨论和质询，没有谁愿意"〇九工程""下马"，可又不得不暂时割舍，整个决策过程前后持续了8个月之久，足见当时决策层的犹豫和纠结。

正是决策层的心存不忍及出于科学慎重的考量，"〇九"下马并不彻底，关键性的"火种"得以幸存，中央决定下马后保留一批核心人员继续研究，希望尚存。

"〇九工程"于1962年下马的原因，许多研究人员都做过客观而科学的分析。其中长期研究与关注我国核潜艇发展历史的杨连新先生的观点比较具有代表性，他在专著《见证中国核潜艇》中将下马原因归结为国家经济困难、技术力量不足、给两弹让路、对客观规律认识不清（比如一开始就以研制导弹核潜艇为目标）、核潜艇的协调抓总机构不够权威等五个方面。同时，杨先生作为核潜艇的研制人员，其亲身经历、真实的感受加上长期资料收集与研究，其结论无疑是中肯且让人信服的。

既是当事人，又是当时"〇九研究室"副总工程师的黄旭华将"〇九工程"的下马归纳为既"生不逢时"又"先天不足"。

所谓"生不逢时"，就是1960年中苏关系彻底破裂，苏联旋即撤走专家、资料，停止各种设备供应。在研制核潜艇的决策上，最初决策层还是寄希望于苏联的帮助的，而在核潜艇研制的开始，确有部分苏联专家以一定的方式给我们提供过一些帮助。譬如1959年4月上旬，经周恩来总理的努力斡旋，苏联驻华大使馆转来了苏方专家组的《对于导弹原子潜水艇研究设计初步方案所提各项问题的回答》，对中方技术人员提出的涉及核潜艇初步设计方案、核潜艇动力设计原则及导弹武器三大方面共71个问题以书面的形式给予了详细回答，并对中方核潜艇设计方案中部分问题给予了充分肯定。这些苏联专家的回复还是极具诚意的，为后期核潜艇的研制指明方向，也让我们少走了一些弯路。故此，中苏关系的全面破裂，就成为压趴骆驼的最后一根稻草。

至于"先天不足"，黄旭华的分析就更为全面、系统、准确。

首先，不具备国际条件。1960年前后，美国和苏联的核潜艇虽然都下水了，但技术并不成熟。即便稍许领先的美国，其核潜艇技术也处在验证和完善之中，甚至出过灾难性事故。而其时国力及技术水平远超中国的英法两国，同样也在探索研制核潜艇。如果再考虑意识形态的差异与保密因素，当时中国几乎没有可能得到有价值的技术资料或者有效外援。

其次，自身技术储备严重不足。到1960年，我国依旧处在苏联常规潜艇的转让制造阶段，且步履维艰，仿制水平及成功率差强人意。常规潜艇都没能力设计，更遑论跨越技术水平的核潜艇设计与制造了。

最后，国力难支、配套条件跟不上。第一，当时我国的陆上核反应堆刚刚接近临界，核堆技术还未取得实质性突破，那么高功率、小型化的船用核反应堆完全是奢谈；第二，与核潜艇工程配套的各种设计条件、实验条件和试验条件几乎是空白，连符合条件的试验水池和风洞都没有，各种设备、仪器严重短缺，就连一个大型绘图板都找不到；第三，核潜艇制造厂刚刚动建，跟不上核潜艇研制设计的步伐；第四，国家财力、人力不足，国家刚刚从自然灾害中恢复，各项建设都需要大量的资金和专业人才，优先保证的"两弹一星"工程已经占用了可观的财力与大量的人力，难以再支撑耗资巨大的核潜艇研制。

因此，从科学决策的角度去分析，当时决策层做出"〇九工程"下马的决定是科学的、明智的。如果盲目坚持，不仅于核潜艇研制裨益甚微，还会影响全局，产生更大的浪费与牺牲。暂时下马，待机重启的迂回战略更符合当时我国的实际。

1962年底，按照决策层的部署，国防部第七研究院"〇九研究室"进行整编，数以百计的研究设计人员调离，其中包括后来成为工程院院士的赵仁恺、核潜艇总体组核心成员尤子平、后来成为我国新一代核潜艇型号总师的宋学斌等，核心成员相继离开了，偌大的"〇九研究室"仅留下65人，代号变更为原子能所"47-1"室。

在这次大整编中，黄旭华没有选择离开，作为最早加入的核心研制人员被保留下来了。

虽然"〇九工程"主体下马了，但最高决策层对核潜艇初心不改，并很快做出了更长远的布局。1963年10月，中央做出了关于保留核心技术骨干、保持对核动力及核潜艇总体等关键技术的持续研究的决定。于是，经中央专委批准，国防部第七研究院

"〇九研究室"、703所第五室、二机部"47-1"室合并，组建潜艇原子能动力工程研究所，周圣洋任副所长并主持工作。潜艇原子能动力工程研究所正式组建运行后，周圣洋经上级同意任命彭士禄、黄旭华二人为副总工程师，全所有技术人员160余人。在这次整合过程中，虽然整体规模扩大了，但继续有一批原核潜艇总体组研制人员流失到其他机构。

此后，新成立的潜艇原子能动力工程研究所作为火种存续，领导及其专业技术人员并没有因为主体工程下马及人员频繁变动而懈怠，彭士禄、黄旭华两位副总工程师带领新的团队既分工又合作，一方面继续学习、钻研业务、提升专业理论水平，另一方面重新确定核潜艇重点攻关方向，保持对核潜艇研究的可持续性。

在潜艇原子能动力工程研究所，彭士禄主要负责核潜艇动力堆的研究，大家齐心协力，克服人员严重不足的困难，在相关协作单位的配合下，逐步在核潜艇动力堆的设计、核反应堆压力壳制造所需的低合金高强度钢的制造、核燃料元件生产等方面取得了重大突破。

在潜艇原子能动力工程研究所，黄旭华继续领衔船体部分的研究，重点对水滴线型、高速操纵性及艇体结构强度、核潜艇舰载武器及其发射平台研制等专题展开系统研究，为核潜艇总体设计方案的选择和初步设计积累了更加翔实、可信的数据。

"〇九工程"的主体下马及机构的频繁变动中，原核潜艇总体组的人员流失最为严重，从高峰时的几百人，到只剩下黄旭华、钱凌白在内的十几个人。留下的人中也有好几个不稳定，常被抽调去别的单位帮忙。虽然人单力薄，但黄旭华他们坚守岗位，没有放缓研究的步伐，一如既往地辛勤工作。钱凌白的回忆资料显示，1963年底至1964年间，黄旭华带领他们仅存的几人对"03""33""31""641"等多型苏联常规潜艇的线型和快速性资料进行了全面的消化和分析，写出了关于核潜艇线型与航行性能及其阻力影响的分析报告（该报告作为技术档案存于某研究所）。

1964年初，潜艇原子能动力工程研究所整体加入人民解放军序列，黄旭华等技术人员集体参军，部队番号为总字907部队。1月6日，黄旭华过去曾经有过的参军梦想在此刻实现了，并被授予人民解放军技术少校军衔。

黄旭华1964年入伍时的军官证（黄旭华提供）

1964年1月18日，黄旭华被任命为国防部第七研究院第十五研究所副总工程师。此次国防部的正式任命既体现了中央高层依然重视核潜艇研制，又表达了对继续坚持研究的技术人员的鼓励，同时更让大家看到了希望。

黄旭华，在"○九工程"下马后毅然选择坚守，在坚守中保持初心，他明白，希望就在不远处。

重点突破　荒岛克坚

蛟龙载梦入蓝海

从一开始参与研制核潜艇，我就知道这将是一辈子的事业。

——黄旭华

1964年，国家的经济持续向好，国防科技界也捷报频传。6月29日，国产"东风"2号导弹发射试验成功，接着在10月16日15时，我国第一颗原子弹在罗布泊成功爆炸，举世皆惊，美苏的核讹诈宣告破产。

黄旭华敏锐地捕捉到了这一信息，意识到导弹、原子弹研制成功对于核潜艇研制的意义。原子弹试验成功意味着核技术取得突破，核潜艇的动力问题具备攻克的技术基础，导弹试验成功，则给战略核潜艇的武器平台开发创造了条件。随着国家经济条件的好转，科学研究的人才队伍不断壮大，科研条件逐步改善。黄旭华的心里开始有了一种预感：核潜艇工程重启在即。

忽如一夜春风来

1965年春节，黄旭华心头暖暖的，他感觉北京的春天今年肯定会来得更早一些！

"〇九工程"重启

约莫在大年初几的样子，首都北京还沉浸在其乐融融的春节气氛中，黄旭华接到了时任国防部第七研究院副院长的于笑虹将军打来的电话，让他和钱凌白到他家中来坐坐，讨论一些问题。

黄旭华立刻兴奋起来，直觉告诉他去年的预感可能会变成现实，迅速约上钱凌白，直奔于笑虹将军家。

刚一落座，平素彬彬有礼的于笑虹将军连寒暄都省了，径直对他们说："导弹和原子弹成功了，高层已于年前释放出向核潜艇倾斜的信息了，'〇九工程'重启的条件成熟了，我们不能放过这个机会，今天请二位专家来，就是想听听你们的意见。"

于将军的话一说完，黄旭华心花怒放，甭提有多高兴。他与钱凌白相视而会心一笑。这一笑，是期盼释放压抑的笑，是英雄所见略同的笑，是风雨之后见彩虹的笑，是如释重负的笑。

在略微平复了激动后，黄旭华对于院长说核潜艇研制的技术已经逐渐成熟，相关研制条件也大体具备了，"〇九"应该立刻恢复上马。于将军看着两位爱将跃跃欲试、急不可耐的样子，也深受感染，立刻交代说：

"你们俩迅速以六机部名义向中央起草一个报告，详细阐明'〇九工程'恢复上马的必要性，列举已经具备的各种条件，从技术上论述核潜艇研制的可行性，并对工程上马的各项问题提出合理建议。"

早就翘首以待，自然一触即发。黄旭华和钱凌白回来后就立刻行动起来，但他们考虑事关重大，既要迅速上报，又必须保证质量，必须集思广益。报请领导同意后，尤子平、陈发金两位同志也参与请示报告的起草。四位专业技术人员惜时如金、披星戴月，仅仅数日就完成了报告撰写，于笑虹将军审阅后又提出了一些修改建议。

1965年2月底，这份关于恢复"〇九工程"的请示报告定稿了，并在第一时间呈送到了六机部方强部长、刘华清副部长办公桌上。

钱凌白老在他"回忆录"中描述了这个过程。

1965年春节，海军科研部长、七院副院长于笑虹将军把黄旭华和我两人请到他家，商讨向中央打报告申请核潜艇重新上马事宜。"原子弹爆炸成功，是一股强劲的东风，我们的核潜艇研制工作，要借这股东风，把它促上去。"我们刚一进门，于院长就微笑着对我们说。我们两人听了都非常振奋。这天，我们研究的主题是核潜艇重新上马所具备的条件和先研制哪一类型的核潜艇。我们两人向于院长汇报了研制核潜艇及其配套设备的科研工作的进展情况以及核工业部已经完成潜艇核动力装置设计方案，并在潜艇核动力装置的高压设备的研究方面取得了进展，核燃料元件及控制元件的研制也取得了很大进展。根据上述情况，我们一致认为现在已具备条件，攻下核潜艇这个尖端来。另外，我国的海防迫切需要加强反潜力量以及根据我国的现有的技术力量，我们一致的意见是第一步我们要尽快研制出能对付敌人导弹核潜艇的反潜攻击型核潜艇，然后再研制出我们的导弹核潜艇来。于院长最后说："好，有关其他问题，待春节一过，我们立即组织力量，进行可行性论证，形成一个完整的报告！"1965年2月底，一份关于研制核潜艇的请示报告送到了六机部方强部长和刘华清副部长的手中。

1965年3月13日，二机部、六机部党组将《关于调整原子能

第五章 重点突破 荒岛克坚 蛟龙载梦入蓝海

197

潜艇动力工程研究所领导关系的请示报告》呈送至中央专委并国防工办。该报告建议：将国防科委舰艇研究院下属的715所和703所1室划归二机部领导，负责核潜艇动力总体设计和陆上模式堆的筹建工作，核潜艇总体研究设计及对动力装置的船用要求则由六机部承担。为保证两部工作的协同，建议在七院成立一个核潜艇研制抓总机构。

原造船技术研究室的研究人员转入719研究所后的合影，左起依次为：黄士龙、钱凌白、吴庭国、魏书斌、黄旭华、仇世民、张延飞（1966年5月15日，钱凌白提供）

7天后，周恩来总理主持召开第11次中央专委会议，批准了二机部和六机部党组的联合报告，"〇九工程"重新列入国家计划，核潜艇研制设计工作正式全面启动。

依据中央专委的指示精神，1965年4月，715所即被划归二机部研究设计院，作为该院第二分部，对外称北京15所。5月，位于渤海湾葫芦岛的核潜艇总体建造厂在停工多年后恢复施工。6月，七院以701所2室（导弹常规动力潜艇总体研究室）和715所潜艇总体科为核心，成立了七院核潜艇总体研究所（后更名为719所），原七院一所副所长夏桐被任命为第一任所长，副所长为宋文荣、王诚善，黄旭华、尤子平任副总工程师。为了便于设计和建造配套，新成立的719所也落户葫芦岛，与核潜艇总体建造厂相邻。

首研攻击型核潜艇

"〇九工程"重启后，核潜艇研制的大方向并没有得到明确。指导思想不明确，核潜艇研究、设计、施工制造都没办法展开。因此，海军会同二机部、六机部又对黄旭华等起草的方案反复论证研究，并在多次完善后，于同年7月向中央专委呈送了核潜艇研制的具体建议。

这次呈送报告的核心内容是建议第一艘核潜艇以建造反潜鱼雷核潜艇（即攻击型核潜艇）为宜，在取得核反应堆用于核潜艇的成功经验后，再研制弹道导弹核潜艇。

为何要向决策层特别说明第一艘核潜艇建造应以鱼雷攻击型核潜艇为宜呢？黄旭华给我们讲述了个中原因。

从1958年中央批准研制核潜艇开始，研制目标就是弹道导弹核潜艇这个战略性武器，目的就是用核潜艇从海上投送核弹，建设三位一体的核打击体系。而在核潜艇研制恢复上马后，在究竟应该首先研究哪种类型核潜艇的问题上，高层有着不同的看法。这次呈送报告的目的，就是向决策层阐明应从科学出发、从实际出发，借鉴美苏研制核潜艇的发展规律，先建造战术型核潜艇，取得经验再建造战略性核潜艇。

黄旭华回顾说，当时他们是这样向中央专委陈述原因的：从技术上看，如果先研制导弹核潜艇，除了需要解决反潜鱼雷核潜艇的所有技术问题之外，还需要解决与导弹配套的发射装置、射击指挥仪和惯性导航仪等，而这些技术及设备的攻关难度很大，耗时费力；从军事上看，对付敌人的弹道导弹核潜艇最有力的武器就是反潜鱼雷核潜艇。因此，先研制战术性核潜艇，再研制战略性核潜艇，既能满足现实的军事需求，也符合核潜艇研制的科学发展规律。

该报告除明确核潜艇研制的大方向之外，对于第一艘攻击型核潜艇的研究、设计与制造，初步拟定了三项原则。

一是执行大力协同的方针。在中央专委和国防工业党委领导下，各参研及协作单位密切协同，共同攻关。

二是立足国内，从实际出发。以苏联转让仿制的中型鱼雷潜艇为技术原型，缩短战线，争取时间。

三是兼顾试验与应用。重点攻关核动力装置应用于潜艇的技术问题，同时在主要技术性能上满足海军提出的战术要求，使第一艘核潜艇既是试验艇，又是战斗艇。

报告的最后，对工程进度安排、各系统分工、技术力量的调配、研制经费投入及使用方案等问题提出了具体的建议。

黄旭华评价说，这份报告很有分量和价值，有理由、有方案、有方法、有计划、有步骤，给中央专委的决策提供了可信、可靠的基础。其后，第一代核潜艇的研制大体上也是按照这份报告实施的。

1965年8月15日，周恩来总理主持召开了第13次中央专委会议，专题研究核潜艇上马的具体问题。会议通过了报告所提出的核潜艇研制步骤及第一艘核潜艇研制、设计、制造的三项原则，且明确提出第一艘核潜艇于1972年下水试航的目标，并全面部署了核潜艇上马的各项工作。会后，中央专委向各有关单位接连下发7个通知，安排和落实核潜艇设计研制的相关工作。

中央专委第13次会议重启了我国第一代核潜艇研制的进程。1965年是我国核潜艇发展史上的转折点，具有里程碑意义，也已成为我国核潜艇发展史上继1958年的第二个重要的坐标点。

确定研制方案及线型

核潜艇研制进入实施的首要环节就是确定研制方案，而其中的核心问题之一又是核潜艇线型的选择。

研制方案的形成与获批

核潜艇总体研究设计所成立后，立即启动了葫芦岛设计所所址的建设工作,各组建单位也开始从北京向葫芦岛搬迁。为了保证建设及搬迁阶段不影响核潜艇的研究设计工作,核潜艇总体研究所分别在北京和大连两地成立北京工作组和大连工作组。在京的原715所与七院12室的同志组成北京工作组,黄旭华为负责人。

北京工作组当时的任务非常关键,就是要迅速确定首艘攻击型核潜艇"09-1"(后简称"091")的总体方案,并对方案开展专题论证。需要论证的核心专题有三项,分别是"091"首艇的线型、"091"首艇的战术技术指标、核潜艇配套设备清单。

钱凌白回忆说,当时"091"首艇的总体方案和专题论证工作就是黄旭华、尤子平带领他们一帮北京工作组的技术人员加班加点做出来的。黄旭华当时为了保证该项工作的顺利推进,连总体研究所隆重的成立大会都没有去参加。

1965年8月25日,北京工作组初步完成"091"首艇总体方案的设计与专题论证工作后,六机部即在京组织海军及部分研究院所对总体方案进行会审,史称核潜艇研制"825"会议。黄旭华在会上对"091"首艇的总体方案做了具体汇报,尤子平详细陈述《核潜艇战役战术性能建议书》。汇报完毕后,海军和与会专家对设计方案和论证专题进行审议,海军基于核潜艇技术、战术的需要提出了具体要求,其他研究机构也对方案和性能指标提出了完善建议。审定会后,黄旭华、尤子平等对方案进行补充与完善,由六机部上报国防科委。

国防科委收到六机部的报告后,在9月初组织海军、总参作战部、有关工业部和相关研究院所的负责人及专家,对"091"首艇的总体方案进行会审，并就鱼雷核潜艇战术技术性能等问题进行讨论，最终形成了《反潜鱼雷核潜艇战役战术技术主要指标》，上报中央军委的同时下达给六机部，为"091"首艇的正式研制提供技战术依据和基础指标。

线型之争

核潜艇总体方案通过国防科委审定及《反潜鱼雷核潜艇战役战术技术主要指标》下达后，"091"首艇进入初步设计阶段。然而，一个巨大的难题摆在黄旭华、尤子平等设计师面前，即"091"首艇的艇型选定问题。艇型不确定，初步设计无法进行，更不用说后续的其他技术指标及设备配套问题了。为此，核潜艇首艇的水滴线型与常规线型之争旋即拉开序幕。

20世纪中后期，美、苏、英、法、中的第一代核潜艇研制几乎都经历过线型之选、线型之争的问题。我国"○九工程"一开始就在确定怎样的线型上徘徊不已。原核潜艇总体设计组在1958年10月提出的5个总体设计方案中，有3个常规线型、2个水滴线型。常规线型当时多出一个备选，表明当时的总体组比较倾向于常规线型，并在该线型上投入了更多的研究。

"○九工程"恢复上马，在率先建造攻击型核潜艇还是建造弹道导弹核潜艇问题上被中央专委明确后，接下来的就是"091"首艇的线型之争。1966年1月，"091"首艇总体的第一张设计图纸出来了，使用的就是在役常规动力潜艇的那种常规线型，常规线型一开始占据上风。

　　然而，黄旭华对此持不同的意见。1959年至1961年间，由于黄旭华一开始就基于理论与技术分析倾向于水滴线型，因此在他所负责的上海交通大学及702所的无数次水池试验中，黄旭华和钱凌白就对水滴线型做了大量的验证性试验。虽说当时的试验大部分是定性的，试验水池及测试条件也不尽理想，但他还是通过已经取得的试验结果和数据确认水滴线型具有较明显的优势。

　　考虑当时世界上最先进的核潜艇均已采用水滴线型的现状，结合自己前期的试验结果，黄旭华主张"091"首艇选用水滴线型，从而使我们的核潜艇一开始就与世界先进水平保持一致。

　　黄旭华、钱凌白等水滴线型的支持者认为，当核动力潜艇在水下300米左右及更大深度上高速航行时，常规线型的水动力性能较差，而纵剖面似水滴、横剖面是圆形的水滴线型或"鲸型"线

钱凌白回顾当年的"线型之争"（2014年，王艳明拍摄）

型不仅摩擦阻力最小，且在大潜深时具备很好的机动性和稳性。水滴线型核潜艇虽然在水面上操纵性能不如常规线型，但其水下战术、技术性能却优越很多，而核潜艇的作战性能及威慑力恰恰就体现在水下。

对支持采用常规线型的同事及领导，黄旭华保持足够的理解和尊重，他认为他们并不是反对他的观点，也不是不支持采用水滴线型，而是在考虑究竟什么时候采用水滴线型，他们只是想在我国自主设计研制的核潜艇上采用一种更为稳妥或者说保守一点的策略而已。

黄旭华告诉我们，据他们当时掌握的材料，美国核潜艇的研制采取的是稳妥的三步走战略。第一步，建造一艘水滴线型常规动力潜艇，解决水滴线型艇体设计问题；第二步，把核动力装置装在常规线型的潜艇上，解决核动力上舰的问题；最后，建造水滴线型核动力潜艇，解决建造施工问题。而苏联研制水滴线型核潜艇所走的道路则更加曲折。

鉴于美苏研制核潜艇的经验及教训，倾向于先常规线型、再水滴线型的分阶段研制核潜艇的领导者及技术人员忧虑：一个缺乏先进工业技术、缺乏潜艇设计制造经验和充足合格的科学技术人员的国家，能一步到位设计研制水滴线型核潜艇吗？

当时，核潜艇总体研究所在这个问题上比较理性，采取了客观、科学和审慎的方法。

1966年初，既为了充分发挥民主，也为了集思广益，核潜艇总体研究所就核潜艇线型及系统功能设计在所内开展了技术"鸣放"的大辩论，让大家各抒己见、自由辩论。

这次技术"鸣放"非常热烈和自由，每一种技术主张的支持者都能充分陈述自己的建议、商榷他人观点；每一种技术主张的支持者也都可以在"鸣放"大辩论上论证自己的可行性、质疑他方缺陷。水滴线型自然是这次技术"鸣放"大辩论的焦点问题之一，以黄旭华、钱凌白为代表的水滴线型的支持者们多次在"鸣放"辩论上耐心地向同事们阐述首艇采用水滴线型的可行性，接受各种质询，并就水滴线型的总体方案及实施计划进行了介绍。

获知702所新建成了大型兴波水池和风洞，黄旭华和钱凌白立刻带领人马赶过去，利用新的试验条件对水滴线型做了一系列的流体力学试验，取得了宝贵的水滴线型适航试验技术数据，再次证明了水滴线型的优越性。

黄旭华当年的多位同事向笔者坦陈过当时不建议"091"首艇采用水滴线型者的顾虑。一方面他们可能深受美苏研制核潜艇经验的影响，认为我国连常规线型的普通潜艇都没有设计制造过，就跨越性设计制造水滴线型核潜艇，其难度无法预计或者克服。另一方面他们还从核潜艇工程下马前的冒进中吸取了教训，当时的盲目跃进其实也是造成核潜艇工程下马的一个重要原因。因此，为确保1972年首艇能够按照中央计划的时间下水，其设计制造使用常规线型更加切合实际。这样既可以保证按时完成中央下达的政治任务，又可以在取得成熟的技术和经验后再研制先进的水滴线型核潜艇，这样可能更稳妥、同时承担的风险也相对较小。

但黄旭华并不固执，他充分理解和尊重主张首艇采用常规线型同事们的顾虑，尽管自己的试验无可辩驳地证明了水滴线型的巨大优势。他心里明白确保首艇在1972年顺利下水是压倒一切的政治任务，在当时的政治环境下，解决核潜艇的"有"和"无"的问题，远比第一艘核潜艇是否先进更具有战略意义。这也好比最初我国的"两弹一星"工程，成功时技术远较美苏落后，但是重要的是我们拥有了，我们进入了这个特殊的战略威慑"俱乐部"。

最终，综合考虑各种因素，同时意识到不能在此问题上无休止地争论下去，黄旭华及时、理性地选择了妥协，同意在首艇的研制上采取相对稳妥的技术策略，这样既容易成功，也让大家乐于接受，同时可以保证按时完成任务。

在艇型上达成共识后，"091"首艇的设计进入实质阶段。1966年11月，总体研究所完成了常规线型的第一艘攻击型核潜艇的设计方案，上报至第七研究院及六机部，很快得到中央专委的批准。

确定水滴线型

可就在所有人都以为此事已尘埃落定，设计师们的工作即将转入技术设计时，事情突然峰回路转，出现了戏剧性变化。

1966年12月初，最高决策层工作任务调整，核潜艇研制最初的倡导者和决策者聂荣臻元帅重新分管国防科工委的工作，他对核潜艇研制尤其关心，立刻了解核潜艇的研制状况和进程，当他从国防科工委负责该项目的同志那里了解到核潜艇的艇型之争后，感到此事非同小可，当即在12月7日召集七院、六机部等相关人员开会，重新讨论核潜艇艇型与型号问题。

在会上，时任六机部"○九工程"领导小组办公室主任、七院领导的陈右铭详细陈述了水滴线型和常规线型艇型之争的始末及两种观点的理由。聂荣臻听完后当即指出："（第一艘核潜艇）不要采用常规潜艇的艇型，要重新设计，不然搞得两不像，又不像常规潜艇，又不像核潜艇。"

聂荣臻元帅的权威与决定自然毋庸置疑，常规线型方案立刻被搁置，所有的工作立刻转换到水滴线型上来。3天后，聂荣臻指示彭士禄、黄旭华等高级专家们继续在北京饭店开会，要求他们对原方案进行修改与审查，并将新的水滴线型方案上报中央。

由于此前水滴型方案已经成熟，新的设计方案很快成型。仅仅几天之后，"091"首艇的水滴线型设计方案呈送到了聂荣臻元帅案前，聂帅阅后即上报至中央军委和中央专委，中央专委即于12月22日撤销了11月份的决定，正式批准了水滴线型的设计方案，并要求第一艘攻击型核潜艇提前至1970年下水。

关于这场核潜艇首艇艇型之争，黄旭华并不愿意过多谈及，也从未流露作为胜出者的情绪。在他看来，这仅仅是一次正常的学术争鸣而已，没有赢家或者输家，争鸣的结果让水滴线型更加成熟，过度渲染这场论争对同事们既不公平，也不公正，因为这至多是一个技术或曰策略的分歧而已。

七朵金花

"○九工程"重启，核潜艇总体研究所的诞生，该所每一位技术人员深知所肩负的神圣使命，个个摩拳擦掌、跃跃欲试，都希望自己的专业、专长能在核潜艇研制中有用武之地。当时的情形用黄旭华的话说叫"各行其是、行行争先、人人出头"，虽然其状可嘉，但核潜艇的研究设计因此出现了思想不统一、关键技术不明确、攻关问题零散、技术思路杂乱的状况。

鉴于当时"荷叶包钉子，个个出头"的态势，时任核潜艇总体研究所所长的夏桐，与彭士禄、黄旭华等所领导有些焦虑，这种状况无法形成合力，对核潜艇的研制设计非常不利。所领导经过认真讨论，认为既不能给同志们的研究热情泼冷水，又必须集中研究力量解决关键性问题。于是决定因势利导，这才有了前文所说的全所技术"鸣放"大辩论，一方面鼓励畅所欲言、各抒己见，另一方面要求精炼目标、形成合力，明确核潜艇研制的重大攻关项目，并展开集体合作研究。

前述的艇型之争，其实只是技术"鸣放"大辩论的内容之一，除此之外，还包括其他的核潜艇研制的大攻关项目。经过充分的酝酿、辩论、质询、研究，核潜艇总体研究所确定了核潜艇研制的七大攻关项目，将其作为技术"鸣放"大辩论的主题，这七大主题被黄旭华等设计师形容为"七朵金花"。

核动力装置——第一朵金花

20世纪80年代以前的常规潜艇几乎是清一色的柴电潜艇，动力装置由柴油机和发电机组成，潜艇添加燃料必须"上浮"，充电时柴油机启动，必须"上浮"进行空气交换。如果把潜艇的动力装置替换为核反应堆，由核能驱动，就是我们所说的核潜艇了。核潜艇几乎不用添加燃料，充电不需要外界空气，可以像凶猛的鲨鱼长久地"潜伏"在海里等待猎物。这"浮"和"伏"的差别，决定了常规潜艇和核潜艇在隐蔽性、续航力及战斗威力上的巨大差异。

"〇九工程"无论是启动还是恢复上马，核反应堆一直是与核潜艇总体并列的两大核心攻关项目，它历经了从陆上模式堆到船用小型堆的研制过程。黄旭华的三位杰出同事赵仁恺院士、彭士禄院士和张金麟院士在核动力装置的研制上作出了巨大的贡献和牺牲。核潜艇工程恢复上马后，在中央专委的直接部署下，位于四川夹江的陆上模式堆的建设迅速启动，在各方支持下建设顺利，各种技术难关相继突破。与此同时，核反应堆建设所需的三种关键性珍稀金属铀、锆和铪的制备技术顺利取得突破，核动力装置的研制总体进展顺利，为"091"首艇的下水试验及后续其他类型核潜艇的研制奠定了较好的技术基础。

作为第二代核潜艇总设计师的张金麟院士高度评价了我国核潜艇动力装置——船用核反应堆的研制。据他介绍，我国核潜艇动力装置研制进程较为顺利，技术路线合理，功能比较先进，为我国核动力装置在核潜艇及其他运载工具上的运用提供了宝贵的经验，而更为重要的一点是，船用核反应堆的研制也为我国民用核能的发展奠定了技术基础。我国民用核能技术就是在核潜艇用核反应堆技术取得突破及逐步成熟后，在国家有关部门的指示下，由彭士禄院士、赵仁恺院士及张金麟院士领衔开创的，我国早期的秦山核电站、大亚湾核电站就是他们的杰作。

与核潜艇动力研究所主要研究反应堆的功能及建造技术不同，核潜艇总体研究所则是将核动力装置上舰及部署问题作为技术"鸣放"大辩论的内容。比如核动力装置在核潜艇总体结构上布局方式，不同的布局方式对核潜艇性能的影响，一回路、二回路的设计及核辐射屏蔽等技术问题。

艇型及操控设计——第二朵金花

艇型不仅对核潜艇的水动力性、适航性有很大的影响，还决定着核潜艇的操控性能。

"091"首艇的艇型设计历经曲折，其水滴线型和常规线型之争、之选也是本次技术"鸣放"大辩论的第二朵金花，最终经聂荣臻元帅的果断拍板而尘埃落定，但这反而给了黄旭华等支持水滴线型的技术人员更大的压力。只能成功，不能有任何闪失，否则既对不起聂帅的信任，也没法向中央专委交待。在大潜深条件下，核潜艇高速航行及长时间潜航，比起常规线型，水滴线型的确具有无与伦比的优势，但水滴线型的设计对于黄旭华他们来说，毕竟是一个完全未知的领域，无法借鉴，设计研制难度超乎想象。

为了做好水滴线型的设计，黄旭华、尤子平带领闵耀元、陈源等设计人员，一方面分析与论证通过各种渠道广泛收集而来的国内外有关资料，从中寻找启示与借鉴；另一方面加大技术试验，验证水滴线型设计思路并积累操纵性能的第一手资料。

1966年，核潜艇总体研究所与七机部五院、702研究所等科研机构及技术人员加强合作，利用这些单位的各型试验水池、各型风洞、各种流体动力性能试验设施、各种模拟操纵设备等，开展了大量的模型试验研究，对选定的方案与性能设计做验证性试验。此外，他们积极组织外协，委托开展了10余项专题研究，探索了新的设计及计算方法。经过一系列精心组织的论证、研究与试验，黄旭华他们对水滴线型核潜艇的设计有了明确的思路。

实验证明，水滴线型艇型在大潜深时拥有诸多的水动力优越性，但在多状态航行时却存在稳定性及操纵性不如常规线型的问题，为了解决这一问题，黄旭华、尤子平、宋学斌、钱凌白等技术专家对此展开了有针对性的理论研究与比较论证，并进行了大量的水池试验，最终提出了提升水滴线型的稳定性及其操纵性技术方案，为"091"首艇的顺利研制提供了技术保障。

艇体结构设计——第三朵金花

在核潜艇的设计中，艇体结构的设计是总体设计中的关键，它决定和保证核潜艇的极限下潜的深度，是核潜艇实现战略、战术意图的必要保障。

由于动力装置、武器平台、技术战术性能的差异，核潜艇的艇体直径和排水量比常规潜艇通常大很多，再加上大潜深条件下的安全要求，核潜艇的艇体结构及其强度就要远远超出常规潜艇了。黄旭华等设计师对艇体结构的选择与设计有着清醒的认识，明白艇体结构设计对于核潜艇水下安全及战略、战术保障的重要意义，稍有疏忽，就将导致灭顶之灾。故此，将这个问题列为重点攻关项目。

在艇体结构设计的攻关上，黄旭华、尤子平、钱凌白、宋学斌、赵建华等设计师充分体现了他们的高屋建瓴和专业素养，在核潜艇水滴型艇体结构设计上取得了成功。无论是首艘鱼雷攻击型核潜艇，还是后续的弹道导弹核潜艇，他们都在充分考虑技术、战术需求的前提下，基于当时我国的材料科学的现状，运用结构力学的原理，科学选定和设计了核潜艇的艇体结构，不仅完全达到了战略、战术目标，还最大限度地满足了核潜艇及艇员的安全要求，为核潜艇下水后的极限深潜试验的成功打下了坚实的基础。

声呐系统——第四朵金花

归根到底，核潜艇是一个武器平台，无论攻击和防御都需要掌握敌情，否则就只能被动挨打。"091"首艇是攻击型核潜艇，先敌发现是先敌攻击的最基本要求，因此必须有一副灵敏的耳朵。这副耳朵其实就是主、被动声呐系统。声呐是利用水中声波对水下各种距离和方位的目标进行探测、分类、定位，并将目标数据传送至武器系统实施跟踪或者攻击。

没有先进的、灵敏的、远程的声呐系统，攻击型核潜艇就起不到攻击威慑的作用。黄旭华自然明白这个道理，并始终重视声呐系统的研制。据宋学斌总师回忆，核潜艇恢复上马不久，黄旭华得知1965年底武汉洪山宾馆将召开全国第一次水声会议，立刻让宋学斌、苏绍宗等四位同志做好参会准备，并准备好与会材料。在这次会议上，黄旭华带领宋学斌、苏绍宗等同来自全国声学所、院校的专家一百多人共同讨论、论证"091"首艇声呐系统的配套方案和布置方案。黄旭华、宋学斌等人认真听取各位专家的意见，晚上还和他们一起研究方案、比较优劣、评估效果，为最终声呐系统的设计做了大量的准备与论证。

实验证明，"091"首艇及后续型号的核潜艇声呐系统完全达到甚至超出预期的目标，完全满足海军提出的技战术性能的需要。

（鱼雷）武器系统——第五朵金花

"091"首艇明确是鱼雷攻击型核潜艇，其战斗部自然是鱼雷攻击系统。虽然鱼雷武器系统是由配套单位研制，但核潜艇总体研究所必须研究鱼雷及发射控制系统的上舰布置、核潜艇战斗部的设计及实施鱼雷攻击时艇体战斗姿态的控制问题。

这个问题貌似比较简单，但对于从未有过潜艇设计与制造经验的设计师们来说，想把这个问题处理好，不仅需要科学的部署与设计，而且必须与配套单位密切协作，方能保障核潜艇攻击时的技战术性能，发挥鱼雷攻击系统的威力。同时，武器系统的布置及核潜艇姿态控制不仅要立足当时的鱼雷攻击系统，还要考虑未来多元武器系统（战略性潜射洲际导弹、战术性巡航导弹等）布置的需要。

综合空调系统——第六朵金花

核潜艇需要在水下甚至大潜深状态下保持长时间甚至是数月的静默隐蔽或者潜航，这对艇内的生活、工作环境有着极高的要求，从而既保障艇员的生存质量与生命安全，又能最大限度地维持核潜艇的战略战术威力。

当时保持全艇良好生活环境的核心装备就是综合空调系统，它包括氧气制备装置、二氧化碳吸收清除装置、有害气体吸附转换装置、颗粒物过滤净化器、空气成分监测报警系统和大功率艇用制冷机组等主要设备仪器，核心装置还必须有备份系统，综合空调系统必须尽可能为艇员营造舒适的生活、生存及战斗值班环境。

惯性导航与通信系统——第七朵金花

无论是在航行还是在战斗值班，核潜艇都需要精确的导航及定位技术系统。在飞机及水面舰船上使用的常规导航系统无法满足核潜艇的需要，唯一可以深度定位、安全隐蔽航行指引的只有惯性导航系统。惯性导航技术依靠惯性元器件导航，工作系统具有很高的独立性，能够满足核潜艇的隐蔽性要求。

然而我国当时并未掌握惯性导航技术。虽然该技术当时是由707所等相关配套单位研制，但黄旭华他们也需要解决惯导系统的上舰部署及与核潜艇总体的集成问题。经过多年的技术攻关，我国首艘核潜艇终于在下水后不久装上了自主研制的惯性导航系统。

与定位导航一样，核潜艇在大潜深隐蔽与航行时，常规通信手段都将失效，只有长波技术才能实现通信联络，而我国当时同样没有掌握长波通信技术。黄旭华等人通过充分的技术论证及与配套单位的联合攻关，终于在首艘核潜艇下水之前成功解决了核潜艇通信问题。

黄旭华及当年核潜艇研制的多位参与者无一不充分肯定当年"七朵金花"的巨大作用及历史地位。

首先，"七朵金花"设定方式充分体现了开放自由的学术思想，激发了每一位设计师的聪明才智。当年核潜艇总体研究所开展技术"鸣放"活动，没有先决条件，不设思想禁锢，提倡"创作自由"，允许学术争鸣。

其次，通过"鸣放"辩论真正达到了集思广益的目的，让过去很多模糊的问题通过技术争鸣、思想碰撞变得清晰具体，变得丰富系统，而且提供了有针对性的技术建议和解决方案。

最后，从科学理论及研究方法来看，"七朵金花"作为一代核潜艇人的技术及思想结晶，符合现代管理学及系统工程的理论，为我国核潜艇的研制贡献了成套的技术成果与思维方法。

玩具磅秤派用场

在科学技术研究，尤其是工程科学探索中，模型的价值及作用向来是关键且不可替代的。模型直观明了，既能验证设计，又能辅助制造。在我国核潜艇的研制过程中，模型就发挥了极大的作用，以至于黄旭华一辈子都具有模型情结。

"〇九工程"恢复上马后，尽管遭遇各种困难，但总体的研制过程还是艰难地如期推进，由于受当时的设备仪器条件的限制，在"091"首艇的设计及制造施工中，曾留下磅秤、算盘齐上场的佳话。

玩具与模型情节

无论是在黄旭华的办公室，还是在他的家中，最醒目的位置一定是摆着几座核潜艇的模型；他给大、中、小学的母校及揭阳、汕尾等老家送的礼物也必定是核潜艇模型；闲暇的时候，黄旭华做得最多的事，也是端详核潜艇模型。

1958年核潜艇研制工程启动以后，黄旭华等设计师最渴望的事就是能找到一个核潜艇模型。其时，虽然美苏的核潜艇均已下水服役，可属于绝对机密，没有人见过核潜艇到底是什么样子。费了九牛二虎之力弄来的两张新闻照片，不仅模糊不清，而且是核潜艇露点头在水面航行的样子，至于整体如何，依然不明就里。

"〇九工程"重启后，研制进程明显加速，1967年初首艇即将进入技术设计阶段，可黄旭华等设计师心里依然有些不踏实，迫切想知道核潜艇到底是什么样子，好让他们的设计有一个基本的参照。

许是他们的诚意感动了上苍，没多久，上帝安排的两个玩具让黄旭华等人得偿所愿。核潜艇模型，准确地说是一大一小两个核潜艇玩具，让他们终于见到了梦寐以求的"核潜艇"。

关于这两个核潜艇玩具模型，有很多种说法，其中不乏以讹传讹的成分。笔者多方收集资料，并就此事多次访谈黄旭华、钱凌白、宋学斌等当事人，再通过比对、考证，觉得下面的说法比较符合逻辑，具有较高的可信度。

20世纪60年代初，我国一对外交官夫妇奉调回国，在去机场的途中，在一家超级商场停留购物，偶然瞅见一对美国夫妻和他们的孩子围在一个铁灰色的金属潜艇玩具旁边，这位外交官顿时产生了兴趣，一问才知道是核潜艇玩具模型。男外交官对武器装备很有兴趣，心里明白核潜艇是美苏当时最具威慑力的高科技武器，立刻决定买一个带回来给自己的宝宝玩。这一有意无意的好奇行为，给我们的核潜艇的研制者带来了福音。

外交官归国后，因为这个玩具模型太罕见了，未免就有亲朋好友在各种场合提及。说者无心、听者有意，就这样传到了了解核潜艇研制工程的有关人士耳朵里。于是有关方面就动员外交官夫妇将核潜艇玩具模型捐出，讲明有重要用途。外交官夫妇心里很敏感，立刻将核潜艇玩具赠送有关机构，然后辗转专程送到了葫芦岛核潜艇总体研究所，成了总体研究所一帮大人手中、心中的"宝宝"。

无独有偶，好事成双。1966年前后，六机部组织的一个外事代表团回国在香港地区中转时，在一家商店里购物时看到了一个核潜艇玩具模型。代表团中有人知道我国正在研制核潜艇，立即就把这个模型买了回来，并经由六机部转交给核潜艇总体研究所。

总体研究所所长夏桐拿到这两个玩具模型时高兴得跳了起来，他如获至宝、反复琢磨摆弄，搞了几年的核潜艇设计，这才第一次见到"真的核潜艇"。等模型转到黄旭华等设计师手中时，他们自然更是心花怒放、如沐甘霖。

依据黄旭华等人的陈述，两个玩具模型一大一小，外形几乎一致，铁皮制作，通体咖啡色和铁灰色相间，后来了解到那是美国建造的世界上第一艘弹道导弹核潜艇"乔治·华盛顿"号的全真比例玩具模型，艇型正是黄旭华所希望的水滴线型。其中，大的玩具模型相对高级，积木组装式的，火箭发射筒和各舱室可装可卸，而小的玩具则是一个整体，仅呈现外部形状与轮廓。

黄旭华等设计师将大玩具模型大卸八块，测量、记录、绘图，反复拆装，再把他们的首艇设计图拿来一一比对、研究。

这两个核潜艇玩具模型从外部形状到内部舱室结构，均具有较高的真实度，客观上对黄旭华的设计起到了很好的借鉴和验证的作用，黄旭华等一干设计师发现他们对核潜艇的认识、对"091"首艇的设计思路基本上是正确的，如此一来心里不仅变得踏实了许多，而且对未来的研制工作更加充满信心。

考虑到继续研究及试验的需要，总体研究所后来把那个大的核潜艇玩具送到上海的一家模型厂，要求他们按照比例进一步放大，做若干个更大的真正的核潜艇模型。可是，由于"文化大革命"，总体研究所及上海的那家模型厂先后陷入混乱，两个玩具模型在两家单位相继丢失、不知所终，连一张照片都没有留下。为此，黄旭华及许多设计师在痛惜之余，永远铭记着那两个核潜艇玩具的作用。

依据科学的构思设计建立与原型相似的模型，进而通过对模型的观察、实验和研究分析，来揭示研究对象及其运动的属性、特点、变化规律是科学技术研究的基本手段之一。黄旭华在研制一代两型核潜艇过程中，一直重视模型的作用，多次合理运用模型研究法解决和验证了核潜艇设计与制造中的许多难题。

1959年至1961年间，黄旭华曾受总体组组长张景诚指派，带领钱凌白等技术员，制作了简陋的潜艇模型，在上海交通大学及708所的小型试验水池中以潜水拖曳的方式模拟潜艇的水下航行，以此测试潜艇的水动力性及适航性，为当时的设计提供直接的试验数据。

在核潜艇线型之争中，黄旭华再一次运用模型试验的手段验证水滴线型艇体的优秀适航性。

1966年开始，黄旭华组织人力对水滴线型做了一系列模型验证性试验。最初，为了节约成本与节省时间，他们先后用工业石蜡按照1∶25的比例做成了石蜡及木质核潜艇模型，然后进行试验。结果，石蜡模型因存在较大气泡的问题致试验及测试失败，木质模型由于木材特性及比重与金属存在较大差异，得到的试验结果参考意义不大。

黄旭华和模型的不解之缘（摄于1998年9月17日，黄旭华提供）

最后，黄旭华只得让配套单位用金属做了一个25米长的水滴线型试验艇，这是一艘货真价实的有动力装置的模型艇，可驾驶操控，只能容纳驾驶员一个人。由于当时缺乏相应的测试仪器设备，就请来了一位名叫韩文远的海军潜艇艇长，让他来驾驶该试验模型艇直接在海里潜航，通过身体的实际体验来验证水滴线型的特点。韩文远艇长很欣赏这个迷你水滴型潜艇，驾驶它在海里反复航行试验，上岸后立刻对黄旭华等人竖起了大拇指，告诉黄旭华水滴线型艇型在水下有着比常规线型潜艇好得多的操纵性和高速性，虽然没有仪器设备测量出具体的数据，但驾驶员的亲身体验和比较后的结论足以坚定黄旭华对水滴线型的信心。

1967年初，"091"首艇开始分段放线，建造在即。100多米长的庞大艇体，数万台套的各类配套设备，尽管设计已经反复审核，可是巨量设备怎样集成与安装、施工怎样进行、技战术性能是否符合预期、艇员怎样生活与战斗值班、怎样维修保养都是未知数。为了保证核潜艇建造施工、设备安装、武器系统集成、日常维护保养、战斗值班及生活、工作空间布置的合理性，经黄旭华、宋学斌等人提议，宋文荣所长报请上级领导同意，决定在比邻总体研究所的核潜艇制造厂建造一个与核潜艇设计尺寸相当的1∶1实体模型，以此来验证和指导核潜艇的总体布置、施工设计及设备安装。

这个与核潜艇大小相同的实体模型由核潜艇总体研究所、核潜艇总体建造厂及核动力研究所三家联合设计，时任总体研究所总体组组长的宋学斌负责建造工作。实体模型完全比照真实的核潜艇进行设计与建造，包括核动力堆在内的大小数以万计的机电设备、仪器仪表及管道电缆等由北京、锦州、旅顺[1]、大连等地的配

---

1 今大连旅顺口区。

套模型厂按照图纸的规格和要求进行加工。宋学斌回忆说，黄旭华和尤子平两位副总责令按照实战要求重视模型的建造，他们俩不仅对模型的设计与组装提出了许多指导和建议，还多次亲临模型制造车间现场协调矛盾、指导安装与施工。

这个模型从设计到建造完成历时两年多，耗资300余万元，它的结构与建造方式尽可能模拟一艘真核潜艇的建造施工。它虽然是以木材为主体。结合廉价的硬纸板、塑料管、金属皮制成，但这个全尺寸"木核潜艇"相当逼真，乍看就是一艘真的核潜艇：1∶1的木质外壳，内部按照设计规格布置了核潜艇的所有舱室，舱室里"设备"齐全，"电缆、管道"纵横交错，穿行在里面仿佛就置身于一艘真实的核潜艇中。

据黄旭华、宋学斌回忆，这个全尺寸模型对他们的帮助很大。以前只能在图纸上凭借想象进行设计分配，可实际上装在核潜艇舱室中会怎样心里其实并没有底。有了现实的舱室及设备"积木"，就可以模拟真实的安装，反复腾挪这些"积木"，寻找每一台设备的最佳位置，探索舱内使用空间的最大化，调整出各种管道电缆的最佳布置及穿越位置。设计人员、施工人员及军代表在"现场"密切配合与协商，完善设计、模拟安装、模拟操作、模拟保养与维修，发现并解决了诸如总体布置、设备安装与维修、航行操作及战斗值班等方面的大量问题，进一步完善了设计，确定了舱室布置、设备安装、管线走向、耐压艇壳上1 000多个开孔及"马脚"的准确位置，并借此协调与兼顾了设计、制造、海军使用等多方面的诉求。

借助这个全尺寸核潜艇模型，所有设计得以优化与定型，全套施工图也顺利通过审核并移交核潜艇建造厂，"091"首艇的建造施工有了试验的样板和参考，首艇的建造条件基本成熟。

彭士禄、黄旭华、尤子平、宋学斌等第一代核潜艇人对这个全尺寸核潜艇模型在"091"首艇设计建造中的作用均给予了极高的评价。他们认为如果没有这个模型及其建造的借鉴和帮助，"091"首艇的建造必定会经受更多的反复和波折，几乎不可能按照中央专委的要求在1970年如期下水。

磅秤算盘登雅堂

20世纪60年代末，不仅时局处于"文化大革命"之中，而且其时国家的经济条件及科技基础依然很薄弱，导致"091"首艇建造非常艰难，当时施工必要的设施设备、仪器仪表极度缺乏。穷则思变，工作再难也难不倒核潜艇的建设者们，他们土法上马，现实主义、浪漫主义情怀都被激发出来了。

在首艇的施工及设备安装中，核潜艇全尺寸模型发挥着重要作用。为了控制核潜艇的重心及重量，保证核潜艇的操控性能，黄旭华等设计师及建造工程师们必须精确控制每一台（套）配套设备体积及浮容积、重量及重心位置，包括每一根管道及电缆。要做好这一点，发达国家通常依赖比较先进的设施设备及仪器仪表，可当时中国不可能具备这样的设备条件。

无奈之下，黄旭华等驻厂设计师们采用（其实也只能采用）最古老的测量方法来控制各种设备仪器及管道线缆的上舰安装，磅秤、算盘、皮尺纷纷登场，克克计较、毫厘掌控，虽然笨一点，但也管用；虽然效率低一点，但多加几个班也可完成。在核潜艇模型的舱室内对每台模拟设备称重、测量浮容积、计算重心，然后一一备案，安装时切下的边角废料、管道电缆也要过秤，并从总重量中扣除，从而保证重量与重心的控制。

每一台（套）设备和管线在模型中模拟上舰布置与安装，发现问题再提出改造意见返厂，直到在模型上符合上舰及安装要求才算合格定型。

黄旭华回忆说，他们利用磅秤、算盘等土而笨的方法在模型上控制每一台（套）设备的重量与重心的手段，在后来首制核潜艇的实际施工及设备安装中都得到了运用，几乎重复了在模型上所进行过的施工工艺与建造流程，不仅保证了首制艇建造及设备安装的顺利完成，而且顺利实现了核潜艇总体的重心及总重的控制，首制艇的操控性能也因此完全达到技术目标及设计要求。

荒岛克艰铸重器

"〇九工程"恢复上马，核潜艇总体研究所成立并选址葫芦岛，自此以彭士禄、黄旭华为代表的我国第一代核潜艇人经历了长达10年的荒岛生活。

总体研究所成立与搬迁

1965年6月宣布组建核潜艇总体研究所后，黄旭华即受领导指派赶赴渤海之滨的葫芦岛参与组织与协调总体研究所的搬迁及建设工作，同时又得经常赶回北京主持北京工作组的核潜艇研制工作。一段时间内，在北京和葫芦岛两边奔波成为他工作的常态。

比邻的核潜艇总体建造厂首先腾出两栋三层的专家楼给核潜艇总体研究所作为办公用房，然后在中央和有关各方的共同协助下全力支持总体研究所的建设工作，以至于总体研究所很快渐具规模。1965年10月6日，核潜艇总体研究所在葫芦岛召开隆重的成立大会，七院院长于笑虹将军莅临主持，他在发表讲话中感谢总体研究所干部、职工及家属对国家核潜艇事业所作出的付出与牺牲，勉励总体研究所的全体同志不负党和人民的重托，为我国的核潜艇早日下水努力工作。

总体研究所在葫芦岛正式成立后，大规模的搬迁工作即行展开。当时所领导对搬迁工作有顾虑，担心搬迁工作会遇到很大的阻力。虽然上级机关全力支持与帮助，原组建单位也大力协助，但由于当时的葫芦岛几乎是一座荒岛，生活配套设施不全，气候恶劣，条件艰苦。而原组建单位715所、701所、七院12室所在的北京、大连环境和条件都很优裕，现在要搬迁到既贫穷又偏远的葫芦岛，职工及家属一定会有极大的抵触或者激烈的怨言。但让人没有想到的是，搬迁决定宣布后，职工及家属积极行动，家家配合搬迁，让上级及所领导深受感动。

总体研究所刚成立时，李世英有孕在身，同时北京工作组的资料工作还很繁重，故暂时留在北京工作。1966年4月初，考虑到无人助产和坐月子，又担心拖累黄旭华的工作，李世英就只身回上海母亲家待产，让大女儿跟着黄旭华到葫芦岛。可黄旭华没有时间照顾女儿，只得把她拜托给一个叫徐春风的同志帮助照看。

1966年4月8日，李世英在上海生下了他们的第二个女儿，黄旭华决定让孩子随夫人的姓"李"，取单名"骊"字。1966年底，李世英将二女儿李骊交由上海的外婆抚养，赴京处理完家事和工作后，马上赶到葫芦岛与黄旭华及大女儿在荒岛团聚。

为了毛泽东同志的"核潜艇，一万年也要造出来"的誓言，为了中华民族崛起的梦想，黄旭华、李世英和无数核潜艇人一样，开始了他们无怨无悔的荒岛人生。

荒岛生活

葫芦岛地处辽宁，南临渤海辽东湾，从造船的角度看，其地理条件特别优越。港湾深、水域阔，航行通畅，冬季海水冻而不坚，适宜四季作业，作为核潜艇建造及试验基地算得上是天然良港了，这也是为何核潜艇建造厂、总体研究所先后选址于此的原因。

但是，对于工作或者生活而言，这里当时只能用"艰苦"两个字来形容。20世纪60年代的葫芦岛除了一点简单的港口设施，啥也没有，基本的工作条件及生活配套几乎空白。

首先，自然环境很恶劣，不说久居城市的人，就是居住在附近的人都很难适应。

黄旭华和同事们第一次踏上葫芦岛时心里着实有些发凉，岛上乱草丛生、荒芜凄凉、狂风肆虐，很难见到人的活动。当地有一首打油诗是这样形容葫芦岛的：

葫芦岛、葫芦岛，两头大、中间小，风沙多、姑娘少，兔子野鸡满山跑。

　　冬季，是葫芦岛最严酷的日子。不仅气温极低，经常是零下20余度，呵气成霜。整个冬天几乎都是冰天雪地，凛冽的寒风裹着大雪一来就是数日，不论你穿得多厚，都能把你吹个透心凉。在葫芦岛的人都知道，葫芦岛"一年两次风，一次刮半年"。

　　其次，生活、工作条件太艰苦。

　　当时在葫芦岛，不仅要耐受恶劣的自然条件，还要承受生活的艰辛。从条件相对优裕的大城市来到这荒凉偏僻的海边，生活极不适应。"衣、食、住、行"食为先，首先难过的就是吃饭关。这里的主食以高粱米和苞米面为主，大家不仅没有做过，而且也吃不惯。来自南方吃惯大米的同志更是苦不堪言，刚开始吃这些粗粮咽都咽不下去。蔬菜一年到头都是白菜、萝卜和土豆，水果那就是奢谈了，几乎就没见过。黄旭华回忆说，总体研究所的伙食基本上"中午是白菜炒土豆、晚上是土豆炒包菜"。

　　为了尽可能改善生活条件，总体研究所从葫芦岛走出的同志都记得当年出差时所担负特别任务及返回时的特别场景。

　　核潜艇研制工程大、任务重、配套复杂，葫芦岛地处偏僻，总体研究所的同志们因工作的需要经常出差，这客观上成了职工家属适当解决生活困难的一种途径，无形中也成了出差同志额外必须完成的一项重要任务。

　　每个同志出差前，都要用一张纸登记好自家及同事们需要采购货物的清单，出发时家属们浩浩荡荡满怀殷切的期望将出差同志送到火车站。出差回来时，大家又蜂拥来接站。火车一进站，出差归来的同志就打开车窗往下扔东西，同事及家属就大袋、小袋拿着自己家委托购回来的货物高高兴兴回家。捎带的货物基本上都是生活必需品，比如猪肉、猪油、大米、挂面、酱油、饼干、鸡蛋等。

在葫芦岛生活过的总体研究所老人至今都记得那句顺口溜，它生动诙谐地描述同志们出差出发及归来的滑稽场景：

离开时像兔子，采购时像疯子，回来时像骡子（一说像驴子），到家一甩像沙子，报账时像傻子。

据黄旭华回忆，当时总体研究所有人约略统计过，说那时出差的同志带回来的东西平均重量是150斤。有一次一位出差同志回来时扛着、背着、拎着一共23个行李袋，创造了总体研究所出差购物的最高纪录。

每当冬季来临，总体研究所的职工家家户户挖地窖，用来贮存大白菜，尽可能多买，数百斤、数百斤地贮藏。万一贮藏不足，那冬季的日子可就悲惨了。

关于黄旭华自己家的生活，李世英给笔者做过介绍。他们家平时吃的是标准面，即掺杂了棒子粉、高粱面等杂粮的面粉。标准面无论做成什么都很硬，"大饼像锅盖，面条像皮带"就是形容这种面粉的，大人还勉强能吃下去，孩子们吃起来经常是泪兮兮的咬不动、咽不下。食用油按规定每人每月供应3两，但是经常短缺，有时甚至半年也吃不上一滴油。猪肉的供应和油一样没有保障，时有时无。

黄旭华作为所领导，坚持以身作则，生活等各方面与同事们平起平坐，而现实

黄旭华一家在葫芦岛的合影（1975年，黄旭华提供）

中他们家的生活比起同事们反而更加清苦。黄旭华出差的机会比别人还多，可是他很忙，一心放在工作上，几乎没有时间外出购买东西，别人出差回来时捎带一些生活必需品，黄旭华回来带的都是资料公物，搞得李世英和女儿燕妮经常眼泪汪汪，连句埋怨的话都没法说。有时李世英考虑女儿的营养，迫不得已麻烦同事们给他们带点东西回来，还不好意思让同事们多带。冬季挖地窖贮藏大白菜，李世英既要忙于工作，又要带孩子，力气又小，所挖的地窖有限，常常导致贮藏大白菜不足，到了冬季大白菜都得算计着吃。

交代了吃的问题，再看看总体研究所当时在葫芦岛的住宿及办公条件。

总体研究所的住房基本上是以临时搭建的那种半成品房为主，单薄简陋，冬季保暖的效果很差。黄旭华当时算是得到了一点照顾，一家人住在三楼，但房间小、质量差，一年四季自来水上不去。每天必须多次上下楼接水、倒水。春夏秋三季还好说，最难

的就是数九寒天，大女儿燕妮个子小，端着水免不了泼泼洒洒，常常把楼下人家的地坪都弄湿了，湿了就结冰，人走上去就会摔跤。为此，黄旭华及其夫人李世英不知给楼下住的同事说过多少"对不起"，好在同事们都理解，从来没有责怪过他们。

回忆起当年在葫芦岛的办公条件，黄旭华笑着回顾说，放眼世界，这种奇葩的办公方式恐怕没有第二家。最初，总体研究所只有核潜艇建造厂腾给他们的两幢狭三层小楼，300多人怎么办公？连办公桌都摆不开。于是大家想了一个办法，实行移动办公制。谁出差了，就把他的桌子搬到外面堆着，回来了再把后面出差的人的桌子挪走，就这样轮流着办公设计。

再次，生活配套设施严重不足。

总体研究所搬家时基本上都是举家搬迁。来了后家属们需要工作，孩子们必须上学，商业、文体娱乐好歹总要有一些。但是，这些配套条件及设施基本上都不具备。别的事没有倒还可以克服，孩子们上学耽误不得，经过多方努力和协调，最后只得让孩子们去核潜艇建造厂简陋的子弟学校上学。学校离总体研究所道路遥远而崎岖，家属们总是放心不下。

总体研究所从领导到职工也曾试图改变这种恶劣的环境和生活条件。

葫芦岛上最让人害怕的是风沙大。总体研究所联合核潜艇总体建造厂试图在岛上植树，防止风沙。可是树刚种好没几天，一场大风刮过，悉数拔的拔、倒的倒。大家不气馁，再种上，再如是。反复多次后，大家只得放弃。

那时最难、最苦的是职工家属。她们常年生活在岛上，不仅要克服恶劣环境、供应短缺、交通闭塞、生活配套设施缺乏等困难，还要料理家庭、照顾老人、抚养孩子。黄旭华谈到这里总是心酸得几度落泪，家属们生活苦、心里苦，但却没有太多的怨言，无私地支持着他们的工作，她们对于核潜艇事业的付出和牺牲一点也不比他们这些设计师们少。

燕妮遇险

总体研究所搬到葫芦岛后，孩子们都是在核潜艇建造厂子弟学校借读。这所学校距总体研究所很远，而且建在两山之间的一个风口处。冬天，葫芦岛冰天雪地，刮起的大风如同刀子一样割在孩子们的脸上，如同针一样扎在身上，嘴里呼出的气在眼睫毛上结成冰，有时还和帽子冻在一起。尽管上学时帽子、口罩、手套一样不少，可上学去到教室、放学回到家中时，孩子们感觉全身都冻僵了，浑身没有一丝热气。

黄旭华、李世英的大女儿黄燕妮就经历过一次死里逃生。

在一个冬天的早晨，狂风裹着大雪在地面咆哮，李世英见当天风雪格外大，就劝说体质本就不好的燕妮别去上学了。而貌似柔弱的燕妮却和父亲一样倔强，表示一定要去上学。李世英无奈就额外再给她加上了一件皮背心，腰上再扎上爸爸的皮带，弄得严严实实酷似京剧《智取威虎山》里的猎户女儿小常宝，然后目送她出门上学。

冬季白天短，孩子们通常下午四点多就能放学回家，可那天李世英5点下班回来发现燕妮还没有回来，她以为是学校有事加上风雪大路途难走，可能会晚一些。可当天黑下来还没有燕妮的人影时，李世英着急了，去邻居家打听，平时一起的女孩子也没有回来，李世英立刻找几个大人去学校找俩孩子。

黄燕妮讲述当年在葫芦岛遇险的故事（2014年，王艳明拍摄）

过了很久，几个大人总算把俩孩子抱了回来。李世英发现燕妮戴的头巾冻得像一块钢板，靴子里倒出来的全是冰碴。燕妮嘴唇乌紫、脸色发黑、浑身没有一丝热气，奄奄一息一句话也说不出来。

李世英赶紧把燕妮送往附近医院，医生诊断为严重肺炎，心脏状况也不好。李世英五内俱焚、心如刀绞，九天九夜没合眼，悉心照料孩子。最终，燕妮虽然侥幸脱险，但自从鬼门关里走一遭后，身体就更弱了，引发了严重的哮喘病，一到冬天就犯，苦不堪言。

原来，放学时，黄燕妮见风雪太大，就和另外一个女孩子想抄近道快点回家。但这是一条不常走的崎岖小路，厚厚的积雪一覆盖，两个孩子哪里看得清路，深一脚浅一脚地在没膝深的雪地里爬行，常常掉进了齐胸口的坑里，最后根本就走不动了。如果不是大人及时赶到，后果不堪设想。

黄旭华因为当时出差不在家，说到此事时兀自内疚绵绵、长泪沾襟。

忍辱负重抓设计

于一个执着于事业的人而言，最难的通常不是环境的恶劣或者生活的困苦，而是来自政治浪潮的干扰或者莫须有的构陷。

1966年岁末，"文化大革命"迅速蔓延到葫芦岛上来，造反派掀起了夺权斗争，总体研究所也很快被军管，核潜艇设计研制陷入了新的困境。

造反派的夺权首先瞄准了所长夏桐。夏桐同志毕业于苏联海军捷尔任斯基高级工程学院，懂专业、尊重技术人员，品德高尚、从不趋炎附势，对人和蔼可亲、对事从善如流，大家对他极其尊敬。夏桐同志因为在苏联留学和有与苏联专家一起工作的经历而被打成"苏修特务"，关进牛棚接受改造。夏桐被抓时，黄旭华大哭了一场，这么好的同志蒙冤屈遭批斗，他心里实在接受不了。

紧接着，尤子平等其他所领导纷纷靠边站了，宋学斌、钱凌白等一大批高级技术人员也屡遭批判，核潜艇研制步履维艰、几近停滞。在这种情况下，尚未受到太大冲击的黄旭华，带领部分未受到批判的技术人员，艰难地维持着核潜艇的设计工作。

然而，黄旭华终究没有躲过这场灾难。1967年初的一天，黄旭华在北京参加一个核潜艇工程协调会，造反派竟然冲进会场把黄旭华抓了起来，并立刻押回了葫芦岛。回岛后，立刻对黄旭华进行审问，让他交代反革命罪行。造反派在没有得到他们想要的东西后，就让他去养猪，接受"改造"。就这样，黄旭华白天养猪、修猪圈，晚上就去和同事们一起研究问题，坚持核潜艇的设计工作。

不久，上级又指定黄旭华去四川开会，与核动力所的研究人员讨论陆上模式堆与艇之间的布置及相关技术问题。由于核潜艇研制工程毕竟也是中央专委关注的政治工程，造反派也不敢直接阻止，只好放行。可会议还未结束，造反派又从葫芦岛赶过来，将其押回葫芦岛继续接受批判。

好在黄旭华很理性，对待调查批判很讲究方式、方法，不卑不亢，据理力争，造反派实在找不出问题，却又不肯就此罢休，三番五次在各种公开场合批判黄旭华。

报告文学《赫赫而无名的人生》中记录了黄旭华在接受造反派及军管小组审查时的一段对话。

军代表："你说你不是打进交大地下党的特务，这可能吗？你家是工商业兼地主，怎么会提着脑袋去干地下党，你这不是冒死把矛头指向你自己家吗？天下哪有这种怪事！"

他："中央领导人中，有不少出身于地主资本家的，他们为什么会背叛家庭闹革命？"

军代表："你——你竟敢和中央领导相比，罪该万死！中央领导是什么人？你是什么人？"

他："都是人，都是共产党人！"

军代表："你说你不是特务，那你交代出每次上街游行右面是谁？左面是谁？"

他："你能记得二十几年前你在上学时每次出操左面是谁和右面是谁吗？"

军代表："你——你这个特务！只配吃两颗花生米（即子弹——作者注）！"

尽管一直承受着无休止的批斗及又脏又重的猪圈劳动，但黄旭华凭着一个共产党员对国防事业高度的责任感和使命感，忍辱负重，一直坚持着核潜艇的研制工作。

在"091"首艇的稳性设计及重量控制出现问题时，革委会头头知道事关重大，怕出了问题自己也担当不起，只好跑到猪圈通知黄旭华赶紧去处理。就这样，黄旭华一度在猪圈、设计室、建造厂三地之间来回奔波，问题处理好了就赶回猪圈干活，得到通知又立马去解决。黄旭华没有叫一声苦，更没有讲条件摆架子，随叫随到、勤勤恳恳、任劳任怨、矢志不渝地指导着"091"首艇的技术设计工作。

《报告文学》刊载的《核潜元勋陈右铭》一文中，有回顾黄旭华在此期间的一段经历。

核潜艇总体研究所的所长和一名副总工程师先后靠边站了，设计任务主要就靠副总工程师黄旭华来完成了。

但是黄旭华的日子也不大好过。40年代末，他在上海交通大学读书时，从事过地下党领导的对敌斗争，造反派说他是打进革命队伍的特务，要斗他。当时黄旭华正在北京京西宾馆参加核潜艇方案审查和技术协调会议，造反派赶到北京，要把他揪回去批斗。如果把黄旭华再抓起来，总体设计就没人搞了，核潜艇工程也就完了。

造反派来北京抓黄旭华的时候，他们正在开会。陈右铭事先已经派了人在门口守着，特别交代：未经批准，任何人不准进来。这是绝密的会议。

造反派在外面闹起来，陈右铭就出来了。

陈右铭一看，领头的是海军某部一个老干部的女婿。陈右铭和他岳父很熟。他平时见了陈右铭叫陈叔叔。

陈右铭生气地问他："你来干什么？"

来人说："带黄旭华回去交代问题。"

陈右铭顿时火冒三丈，骂道："你小子诚心叫我垮台呀！还叫黄旭华交代问题，你们那里几个领导全都去交代问题了，再叫他交代问题，你来设计核潜艇？你如果要把黄旭华靠边站了，核潜艇设计不出来，出了事故，你当心坐监狱！"

他大概没想到陈右铭会发这么大的火，一时有点不知所措。

陈右铭是熟人，又是长辈，他也不好意思过分反对，就同他一起来的人走了。

后来陈右铭到总体研究所去了，对军管会主任说："09是毛主席批准，总理亲自抓的，现在，关键设计在这个地方。这里的工作人员，没有经过研究，没有正式的材料，没有告诉我，就让他们靠边了，你们要负责的！"

从此以后，黄旭华再没有受到造反派的冲击。

其后，在陈右铭等领导的保护下，黄旭华受到的冲击逐渐减小，但核潜艇研制工作始终没有步入正轨，好在高层很快意识到问题的严重性。一份《特别公函》颁发后，核潜艇研制工作才逐步拨乱反正，黄旭华的工作重归正常。

第一艘核潜艇下水

依据中央专委的1970年下水的计划要求，彭士禄、赵仁恺所主持的核动力装置——陆上模式堆顺利推进，黄旭华、尤子平带领总体研究所的设计师们开始了"091"首艇的技术设计，施工设计也同步展开，总体研究所、核动力研究所、核潜艇总体建造厂联合建造的1∶1全尺寸核潜艇模型也已设计完成，处于建造之中。1967年5月，中央军委批准了国防科委上报的第一艘核潜艇战术技术任务书，指导"091"首艇的设计与建造施工。中央专委同时向有关机关和部门发出指示，要求优先保证核潜艇研制的经费、物资器材及各种协作任务。形势大好，核潜艇研制有序推进，按照这种形势的发展，"091"首艇有望提前入水。

确保首艇稳性设计

在"091"首艇的技术设计中，黄旭华最为担心和强调的就是核潜艇的稳性设计。所谓稳性设计，就是要确保核潜艇在水面、水下"不翻、不沉、开得动"。黄旭华对设计师们强调，千万不要以为这是一个"小儿科"的问题，真正做好殊为不易，他亲眼见证多起船舶因为稳性设计的失误而导致入水、系泊或者航行时倾覆。世界上很多海难都是因为稳性设计存在失误。

宋学斌、钱凌白回忆说，黄旭华当时非常重视稳性设计，一再对他们强调稳性设计的重要性，并把黄旭华给他们讲的故事分享给了笔者。

核潜艇总体建造厂的技术人员在调试"091"首艇上的设备（黄旭华提供）

在国立交通大学，辛一心老师《船体结构与建造》的第一次课，就给黄旭华他们讲了一个这样故事：美国麻省理工学院造船专业的学生毕业时，校方给每个人赠送一枚戒指，戒指上面镌刻着一个公式"I/V"。I就是Inertia，意即惯性，Moment Of Inertia是惯性力矩，V指的是体积。这枚刻有"I/V"字样的戒指就是告诫学子们，设计船舶的第一要务就是要保证船的稳性。

综合与黄旭华、张金麟、宋学斌、钱凌白等设计师的访谈后，笔者总结出当时核潜艇的稳性设计与施工必须要解决三个关联的核心问题：核潜艇的重心位置、核潜艇的艇体平衡、核潜艇的重量与浮容积。

在"091"首艇的稳性设计上，黄旭华经过无数次的论证与试验，提出了一个稳性指标。黄旭华认为小于这个指标，稳性就不够，艇的危险系数便会增高。高于这个指标，稳性是足够了，但是操控性和建造难度就太大了。钱凌白认为黄旭华提出的稳性值比较客观，符合当时我国的设计及制造水平，也能满足"091"首艇的技战术要求。宋学斌告诉笔者，我国几代核潜艇的稳性都非常出色，也与黄旭华在"091"首艇设计时提出的稳性设计思想及所确立的稳性值有着直接的关系。

黄旭华审核"091"首艇的技术设计时，发现该设计依然存在重心太高、稳性不够及容易超重的问题。于是和许君烈、钱凌白等人经过认真的研究分析后，大胆地、创造性地提出了改变核动力装置的配置结构及核辐射屏蔽方式，从而达到降低全艇重心、提升稳性、减轻全重的目标。经过进一步论证和试验，该方案得以实施，确保了"091"首艇稳性的进一步提升。

此外，黄旭华、尤子平对核潜艇的全重依然不够满意，于是责成宋学斌、许君烈、钱凌白等人带领杨惠明、钱季宰、周琴芳等年轻设计师对核潜艇结构重量再次进行优化，通过调整设计余量、改变部分舱室结构、严格规范配套设备等措施，全艇重量降低数十吨，使得"091"首艇的稳性达到非常优秀的程度，制造难度也大幅降低。

重器如期入水

"091"首艇放样后，总体研究所转入施工设计阶段。为了加快进度，在1∶1全尺寸核潜艇木质模型的帮助下，黄旭华组织总

下水前的"091"首艇—"401"艇（黄旭华提供）

体研究所全体技术人员组织了两次施工图大会战，突击完成7 000余份施工图纸和资料。1968年11月23日，"091"首艇开始下料，"091"首艇施工正式启动。

"091"首艇建造过程中，黄旭华、尤子平指示总体研究所设计人员进驻核潜艇总体建造厂，同步完善设计、协同配合施工，前后共完善施工图纸及其他技术文件近万份，有力地保障了首制艇的施工进度和建造质量。

据一位资深设计师透露，黄旭华、尤子平带领总体研究所的核潜艇研制设计团队，从最初的方案论证开始，到方案设计→初步设计→技术设计→施工设计，总共为"091"首制艇画了45 000余张设计图纸，连接起来大约有30公里长。

终于，全国人民翘首以盼的日子来到了。

1970年12月26日，适逢毛主席77岁诞辰，舰号为"401"的"091"首艇、我国的第一艘鱼雷攻击型核潜艇下水了。这是一个黄旭华永远铭记在心的日子，他亲眼见证这一凝结着他13年心血的伟大作品面世。

当天的情景黄旭华至今仍然历历在目。

那天，天空湛蓝如洗，往日的寒风也消停了，核潜艇巨大的钢铁之躯如同一头巨型灰鲸横卧在苍穹之下。自上往下看去，毛泽东的巨幅画像悬挂在潜艇指挥台正上方，下面横拉着"敬祝毛主席万寿无疆"的红色标语。指挥台围壳上表示舰号的"401"三个巨大白色数字不仅分外醒目，而且预示着后续型号也将逐渐登场。艇首披着一簇巨大的红花，象征"八一"的八面红旗在艇首水平舵上一字排开。一大批工人手中挥舞着《毛主席语录》，不停

青岛中国海军博物馆中已经光荣完成历史使命的"401"艇（黄旭华提供）

地振臂高呼，场面蔚为壮观。

由于核潜艇体积、重量远超常规潜艇，它的下水要经过"起艇—前行—上浮箱—横移—起浮"等程序。核潜艇在陆地上的厂房里造好后，让其稳坐在几十台小轮车上，小轮车沿着预先铺设好的铁轨缓慢滑动，把核潜艇从大厂房里慢慢运到船台上，再从船台挪到船坞的一个特大浮箱上，最后浮箱灌满了水沉下去，核潜艇浮在水面，下水方大功告成。

"091"首制艇的下水过程谨慎而漫长。巨大的艇体缓慢移动，最慢时3小时仅挪动100余米，其间还因为一段铁轨被压断紧急修复，到核潜艇完全下水浮起时，整个码头已经笼罩在夜幕中。

参加首制艇下水的人渐渐散去，黄旭华却没有回家的念头，似乎也忘记了饥饿与疲惫。他凝望着夜色中静静矗立在海面上的核潜艇，不禁思绪万千。13年来的执着守望、13年来的颠沛奔波、13年来的委屈与汗水像一波波潮汐在他眼前涌来、退去。终于，他的付出成功了、他的梦想实现了。他，希望今晚能踏踏实实睡一个好觉。

然而，这一夜，黄旭华依然无眠！

第六章

———

科学创新再建功

深海同舟为祖国

我是总师，总师不仅要为这条艇的安全负责到底，更重要的是要为下去的人员生命安全负责到底。——黄旭华

1970年，"091"首制艇经研制人员力克重艰、顺利下水，这既是以彭士禄、黄旭华为代表的我国科技人员坚强意志的体现，同时也表明我们基本具备了核潜艇的设计与制造技术。随着"091"首制艇试验、定型、服役，曾经搁置的战略核潜艇的研制条件、研制时机逐步成熟，在党中央的部署下，黄旭华等核潜艇的研制人员又怀揣新的梦想，踔厉奋发、锐意创新，再次铸就我国的战略重器，为中华民族筑起一道坚固的海上长城。

"091"改进与定型

核潜艇和水面舰艇一样，建成下水仅仅只是开始，要具备服役条件、形成战斗力，还需要经过很多试验改进、完善定型等环节。

"091"首制艇"401"下水后，在宋文荣、彭士禄、黄旭华的指挥下，首先进行了系泊、启堆、设备联调等系泊试验，然后实施海上航行及武器系统试验。航行及武器系统试验比较复杂，包括舰体适航性试验、动力系统性能测试、操控系统性能测试、导航系统性能测试、水声系统测试、噪声震动性能测试、综合空调系统测试、反应堆及全艇辐射情况测试、武器系统测试等内容。最后对试验中发现的问题进行改进，合格后才能正式定型，定型后才能对"091"进行小批量建造。

"091"改进与完善

就客观而论，"091"首制艇为了赶在1970年下水，加上"文化大革命"的严重阻滞，建造施工过程确实有些仓促，遗留的问题不少，故此在系泊及航行试验中自然会暴露出比较多的问题。针对存在的问题，黄旭华指示宋学斌、钱凌白等设计师对该核潜艇总体结构进行改进，完善潜艇各种性能，为"091"的早日定型及"401"艇的尽快服役创造条件。

首制艇在系泊试验中艇体出现了比较明显的艉倾，影响到舰体的稳定性及操控性，黄旭华指示钱凌白带领设计师们通过试潜定重，调整有关配重与布局，成功纠正了艉倾，保证了系泊试验的成功。

1971年中期，为了解决在航行试验中发现的问题，黄旭华将宋学斌从总体室总体组调到技术科，专门协助自己抓"401"艇的改进及定型工作。对首制艇建造中存在的不足，黄旭华要求宋学斌等设计师对多个存在缺陷需要改进的重大技术问题进行科学的论证。

宋学斌回忆说，"401"试验时暴露出来的、需要认真论证的问题比较多，我将技术人员分成若干个小组，分别研究解决不同的问题。黄旭华对首制艇的艇员的居住条件、紧急情况下应急电力系统的变电能力、"401"艇Ⅲ舱总布置方案等问题特别关注，经常参与这些问题的讨论，并且都以设计师的身份提出自己的建议，但绝不将自己的意见强加给大家。

宋学斌说，黄旭华的专业素养的确非常深厚，他的建议在大多数情况下确实比一般设计人员成熟得多，因此在"401"的改进及"091"定型艇的设计中得到了采纳，并且体现在"091"后续的4号、5号艇的建造中，很好地改善了后续艇的技术、战术性能和艇员的生活与工作环境，提高了"091"艇的作战能力。

通过核潜艇总体研究所、核潜艇总体建造厂及海军军代表室长达四年的共同努力，"401"艇完成了数百次的各种实验，经历了6 000余海里的海上航行。设计及生产人员对试验中暴露出来的问题进行了逐项攻关，大量的原设计得到了优化与改进，许多设备进行了更换或者升级。1974年初，"401"艇通过了上级机关组织的检验性航行试验，满足服役要求。

"401"服役

1974年的"八一"建军节，作为"091"首制艇的"401"号艇正式交付海军使用，加入人民海军作战序列。海军司令员萧劲光代表中央军委郑重宣读了关于《第一艘核动力潜艇命名》的命令。该艇被命名为"长征一号"，我国首艘核潜艇艇长杨玺激动地自海军副司令员高振家手中接过"八一"军旗，登上锚泊在码头边的"401"艇，将鲜艳的军旗庄严地升起。

"长征一号"，我国第一艘核潜艇，她承载着毛泽东同志的誓言、全国人民的重托、黄旭华等核潜艇人的梦想缓缓地驶向深海，开始履行保卫祖国、震慑敌人的使命。自此，我国正式成为世界核潜艇俱乐部的第五位成员，人民海军也正式进入了核时代。

在首制艇交接盛会上，钱学森同志发表的讲话给黄旭华留下了深刻的印象。钱学森同志说："毛主席说核潜艇一万年也要搞出来，现在不是一万年，不是一千年，不是一百年，也不到十年，我们就搞出来啦！"

"401"号艇虽然正式加入了人民海军的战斗序列，但从工程技术的角度看，本质上还是一艘试验艇、训练艇，黄旭华接下来的任务，就是继续带领总体研究所的技术人员，进一步完成"091"的改进与定型任务，以满足"091"的批量建造，让"长征一号"不再形单影只。

取消锚装置

作为一项前所未有的工程，核潜艇的设计与制造技术含量很高，而我国当时科技实力、设计能力、制造水平还是相当落后的，故此，首制艇存在一些不尽如人意的地方实属正常，也符合科学与技术发展的规律，更何况当时在核潜艇的研制上，从上到下最急于解决的是"有"和"无"的问题，没有要求必须一蹴而就，而是希望在建成后不断完善。

宋学斌讲述黄旭华当年力主取消锚装置的过程（2014年，王艳明摄）

围绕"091"的完善与定型，彭士禄、黄旭华带领总体研究所的技术人员进行了长达四年的探索，纠正和解决了一系列的问题，譬如关于"401"艇上锚装置的留废问题就很具代表性，体现出"091"在定型过程中的不断进步、不管提高。

在"091"首制艇的设计及建造中，总体研究所借鉴常规潜艇及其他舰船的设计思路，不假思索地部署了锚装置，可在"401"艇的系泊及航行试验中，意外发现，这个常见的锚装置带来了诸多的技术问题。

出于战术的需要，核潜艇的声呐探测系统必须部署在艇体艏端，而从锚的功能来看，技术上也须在艏端，但是锚链箱的部署绝对不能影响水声声呐系统，否则就干扰它的主动及被动侦测。黄旭华、宋学斌等人冥思苦想，终于找到了一个非常巧妙的办法。声呐系统有一个体积比较大的噪声站，它的中间有一个空腔，宋学斌等人尝试将锚链箱设计在这个空腔当中，平时锚链在里面被压得死死的无法挪动，不会影响声呐系统的技术侦测。从技术上说，这个锚链箱设计非常完善，既解决了锚装置的部署问题，又不影响水声系统技术、战术性能的发挥。

有锚自然就要留锚穴。锚链箱解决了，可锚穴（或锚孔）怎么设计呢？为了避免位于艏端舷侧锚穴挂锚航行时产生的涡流噪声影响声呐系统的侦测性能，黄旭华、宋学斌他们就设计了一个锚穴盖，航行时锚穴被盖着，就不会产生涡流噪声，需要锚泊时再打开盖放锚就没有影响了。然而当"401"艇在系泊及航行试验时，设计时没有想到的问题又出现了。在航行结束锚泊时，起锚和收锚时锚爪一刮，水声系统的透声导流罩不是被抓破就是被抓伤，这会严重影响核潜艇的战术性能，成了必须要解决的问题。数千吨的艇，锚的重量和强度是很大的，声呐的导流罩是通过透声侦测的，做得太厚影响声音传导，会降低侦测的灵敏度和影响侦测效果，理论上讲，导流罩越薄越好，可是薄了就容易被巨大的锚爪抓坏。这个问题非常棘手，上至黄旭华、尤子平等副总，下至各级设计师、技术人员，当时对此都一筹莫展。

一众设计师提出了许多解决方案，但总是陷入解决了一个问题就随之出现另一个问题的怪圈。这时，有人提出了一个与黄旭华不谋而合的想法：取消锚装置。

宋学斌介绍说，在首制艇设计时，借鉴常规潜艇及其他舰船的设计思路，设计师不假思索地设计了锚装置，尽管在设计时出现了前述的困难，但是黄旭华、宋学斌等人毕竟在设计上解决了问题，可对于取消锚装置的想法却不曾有过。

不过，黄旭华、宋学斌等人考虑，取消锚装置虽然是一个具有颠覆性的思路和设计，但如果取消了，上述问题真的不复存在了？争议声随之蜂起。自古迄今，你看哪一条船没有锚？船没有锚要停泊怎么办？在大家的潜意识中，船就应该有锚。

取消锚装置的想法的确打开了一个新的认知范畴，黄旭华、宋学斌等人经研究发现，如果采取恰当的技术，取消锚不仅不影响核潜艇的停泊，反而能减轻艇体重量、改善及降低艇身重心、改善艇的平衡和稳性，同时提升水声声呐、水声通信系统的性能。考虑到核潜艇的航行及战斗特性，锚装置的作用便不复存在，仅为鸡肋。

　　尽管黄旭华、宋学斌等人经过反复的研究与推理，认为在技术上取消锚装置是可行的，风险很小，但是他们依然耐心地求证。黄旭华指示宋学斌等人尽力查找域外核潜艇资料，密切关注美苏的核潜艇是否使用了锚装置，希望能从国外的同行那里找到佐证。

　　但是，黄旭华、宋学斌等没有查找到美苏核潜艇关于这方面的图片及资料，而在好不容易找到的英国核潜艇资料中，发现英国人居然使用了锚装置，不过他们使用的是抓力相对较小的蘑菇锚，而我们的"401"艇使用的是抓力较大的霍尔锚。此外，英国核潜艇锚穴设计在艏端底部，锚穴的盖子及锚的收放与宋学斌等人的设计惊人地一致，锚收上去锚穴盖死，锚盖打开锚就沉下去。

　　黄旭华对英国人的设计不以为然，认为这种锚聊胜于无，并且同样会对舰艇的声呐系统造成影响。黄旭华大胆推测，鉴于锚装置的功能已经基本弱化，美苏的新型核潜艇应该不会使用锚装置。

　　黄旭华、宋学斌等设计师们虽然坚信锚装置可以取消，而且必须得取消，但鉴于当时依然处在"文化大革命"的波澜之中，他没有贸然拍板，而是耐心地寻找一个万全之策。于是，黄旭华找总体研究所领导、找七院负责人、找核潜艇总体建造厂负责人、找军代表，逐一询问如果要取消锚装置的话，至少要哪个级别的首长才能拍板，得到的答案是至少是海军参谋长。黄旭华心里窃喜，时任海军参谋长的刘华清将军对核潜艇工程一直是全力支持的，而且他在做七院领导时，黄旭华与他有过几次工作接触，黄旭华感觉刘将军平易近人、品德高尚、从谏如流，争取他的支持应该有七分把握，即使不成功也不会被扣帽子。

　　事不宜迟，黄旭华决定立刻就此事主动请示刘华清参谋长。在通过相关途径得到许可后，黄旭华叫上得力干将宋学斌，在约定的时间敲开了刘华清参谋长的家门。刘华清将军对于他俩来访所表现出的真诚与热情让黄旭华、宋学斌心里感到轻松了一大截。在简单的问候之后，黄旭华和宋学斌就直奔主题，向刘华清参谋长汇报了取消锚装置的问题，具体陈述了安装锚装置弊大于利，取消锚装置可带来核潜艇性能、战术性能的提升。刘华清听完汇报之后，对他们的主张明确表示支持，对有关问题再作询问之后，当即拍板取消锚装置。就这样，黄旭华在特殊时期用特殊的方式有效地解决了取消锚装置的问题。

　　在对取消锚装置这个问题的判断、论证和处理上，宋学斌认为黄旭华充分展现出了对技术发展的敏锐把握能力及高超的处事能力。

　　在"091"的定型设计中，锚装置被取消了，后续艇建造下水后，停泊、航行及各种性能并没有因为没有锚装置而受到影响，声呐系统的主被动侦测性能得到了更好发挥，事实证明，取消锚装置是一个非常科学的决策。后来公开的资料也显示，美、苏、英、法的新型核潜艇都已取消了锚装置。

"091"定型

　　首制艇的设计与建造既具有探索性，又具有试验性，同时因为工期紧张及"文化大革命"的严重干扰，存在某些问题在所难免。因此从首制艇下水开始，直到"长征一号"正式服役，及至服役后的战备值班工作，基本都是围绕"091"的定型工作展开的。中央专委、海军、六机部、七院，包括总体研究所及核潜艇总体建造厂都希望通过定型工作一方面解决首制艇遗留的各种问题，让"401"艇迅速形成战斗力，另一方面，通过定型工作完善"091"的设计，改进与升级"091"的配套设备及武器系统，规范建造施工方法，进一步提升"091"技术、战术性能，从而保证"091"的小批量制造质量，使第一代攻击型核潜艇迅速成军，提升我国的国防力量。

"401"艇下水后，黄旭华、尤子平等设计人员基于对该艇的设计与建造过程的了解，就断定试验中肯定会出现问题，故即指示钱凌白、宋学斌等总体研究所的技术人员准备好"401"的改进工作。首制核潜艇在系泊、航行试验、武器系统试验中出现问题后，总体研究所、动力所、建造厂的技术人员进行了大量的专题研究和针对性改进，成功解决了舭倾、居住环境、应急电力、锚装置、设备可靠性、动力堆及辐射控制等诸多问题，进一步优化了舱室、配重结构及反应堆回路设计，经过改进和完善，从海军使用的实际情况看，"401"艇基本符合预期的各项技术、战术指标。

总体研究所的设计师们基于"401"艇的改进经验和应采取的措施，对"091"的设计进一步进行了系统的整顿和梳理，尤其对"401"艇所需要的、可以完善与提高的艇体结构、设备性能、动力及武器系统布局进行了优化，使"091"的定型设计更加科学、规范、先进，并保证首制艇有较大的质量与性能的升级。

黄旭华回顾说，"〇九工程"恢复上马到首制艇下水只用了5年时间，而"091"的定型也差不多用了5年的时间，定型工作丝毫不比设计工作难度小。首制艇的设计与建造解决了我国核潜艇从"无"到"有"的问题，而"091"的定型则让我国第一代核潜艇实现从"行"到"优"的目标。

1975年年中，核潜艇总体研究所、动力所完成了对"091"总体、动力、武备系统的规范化设计，经审核达到预期目标，符合定型要求，为小批量建造创造了条件。

1975年8月3日，国务院、中央军委批准了第一代鱼雷攻击核潜艇的定型设计，总体研究所、动力所对"091"的设计工作基本结束了，除部分人员依然参与对"091"后续艇的驻厂建造外，主要目标逐步转向"092"的研制设计。

对于"091"系列的设计与建造，彭士禄、黄旭华、张金麟院士及宋学斌、钱凌白等高级设计人员一致认为，从核潜艇总体结构设计、动力装置设计来看，我国第一代核潜艇无论设计思想还是技术应用在当时总体上都是科学而先进的，有些设计思想和技术应用相比美苏第一代核潜艇的设计甚至具有颠覆性和跨越性，"091"系列产品的建造质量和技战术性能逐渐提高，如果当时我们的配套技术及装备制造能力更先进一点的话，"091"的总体性能会明显优于美苏第一代核潜艇。

"092"设计与建造

"〇九工程"的战略目标一开始就是瞄准弹道导弹核潜艇，毛主席的"核潜艇，一万年也要搞出来"的誓言也是针对弹道导弹核潜艇这个战略性武器平台的。这里面虽然存在早期认知上的误区，但也说明我们最根本的诉求是拥有具有二次核反击能力的、威慑力强大的弹道导弹核潜艇。

"〇九工程"重启后，基于工程科学的发展规律，其总体研制思路调整为先研制鱼雷攻击型核潜艇，积累一定的基础和经验、配套技术和设备研制初具规模后，再研制弹道导弹核潜艇。

在首制艇"401"下水并成功加入人民海军现役，"091"基本定型后，"092"的设计与建造渐入高潮。

正式开启"092"

黄旭华介绍说，从军事理论看，核潜艇这种大型武器平台每一代基本都包括战略型和战术型两种型号，军事大国核潜艇的发展基本上都是遵循这个规律，我国第一代核潜艇同样具有"091"和"092"两种型号。"091"指的是鱼雷攻击型核潜艇，是战术性武器；"092"指的是弹道导弹核潜艇，它可以携带常规弹头或者核弹头，属于战略性、威慑性武器。每一代核潜艇，不管是战术型还是战略型，其所用的大部分材料、设备及技术系统都是通用的，差别就在于武备系统。战术型核潜艇的武备系统早期主要是鱼雷攻击系统，后期叠加战术巡航导弹及其他防空、反舰导弹。战略型核潜艇的武备系统基本就只有体积巨大的战略导弹发射系统。我国各代核潜艇都是如此。

具体来说，"091"上的武器系统是鱼雷攻击系统，而"092"

上的武器系统是战略导弹发射系统，理论上讲是在"091"上增加了一个战略导弹舱，"091"就变成了"092"。不过，由于弹道导弹通常个头很大，故此导弹舱室体积巨大，导致"092"的体积及排水量远超"091"。

黄旭华同时说明，我国"092"的研制并不是在"401"艇下水，甚至是"091"完全定型之后才开始的，而是在"091"进入到技术设计阶段，设计人员基本形成战略核潜艇的认知时就已经同步启动了。

1967年6月，"091"首制艇的技术设计逐渐进入尾声时，海军就向核潜艇总体所下达了弹道导弹核潜艇的作战使用要求，同时提出了"092"的发展策略。第一阶段，在"091"的基础上研制弹道导弹核潜艇，代号为"092"；第二阶段，在"092"首制艇的基础上研制高性能的后续艇。黄旭华在知悉"092"的研制行将启动后，按照高层的意图立刻从"091"的设计队伍中抽调业务骨干许君烈作为领头人，再由他组织部分技术人员对过去曾经设计的弹道导弹核潜艇设计方案进行论证。许君烈毕业于上海交通大学，是黄旭华的同门学弟，他技术精湛、心思缜密、办事周到、业务能力很强，其时已深得黄旭华的器重。同年9月底，在黄旭华亲自指导下，许君烈等完成了"092"总体设计方案的初稿，提交国防科委和海军领导机关审查。

为了进一步培养和锻炼许君烈，黄旭华让许君烈负责汇报"092"总体设计方案。"092"总体方案论证审查会是一个重要的高级别会议，许君烈珍视这样的锻炼机会，在"092"总体设计方案初稿上交后的一段时间之内，他按照黄旭华的交代精心准备这场汇报会。

1967年10月16日，北京友谊宾馆，由国防科委和海军联合举行的"导弹核潜艇及潜地导弹方案论证审查会"（史称"1016"会议）在此召开。可就在会议即将开始之时，国防科委"〇九工程"负责人陈右铭找到黄旭华，告知这次会议非常重要，会议将直接决定着"092"项目最终能否获得批准，当他得知是由许君烈来做"092"总体设计方案汇报时，当即否决了黄旭华的安排，强调必须由黄旭华亲自在会议上向与会领导及相关专家做汇报，而且不同意许君烈参加论证审查会议。黄旭华顿时非常为难。让许君烈做汇报显然不可能了，可是直接告诉许君烈是陈右铭不同意他做报告也不妥当，会让许君烈误会甚至嫉恨陈右铭。黄旭华没有选择，也没有更多的时间去解释，只得告诉许君烈"你不要去做报告了，会议也别去参加了，报告由我来作"。

黄旭华苦笑着回忆说，许君烈当时的神态和眼神仿佛在说："我按照你的要求准备这么长的时间了，马上就要做报告了，而现在你却说报告由你来作！"黄旭华看着许君烈的眼神明白了，许君烈心里是怪罪他了。几十年了，黄旭华始终都理解许君烈。换位思考，许君烈怪罪于他也算合乎情理的，毕竟是他起初考虑欠妥，擅自决定让他做报告的，黄旭华有责任背负这份愧疚和无奈。

"1016"会议首先成立了由国防科委副主任刘华清、海军副司令员赵启民、七机部副部长钱学森、国防科委"〇九工程"办公室主任陈右铭、七院院长于笑虹等领导组成的"092"研制领导小组，然后对黄旭华等汇报的"092"的总体设计方案、潜地导弹方案、弹道导弹核潜艇战术技术任务书进行了论证审查，原则上同意了两个方案及技术任务书的基本内容，并确立了第一艘弹道导弹核潜艇研制的总体原则和指导思想。

作为"092"研制的核心执行者之一的黄旭华，对当时"092"的研制指导思想有着清晰的记忆，其核心内容包括：率先解决弹道导弹核潜艇的"快"和"有"，即以最快速度研制出首艘弹道导弹核潜艇；重点突破核潜艇水下发射导弹技术，同时带动与导弹发射有关的设备及系统的研发；除非改不可的结构及设备外，原则上使用与"091"配套的设备及技术系统。

"1016"会议结束的当天，国防科委迅速发文要求按照"1016"会议的决定开展"092"的研制工作，同时正式批准和下发了海军所提出的弹道导弹核潜艇战术技术任务书。自此，我国的弹道导弹核潜艇的研制正式拉开了大幕。

黄旭华回顾说，按照"092"研制领导小组关于弹道导弹核潜艇研制的指导思想，"092"的研制原则上是使用与"091"配套的设备及技术系统，也就是说在"091"取得成功的基础上推进"092"的研制，故此在"091"下水乃至于定型前，"092"基本停留在方案和初步设计论证与完善阶段，工作推进审慎而缓慢，直到"091"正式服役及定型后，"092"的研制进程才开始加速。

在弹道导弹核潜艇研制初期，黄旭华的工作任务主要有三项：一是继续承担"091"的定型工作；二是负责指导"092"的方案论证、初步设计和技术设计；三是协助七院713所研发潜艇水下导弹发射系统。

"尖端与常规"的创新观念

从军迷的角度看，"092"弹道导弹核潜艇与"091"鱼雷攻击型核潜艇的区别就在于武器系统的差异，前者就是将后者的鱼雷及其发射舱设计成含有发射装置的弹道导弹舱。可是，这个替换并不容易，弹道导弹要飞行数千甚至上万公里，长度很长，体积巨大，因此导弹舱舱室直径和尺度远非"091"的鱼雷发射舱或者其他舱室可比的，其水密容积可高达整艇的三分之一，同时，它的结构特殊，与鱼雷舱大相径庭，通常采用双排大开孔的舱室结构，导弹舱的体积、构造、布置形式全面地影响到整个艇体的结构设计与舱室布局，总体结构力学的复杂性及设计的难度远远超过"091"，有些结构和功能设计甚至是对"091"的颠覆与跨越。

黄旭华、宋学斌等设计师均认为，就20世纪70年代的观念及技术而言，"092"的设计与制造在当时绝对算得上是最尖端、最前沿的课题，对于他们来说具有很高的挑战性和突破性，"091"的设计经验并不足以让他们具备包含巨型导弹舱的舰体结构设计能力，不少设计师，也包括一些业务骨干对"092"的设计心里都没底，多少表现出一些忧虑与畏难情绪。

黄旭华认为，必须让他的优秀设计师们有勇气、有自信、有担当，他对钱凌白、宋学斌、许君烈等技术骨干说，无须畏惧尖端，更不要把尖端绝对化、神奇化，从工程技术发展的逻辑看，尖端有时也只不过是常规的科学组合。美国的北极星导弹和阿波罗登月飞船，仔细分解，并无太多的新技术，大部分是已有的常规技术的合理综合。体悟并实践这个道理就会产生一种可能性——没有新技术甚或技术相对落后的国家也可以通过对常规技术进行科学综合而达成尖端，关键是你如何融合。黄旭华鼓励他们说，科学的综合就是创造力，常规的科学融合是对常规的再挖掘，也是一种创新，当我们把这种创新运用到"092"的设计中时，就会发现难题兴许就没有那么可畏。

为了减轻设计师们的压力，黄旭华进一步开导说，中央高层对于"092"的核心指导思想是"快和有"，因此要研发大量的新技术是不现实的。一来新技术研发需要更多的时间、更复杂的验证，二来新技术的可靠性肯定不如成熟的已有常规技术。我们研制弹道导弹核潜艇的目的不是去和美苏比谁更先进，而是快点"有"，形成有限的核威慑即可。其实，时至今日，有限的核威慑依然是我们的基本策略。因此，在"092"的设计与专题研究中，钱凌白、宋学斌、许君烈等遵照黄旭华的指示，强调和落实对现有常规技术的科学运用、合理集成，从而既保证"092"的设计与建造速度，又保证"092"的实用性与可靠性。

在实际工作中，钱凌白、宋学斌等人逐渐理解了黄旭华的创新思想。他们认为，在当时那个特殊的年代这种朴实、现实的设计思想与创新观念有着很重要的积极作用，它的确极大地增强了年轻设计师们的信心，消除了他们的畏难情绪，充分调动和发挥了他们的聪明才智，"092"最终设计成果的先进性、可靠性也印证了黄旭华这种设计思想及创新观念的合理性。

"毒蛇"设计理念

在"092"的设计中，虽然黄旭华在总体上提倡尽可能融合现有常规技术，但并非不重视在弹道导弹核潜艇的设计上努力追求核心技战术指标的落实与提升。

从军事的角度看，核潜艇最重要的评价指标是技术、战术性能。在"092"的技术、战术性能设计中，黄旭华反复告诫设计师们要注意"092"与"091"的差异。"091"是攻击型武器平台，属战术性武器，强调格斗性能，注重速度、灵活及先敌发现与攻击。而"092"则不同，它是战略性武器平台，强调的是隐秘性和突然性，在注重提升一次核打击条件下生存能力的同时使之具备二次核反击能力；其隐蔽性越强，反击性就越好，威慑性就越大。

为此，在"092"的技术、战术性能设计中，黄旭华提出参照毒蛇的生活习性及攻击特点进行设计，强化弹道导弹核潜艇在恶劣条件下的生存能力和反击能力。这就是后来媒体所报道的黄旭华关于弹道导弹核潜艇的"毒蛇"设计理念。

20世纪80年代黄旭华在接受作家祖慰的专访时，诠释了他在"092"技术、战术性能设计时提出的"毒蛇"设计理念。

法国人搞出了一种小型的不求高速的隐蔽性好的所谓安静型核潜艇，与苏、美、英的快速型相比，独树一帜。他们认为，要高速，动力的传递设备必大，噪声就大，隐蔽性就差。既然核潜艇是第二次核报复力量，隐蔽性是第一位的，不让别人的第一次核打击打掉。再者，你的速度更快，也快不过导弹，只要导弹系统好，高速没有多大意义，看看大自然中的蛇吧，有毒蛇比无毒蛇游得慢多了，因为毒蛇有了精良的化学武器，用不着靠速度捕食，而是靠隐蔽性好捕食。

然而，令人遗憾的是，黄旭华当时提出的"毒蛇"设计理念在"092"的设计中没有引起人们的重视，由于"092"排水量相比"091"增加了3 000吨，动力装置却与"091"完全相同，最终，速度没有上去，噪声却上去了。而相当长的一段时间内，我国弹道导弹核潜艇因受某些配套技术系统的拖累又进一步掩盖了在噪声处理上的设计缺陷，因而其隐蔽性能一直为军方所诟病。直到20世纪末，弹道导弹核潜艇的噪声及隐蔽性问题才受到高度的重视。

今天，噪声值及隐蔽性已成为评价战略核潜艇生存能力、反击能力的关键技术、战术指标，在我国新一代战略核潜艇的设计中，黄旭华的"毒蛇"设计理念已得到了充分的重视。

摒弃大陀螺

陀螺，在高速旋转时可以神奇地在各种姿态下保持稳定，这种特性让许多小孩子和玩家痴迷不已。而在"092"的设计中，黄旭华就向大家介绍了一个围绕陀螺发生的有趣故事。

弹道导弹核潜艇水下发射导弹时对艇体的运动姿态及稳定性要求极高；姿态越好，稳定性越高，发射的导弹命中率就越高。同时，弹道导弹体积和重量都很大，发射时产生的巨大反作用力又会对艇体产生极大的冲击，危及核潜艇自身的安全，因此如何保持核潜艇发射导弹时的姿态与稳定性成为"092"设计中的重大攻关内容。

在寻找解决这个问题的方法时，宋学斌他们意外地查阅到了一份来自美国的资料，说美国在研制弹道导弹核潜艇时，为了使艇的纵摇、横摇、角速度、升沉、偏航等技术指标完全满足导弹发射要求，设想过在艇内安装一个65吨重的大陀螺，并借助这个大陀螺的高速旋转来维持核潜艇发射时的稳定性。但是，美国的战略核潜艇最后到底装没装大陀螺，资料未做明确说明。

高速旋转的陀螺能够建立良好的稳定性，这对专业设计人员而言是一种常识，也早就在工程科技中得到了应用，但是"092"要不要装这么大的陀螺来保障导弹发射时潜艇的稳定性呢？对此产生了分歧和争论，黄旭华组织专业技术人员经过充分的试验及缜密的论证后，毅然拍板放弃大陀螺，使用自己的稳定性设计方案。

在接受祖慰的专访时，黄旭华如是介绍了这个稳定性设计方案的思考和拍板过程。

……六十多吨重的大陀螺。这东西我国生产不了，又多了个攻关题目。不仅如此，这个大家伙一装，艇就要增加一个大仓。水下的体积不像水面船舶，那里全是黄金空间！后来，我们从试验中得到的大量数据表明，不需要这个陀螺，但很难下决心。人家技术比我们先进得多都用，我们敢不用？发射时翻了船谁敢负责？打不中目标谁敢负责？当时要我拍板时，就有装和不装的激烈论争。我想，我们是独立研究，不是照葫芦画瓢地抄袭，既然我们的试验数据证明可以不装，那就应该不装。我毅然拍板定了案。当时我就怀疑外国是否真的装了。果然不错，后来得到的资料表明，他们也没装，差点上当！后来，我们的艇发射时稳得像陆地，摇摆角、纵倾角、偏航角都接近于零！——这就是我们跨出的第一步。

当然，黄旭华并不是贸然拍板，而是在拍板之前做了卓有成效的工作。当时，他责成总体室操纵设计组的闵耀元、陈源、沈鸿源三人对"092"发射弹道导弹时的姿态控制展开专题研究，尤其注重从艇体的稳性结构设计上下功夫，看看是否可以不使用大陀螺。"三元"（谐音，即指闵耀元、陈源、沈鸿源，黄旭华对这三人的习惯性称谓）团队欣然接受了黄旭华交给他们的这个艰巨任务。闵耀元作为组长，带领陈源、沈鸿源在其他设计人员的全力配合下，通过大量力学数据分析，辅之以相关的技术试验，设计出导弹发射时艇体姿态稳定性的控制方案，又对艇的操纵面进行了重新设计和部署，以达到发射导弹时能有效控制艇体平衡的目的。这个稳定性控制设计方案不增加艇体舱室体积和全艇排水量，不影响核潜艇的速度及其操纵性能，却能够确保发射弹道导弹时艇体的姿态稳定。

有了"三元"团队缜密的分析论证及其圆满的技术方案，再基于自己的科学判断，黄旭华才胸有成竹地做出了取消大陀螺的决定。为此，黄旭华总是对"三元"的贡献褒奖有加，后来在闵耀元逝世的追悼会上，他失声痛哭。别人问他为什么哭，他说闵耀元对"092"的贡献及对他的帮助太大了，当年如果没有他的翔实的分析论证及优秀的设计成果，黄旭华也许就不敢拍板。

对黄旭华当年敢毅然拍板取消大陀螺的决策行为，宋学斌、钱凌白、尤庆文等人很是惊讶和敬佩。他们说，黄旭华一向比较谨慎，早期"091"艇型之选，他虽然主张水滴线型，但是他并没有断然拍板。后来"091"定型时就是否取消锚装置，虽然他力主取消，但并没有亲自拍板，而是巧妙地借助刘华清将军的支持来达成。这次，黄旭华拍板弃用大陀螺的举措出乎他们的意料。他们对笔者说，当时为了稳妥起见，大部分人是主张仿照美国使用大陀螺的，不用大陀螺还是一个比较重大的技术决定，其所要承担的风险并不亚于取消锚装置。当时仍然处在"文化大革命"时期，以黄旭华的副总工程师的职位做出如此重大的决定，既有较大的技术风险，更有无法预测的政治压力。

可是，黄旭华并不认同宋学斌、钱凌白、尤庆文等人的看法。他对笔者说，叫"取消大陀螺"本身就不符合事实，因为他们最初在做"092"方案论证时本就没有"大陀螺"这个选项，只是后来进行导弹发射艇体姿态控制设计时，意外被外刊资料上的这个"他山之石"忽悠了一把，准确地说这是节外生枝，我们总不能被一份无法确认真伪的外刊资料牵着鼻子走，是否使用大陀螺仅仅是一个设计时的技术路线问题，或者说是一个方案的选择问题。这种选择，他作为副总工程师是可以决定的，在自己的职权范围之内，更何况，既作出了严谨的论证，又有了更科学的解决方案。黄旭华院士的言下之意，这仅仅是一个普通的技术问题，没必要大惊小怪。

探索弹仓结构与布置方式

在"092"的设计中，导弹弹舱耐压结构及导弹发射筒的布置是最为核心的设计问题，一般被国外列为最高技术机密。这个设计既无法从"091"中继承，更不可能从资料中找到借鉴和启示，黄旭华亲自组织和承担了这一重大专题的设计与攻关。

为尽快稳妥地解决这个问题，黄旭华从结构力学分析入手，组织相关专业的设计人员开展技术攻关，设计建造了多个结构力学模型并进行试验，深入探索弹舱结构形式及其耐压特性，反复比较与论证圆柱体弹仓结构和"8"字形弹仓结构的各项性能指标及耐压特点，最终采用"双排大开孔"的圆柱体弹舱耐压结构。

弹道导弹核潜艇导弹发射筒的布置方式对艇体稳定性及操纵性都有较大的影响，同样是"092"设计中的重要技术环节。在导弹发射筒的布置上，黄旭华及其设计师们形成了两种供选择的模式。一种是发射筒上下两端均固定在艇体上，另一种是一端固定、一端自由摆动。情报资料显示，这两种导弹发射筒布置方式都曾在美苏两国的弹道导弹核潜艇上使用过，那么我们的"092"作何选择呢。黄旭华责成宋学斌组织技术人员进行比较论证和模型试验，依据翔实的论证和试验结果，黄旭华最终决定采用一端刚性固定的布置方式。

后期"092"的制造和试验证明，黄旭华关于导弹舱耐压结构及导弹发射筒布置方式的选择是合理的，有效保障了导弹水下发射的成功及艇体航行姿态的稳定。宋学斌等高级研究人员高度评价黄旭华在这个问题上所取得的成就，认为他在弹道导弹核潜艇弹舱结构力学分析上作出了卓越的贡献，不仅有效保证了"092"的研制成功，而且为我国新一代弹道导弹核潜艇的弹舱结构设计奠定了良好的理论与技术基础。

协助导弹发射系统的研制

"092"是弹道导弹核潜艇，弹道导弹从核潜艇上发射必须依靠导弹发射系统。导弹的研制是配套单位的任务，但发射系统的研制与部署就与黄旭华所在的总体研究所密切相关，故在确定"092"的研制任务时，上级机关指定由黄旭华协助713所研制导弹发射装置，并解决导弹发射装置的上舰问题。

当时，我国陆基导弹发射技术已基本成熟，但在潜射导弹研制方面还是空白。潜射导弹既要考虑核潜艇的技战术特性和操控特点，还要弄清弹道导弹穿越海水和空气两种介质时的各种变化，同时要弄清深度、航速、升沉、摇摆、波浪、涌流对导弹出水姿态的影响等。核潜艇是移动式水下导弹发射平台，要保证发射成功自然离不开总体研究所设计师们的协助和支持。

当时，"092"所载潜射导弹及其发射系统的研制与试验主要由黄纬禄负责，黄旭华密切协助他的工作，其工作内容大体包括两个方面。

一是给黄纬禄主持研制的潜射导弹及导弹发射装置提供核潜艇的基础技术数据。为此，黄旭华组织相关技术人员基于海军有关领导部门下达的弹道导弹核潜艇的技术、战术任务书确定的指标，通过大量的计算、论证与试验，确定了弹道导弹发射时艇的下潜深度、巡航速度、航行姿态及海况等指标及技术参数，有效配合了潜射导弹及导弹发射装置的顺利研制。

二是直接参与研制及试验工作，基于导弹发射装置上舰部署的方式，对导弹发射系统的研制出谋划策，提供合理化建议。在这项工作中，黄旭华密切配合黄纬禄的工作。基于"092"的技战术性能，在导弹发射筒的设计、导弹发射推进剂的选择和使用、多种比例模型弹的发射试验、发射辅助系统的研制等方面，黄旭华都提出过一些合理建议，大都得到了采纳，得到了黄纬禄的高度评价和真诚感谢。

"092"建成服役

从"1016"会议结束到1970年10月，彭士禄、黄旭华带领总体研究所的设计师们先后完成了"092"的方案论证，确定了初步设计和技术设计，随之，弹道导弹核潜艇首制艇的雏形及轮廓呼之欲出，跃然图上。

1970年9月25日，就在"091"首制艇下水前夕，"092"的首制艇也在核潜艇总体建造厂开始放样，黄旭华带领总体研究所的设计师们一边筹备"091"首制艇下水前的技术工作，一边配合建造厂开展"092"的施工设计工作，1972年初，"092"首制艇的施工设计基本完成。

"091"首制艇从开工到下水仅仅用了两年的时间，"092"首制艇原计划1973年下水，可最终下水时间延至1981年，前后历时10年。"092"是在"091"的基础上建造的，按照"1016"会议的精神，除导弹舱室及发射系统之外，其他全部套用"091"的定型设计与设备，建造厂工人施工的熟练程度也有了很大的提高。按理，"092"首制艇的建造速度应该快于"091"首制艇的建造速度，可实际上"092"的首制艇建造却耗时很长。

黄旭华分析了"092"首制艇建造缓慢的原因，将其归结为三个方面。

首先，国内变幻莫测的政治环境极大地干扰了"092"的研制进程。由于"文化大革命"造成中央高层对"〇九工程"的领导频繁更换，政策连续性差，严重影响与阻碍了"092"的配套工程与技术研制进程。在周恩来总理病重期间，"四人帮"对国防尖端工程的破坏变本加厉，造成"092"的研制工作几乎停滞不前，许多工作无法落实。1975年，张爱萍将军开始主持国防科工委工作，"092"的研制进程才开始加快。

其次，"092"建造策略不同。由于缺乏核潜艇建造经验，"091"首制艇的建造策略是总体先行，也就是先把艇体造好，其他配套系统研制好了再进行安装。结果，"091"首制艇倒是于1970年下水了，但是由于鱼雷及其发射系统研制严重滞后，鱼雷系统设备长时间缺装。俟鱼雷及其发射系统研制好后，再安装试验时又出现了新的问题。所以，"092"首制艇的建造充分吸取了"091"的教训，不单纯追求艇体的建造进度，而是艇的建造和导弹及其发射装置研制保持协调同步，一次完成，少走了不少弯路。

再次，潜射导弹及其发射系统研制的技术复杂、难度大，制造的技术要求高，每一项都是过去未曾啃过的硬骨头，需要攻克的难关太多，要逐一解决它们的确需要较长的时间，这也是导致"092"首制艇下水不断延后的重要技术因素。

粉碎"四人帮"后，尤其是十一届三中全会以后，中央高层开始高度关注和重视核潜艇制造工程。1979年9月，为加强"〇九工程"的技术牵头和协调，国防科委任命彭士禄为"〇九工程"总设计师，黄旭华、黄纬禄、赵仁恺为副总设计师。四位后来均成为工程院院士的总师们密切协同合作，"092"首制艇的建造迅猛提速，一天一个变化，下水条件逐渐成熟。

1981年4月30日，时钟指向上午10点，我国第一艘自行设计研制的弹道导弹核潜艇，经过艰难的十年孕育，在无数核潜艇人的注目及全国人民的关注下，顺利下水了。张爱萍副总理亲自主持了"092"首制艇的下水仪式，体形硕大的核潜艇在响彻云霄的汽笛声中自船墩上稳稳浮起，下水成功！全场欢声雷动。从这一天起，我国的战略核力量正式拓展到大洋深处，我们开始拥有了二次核反击能力，彻底粉碎了超级大国的核讹诈，三位一体的核战略架构正式形成。

继亲历我国第一艘攻击型核潜艇下水之后，黄旭华又一次全程目睹了我国第一艘战略核潜艇的诞生，这两条"攻""反"结合的深海蛟龙凝聚了他太多的心血和汗水。黄旭华凝望着海面上随浪微微起伏的巍巍核潜艇，心潮澎湃，激动之余奋笔写下了这样的诗句：

南征直捣龙王宫，北战惊雷震海空。攻坚苦战两鬓白，犹有余勇再创功。

航行中的"406"（092）号弹道导弹核潜艇（黄旭华提供）

"092"首制艇下水后，于1981年7月开始了系泊试验，1983年1月开始航行试验。由于有了"401"及后续"091"艇的系泊及航行试验的经验与教训，同时也因为改革开放后国家的科技经济实力、试验技术及条件的进一步改善，"092"首制艇的系泊试验和航行试验总体上进行得较为顺利。1983年7月底，"092"首制艇各项试验圆满完成，相关的改进工作也相继结束，基本满足向海军交舰的条件。

1982年6月，在"092"首制艇系泊试验开始之后不久，上级正式任命黄旭华担任核潜艇总体研究设计所所长。1983年3月，在"092"首制艇航行试验开始不久，黄旭华又得到了一项更重要的任命，国防科委任命他继任"〇九工程"总设计师，原总设计师、黄旭华的老搭档彭士禄另有重任，不过仍然兼任"〇九工程"顾问。这样，黄旭华成为我国第一代核潜艇的第二任总设计师。

1983年8月25日，舷号为"406"的我国第一艘弹道导弹核潜艇在海军试验试航基地通过严格的交舰验收之后，正式交付海军训练使用，加入人民海军的战斗序列。

1983年10月19日，我军首支由"091"系列艇及"092"首制艇组成的核潜艇部队举行了隆重的命名和授旗仪式。作为我国核潜艇事业的开拓者之一、核潜艇研制的功臣、新任"〇九工程"总设计师的黄旭华，在命名、授旗大会上发表了重要讲话。他高度赞扬了无数设计人员、建造人员及所有配套单位的工程技术人员的辛勤付出与不懈努力，由衷感谢各界对总体研究所及"091""092"研制的支持与配合，同时表示会尽最大努力尽快完成后续的潜射导弹发射等试验，让"406"号迅速具备战备巡航能力。

仪式结束后，新入列的"406"号弹道导弹核潜艇载着全国人民的梦想与核潜艇人的嘱托，威严地驶向大海，担负起捍卫祖国安全和尊严的神圣使命。

大义凛然历深潜

我国第一代核潜艇"091""092"的研制自1967年以后一直在同时进行，在"092"的研制期间，"091"也一直处在定型、试验、改装、升级、建造的过程中。

"091"成熟及综合实验

"091"首制艇"401"服役及定型后，国家对"091"进行了小

1990年，黄旭华（右一）于核潜艇建造厂吊装"405"艇燃料元件时留影（黄旭华提供）

批试制，到20世纪80年代末，先后有"402""403""404""405"等四艘艇陆续下水。"091"系列完全是我国独立自主、艰苦探索建造起来的，具有很强的试验、训练性质，主要目的还是在解决"有"的基础上为下一代核潜艇的建造积累技术与经验，培养一大批核潜艇研制人才，同时建立一支训练有素的核潜艇部队。

"401"艇下水后只在建造厂所属海域及核潜艇基地进行了较为初步的系泊和航行试验，而在这些试验中暴露了设计、制造、配套中存在的诸多不足及关键技术尚未过关的问题。同时，由于受核潜艇总体建造厂的条件和自然条件的限制，对"091"各艇来说难度更大、更具考验的长航试验、最大自持力试验、极限深潜试验、鱼雷发射试验等综合试验均未进行。试验不完成，问题不发现，缺陷就不能解决，核潜艇的技术、战术性能就得不到检验和发挥，已造好的核潜艇就只能是一个摆设，既无法满足实战要求，后续艇建造的质量水平又无法突破和提升。

"401"首制艇下水后，依据上级单位和海军的指示，黄旭华就带领总体研究所的技术人员致力于"091"的改进与完善升级，其工作过程大致经历了改进定型（1977—1982年）、完善提高（1982—1987年）、综合治理（1988—1994年）、现代化改装（1993—1999年）四个阶段。这些工作的进行基本是在黄旭华任第一代核潜艇副总设计师和继任总设计师期间，并且主要是在他任总设计师的任内完成的。

在"091"成熟与完善、后续艇制造过程中，黄旭华不仅以总设计师的身份全程指导与参与技术工作，而且在1982年6月至1987年10月间以核潜艇总体研究设计所所长的身份，承担了"091"的改进及完善提高的直接行政责任，并在1985—1986年间以总体研究所党委书记身份，负责"091"的改进、定型及后续艇的建造工作，以总体研究所党、政、技术全方位的责任主体主持我国第一代核潜艇"091"系列的完善和提高工作。及至"091"改装提高完成，新一代核潜艇的研制全面启动以后，世纪之交渐至，黄旭华方以逾古稀之年，逐渐退居二线。

黄旭华回顾说，在"091"的完善过程中，初期主要解决在设计定型、生产定型中遗留的近百个技术问题，且绝大部分问题获得了良好的解决方案。中期主要是通过对设备的改装、换装、加装达到提高核潜艇的技战术性能、自动化水平、核安全保障能力及改善生活环境的目的。后期则通过采用新技术、新工艺及现代化设备的改装，提升核潜艇的信息化能力、综合作战水平、水声及通信系统的性能、全面降噪并提升隐蔽性。

黄旭华介绍说，经过总体研究所、建造厂、配套单位及海军等机构及其技术人员近20年的艰苦努力、密切合作，第一代核潜艇技术、战术性能等各项综合指标终于达到比较理想的水平，同时积累了珍贵的设计思想、建造技术，实现了一系列关键技术的突破，形成了设备配套工业体系，培养了一大批核潜艇研制人才，为下一代核潜艇的设计与研制打下了坚实的基础。

随着"091"的改进、完善和现代化改装的完成，"091"的各种高难度、高强度的综合试验逐步提上议事日程，综合实验才能真正体现核潜艇与常规潜艇的技战术差异，展现核潜艇的威慑力，只有这些试验得以通过，才能够真正证明核潜艇的研制是成功的、合格的，同时也能检验上一阶段改进及完善的成果，为新一代核潜艇的研制积累经验和技术数据。

1981年11月16日至12月17日，由海军北海舰队曲振侔副司令员亲自坐镇，"091"系列的2号舰"402"艇满载全体官兵驶离军港，克服各种恶劣海况及强烈的身体反应，终于完成了连续31昼夜的首次真实海况下的长距离水下航行。1983年，核潜艇部队又组织了两次由另外两艘核潜艇联合实施的一个月左右的潜航，同样取得了成功。核潜艇水下长航的成功，坚定了设计建造者的信心，检验了设备与各技术系统的可靠性，锻炼了核潜艇上海军官兵的操控能力及生活能力，积累了大量的数据资料，也打消了一些人对核潜艇的疑虑，同时为后续更大难度的远航、最大自持力的试验、极限深潜试验迈出了坚实的一步。

长航试验成功后，我国年轻的核潜艇部队开始正式在我国的海域内战斗值班了。

1985年11月20日上午10时，"091"系列核潜艇解开全部缆绳，驶离军港码头，一头扎向海洋，开始了我国第一代核潜艇的最大自持力极限考核试验。

在这次最大自持力试验中，"403"号艇的航线最为特殊，遭遇的海况最恶劣，表现也最好。艇上的海军官兵凭借着钢铁般的体力和意志，克服了各种困难和风险，在黄海及东海海域完成了90昼夜、航程总长与赤道周长相当的海上航行，于1986年2月18日安全返回，达到了核潜艇最大自持力极限考核试验的目标。这次航行以水下航行为主，最长的一次连续水下航行的时间为25个昼夜。"403"号艇持续航行90个昼夜，创造了世界海军核潜艇远航史上的奇迹，打破了当时美国"海神"号核潜艇所创下的连续航行83天零10小时的纪录。

海上长航及最大自持力极限试验的成功表明我国第一代核潜艇研制成功并趋于成熟。在1986年的全国科学技术大会上，彭士禄、黄旭华因为我国第一代核潜艇的研究设计获得1985年度，也是我国首届国家科技进步特等奖，这份荣誉是国家表彰和奖励他俩自1958年以来为我国核潜艇事业所作出的重大贡献。

黄旭华作为总设计师及总体研究所的党政负责人，参与了"091"的海上长航和最大自持力极限长航的方案讨论与制定、事后经验总结及后续核潜艇的改进完善工作。因为要参与及协助黄

纬禄主持的潜地导弹发射
试验，黄旭华并未随艇参与
海上长航和最大自持力极
限航行试验。但是，作为核
潜艇总设计师，他亲自参与
了第一代攻击型核潜艇最
为重要，也是风险最大的最
后一项试验——核潜艇极
限深潜试验。

黄旭华因"091"研制获国家科技进步特等奖
（1985年颁发，黄旭华提供）

笑谈生死　深海同舟

在顺利完成水下长航试验及最大自持力航行试验后，"091"
下一个也是最后一个试验就是极限深潜试验了。深潜试验是检验
核潜艇的核心性能和作战能力的最重要试验项目，它分为设计极
限深度下潜、水下全速航行、大深度发射鱼雷三项循序渐进的试
验科目。其中以第一步极限深潜试验尤其重要，危险系数也最高，
只有极限下潜成功了，才能在这深度上实现全速航行及发射鱼雷，
第一关闯过了，只要动力系统和鱼雷发射系统没有问题，第二、
第三关就会顺利完成。因此，如何完成极限深潜成为整个试验的
关键。

极限深潜，要求试验海域的深度必须超过核潜艇设计的最大
下潜深度才行，而我国的渤海、黄海、东海等海域的深度都无法
满足深潜试验条件，因此"091"极限深潜试验必须转场到水深符

合的南海海域进行。

时任七院及总体研究所深潜试验队队长的尤庆文回忆说，所谓深潜试验，是指核潜艇要下潜至设计极限深度300米，甚至更深。它不同于长航试验及最大自持力航行试验，航行试验时遇到问题可以随时中止，风险相对较小。而深潜试验则不一样，下潜时无论是否到达极限深度，遇到问题大概率就是艇毁人亡。1963年，美国的"长尾鲨"号核潜艇在深潜试验中，尚未下潜到极限深度时，突然遇到故障沉没，全艇160余名官兵和试验人员全部以身殉职，迄今事故原因不明。

前车之鉴，深潜试验的危险非同小可，从高层领导到参试人员都不敢掉以轻心。

"091"深潜试验的危险性与试验的责任、意义一样，都非常大，因此自上而下空前重视。1987年11月，国务院和中央军委专门批准了由海军和中国船舶工业公司起草的、并经总参谋部和国防科工委审议的《关于核潜艇深水试验问题》的请示报告，并下达了于1988年择机在南海进行"091"深潜试验的任务，任务代号为"982"。

一个武器装备项目试验竟然由国务院和中央军委批准，这在我国的军备项目研发中罕见，足见深潜试验任务的危险和艰巨程度。

遵照国务院和中央军委的批示，"091"深潜试验由海军和国防科工委联合组织实施，专门成立了核潜艇深水试验领导小组，由该小组组织、协调整个试验工作。作为"091"总设计师的黄旭华不仅是试验领导小组的成员，而且担纲出任深潜试验第一关极限深潜试验的技术负责人。深潜试验领导小组成立后，相继对试验程序、试验规则、组织调度、技术准备、质量复查、检修检测、应急处置、救援保障等做了周密的部署与安排，试验工作按照预定计划稳步推进。

据尤庆文回忆，为了吸取其他国家核潜艇深潜试验的经验及"长尾鲨"号的教训，并预防和应对不测事件的发生，试验领导小组做出了科学的应急预案。尤庆文能够了解到的措施主要有两点，一是精心选择深潜地点，制定打捞方案。考虑打捞救援的方便，在南海某海域选择了一个深度刚好为300多米的地方进行试验，并且在附近提前准备好打捞救援设备，万一核潜艇试验时遭遇不测，可以迅速把它打捞上来，避免像美国的"长尾鲨"那样一下坐沉到数千米深的海底无法救援。二是在试验艇上准备了相应的应急设备，并设定了抢救措施，譬如专门的支撑、堵漏、防护等设备。

然而，任何事件总有其两面性。为了保证试验的安全，准备工作自然需要做好，但准备工作越细致、越慎重、越周全，反过来越加重了人们的紧张情绪和心理负担，紧绷的神经和压抑的气氛一时间弥漫在深潜试验参试人员甚至海军官兵中。在巨大的生命危险和心理考验下，部分参试同志私下里甚至做了最坏的打算。核潜艇建造厂在深潜试验前还为参加此次试验的十几位同志拍了"生死照"，以防万一失败而做个"最后的留念"。参加深潜的年轻官兵有几十位还写好了遗书，准备为国家的安全以身赴死。

艇员董福生在悄悄留给妻子的遗书中写道："嫁给军人不容易，

嫁给干核潜艇的军人更不容易，什么事情都可能发生。我不能陪你走完一生，一辈子欠你的情。希望你不要难过，把孩子带好，再组织一个幸福的家庭……"他告别妻子，但没有告诉她去干什么。胜利返航后，这封万一深潜失败才寄出的遗书就一直珍藏到如今，成为珍贵的历史见证。

尽管有些"风萧萧兮易水寒"的悲怆，但所有参试人员并没有退缩，依然是一腔热血，表现出了中华儿女以身涉险、义无反顾的勇气和决心。

黄旭华深刻地感受和体会到深潜参试人员普遍表露出的紧张和压抑，他毅然决然地做出了一个惊人的决定，亲自上艇指导下潜，与所有参试人员深海同舟。作为深潜试验领导小组成员、"〇九工程"的总设计师、已经过了花甲之年的老人，黄旭华完全可以待在水面的试验指挥舰上的，没有任何人会要求他亲自下潜。

果然，当他做出亲自下潜决定时，上层各级领导纷纷劝止，但是在黄旭华详细陈述了自己下潜的若干好处和理由，并表明自己决心已定之后，大家才觉得他考虑得既周到也合理，同时有利于稳定参试人员的情绪，只好同意了他的决定。

黄旭华回顾说，他因为协助黄纬禄进行潜射导弹的研制与试验而遗憾地错过了亲自参加长航试验和极限自持力试验，"091"凝结着他几十年的梦想与汗水，是他这辈子唯一的、也是最重要的作品，他对"091"的感情如同一个父亲对孩子的爱一样，最后、最重要的一次试验他渴望亲自参加，他要亲自检验自己作品的质量和可靠性。

黄旭华表示，他决定亲自参加下潜试验，绝非一时冲动，也不是为了显示自己的勇敢，更不是不怕死，其时他已经64岁了，无须那样去涉险。他决定亲自参与下潜，主要是基于以下五个方面的考虑。

第一，他全过程参与了"091"的设计，对各项技术指标了如指掌，极限深度值是他亲自参与制定与设计的，对艇体结构和设备性能在这个深度的可靠性他比任何人更有信心。

第二，在建造过程中，几乎所有的材料、设备、管线、焊接都经过总体研究所及建造厂的严格把关、测试与验收，他本人亲自参与了部分核心装备的检验和测试。

黄旭华组织404艇在深水试验前上船台准备进行技术复查（1988年，黄旭华提供）

第三，极限深潜试验之前，总体研究所、总体建造厂、重点设备配套单位、军代表室对全艇所有系统、材料、设备、管道篦过几遍，并采用超声波、X光探伤设备进行反复核查，对每一个可能会出问题的细节都作出了稳妥的处理。

第四，他亲自参与深潜有一个极大的好处，如果深潜中出现故障或者问题，作为总设计师，他的心里比任何人更有底，可以现场及时进行观察、分析、处置，而别人未必有这个专业素养及掌控能力。

第五，试验领导小组及相关部门为本次深潜试验做好了充分的、科学的应急预案，即便出现故障，也不至于酿成像"长尾鲨"坐沉那样无法挽救的灾难。

综合分析各种情况，黄旭华判断"091"下潜到极限深度出问题的概率非常小，危险性远没有大家想象得那么大，至少他还是胸有成竹的。

黄旭华轻描淡写，举重若轻。但多位业内专家认为，危险性不大不等于没有危险，这种危险一旦发生是毁灭性的。黄旭华当年决定亲自参与深潜试验确实自上而下震动极大，在存在灾难性的风险面前，他能亲自坐镇下潜，与同事们、战士们深海同舟，这一诺一行的力量足以涤净所有的恐惧、疑虑甚至猜测。

这一诺一行，体现了黄旭华作为一名共产党人无私的奉献精神、崇高的职业道德和睿智的科学判断。

黄旭华的夫人李世英也全力支持丈夫的举动。她之所以认同黄旭华亲自下潜，一是基于对丈夫的充分信任，二是觉得黄旭华义不容辞，而绝不是舍得丈夫去以身涉险。李世英认为，艇是黄旭华亲手设计的，是他指导下建造的，他有责任、有义务对艇的安全及艇上的生命负责。那么多的人下潜接受生命的考验，黄旭华作为总设计师却在上面的指挥舰上遥控，这是欠妥的，黄旭华亲自下潜，是职责所在，合情合理。

临行前，努力让自己淡定的李世英下意识地替黄旭华整了整衣服，再次宽慰他道："你当然要下水，否则将来你怎么带这个队伍！"

执行深潜试验任务的是"长征四号""404"艇。艇长和政委接到试验任务后立刻给官兵们做思想工作，告诉他们深潜试验肩负着党和人民的重托，事关国家安全，要勇敢、要有牺牲精神。

黄旭华没有给参试官兵讲任何大道理，仅仅告诉他们，他将和他们一道登艇做深潜试验。全艇官兵的紧张情绪仿佛一下子吹散了。他们想，既然这条艇的总设计师敢于和他们一起深潜，自然是对潜艇的设计建造有着充分的信心。

艇长和政委笑着对黄旭华说，我们几个月的苦口婆心不如您的一句话。的确，黄旭华当时以花甲之年、总师之位，亲自登艇下潜，传递的该是怎样一份信心和担当。有的战士就这样说，黄总师亲自下潜我们似乎就有了主心骨，就更有信心了，担心陡然间就不复存在了！

1988年4月初，"404"艇、各种辅助舰船及全体参试人员全部抵达湛江军港，依据试验方案，三项深水试验计划分四个航次完成。基于技术验证及安全保障的需要，第一项极限深潜试验分两个航次进行，第一个航次做适应性预下潜，计划潜深180米；第二个航次做极限深潜，要求达到或者超过设计深度300米。

1988年4月20日下午4时，"长征四号"艇缓缓离开军港，航行210海里后进入试验海域系泊，然后仔细检查艇体状况，做好各项准备工作，做次日下潜的最后准备。

次日上午9时许，一声令下，"404"艇开始下潜，下潜至180米的计划深度后悬停，检查艇体及设备状况后，依据预案继续下潜至193米后缓慢起伏，第一个航次的预下潜试验顺利完成。

1988年4月21日，黄旭华于指挥舰上观测"404"艇艇位（黄旭华提供）

第一个航次下潜总体顺利，所出现的问题都在预料之中，并很快得到了解决，试验目的基本达到。

尤庆文对第一航次的下潜记忆犹新。他说，预下潜预计足够安全，不会出现大的问题，主要目的是摸摸情况，但是执行时也是非常慎重的。下潜是一步步分阶段进行的，先是20米、10米，再是5米，最后是1米、1米地进行，每一个阶段都要停留一段时间进行观察、分析。预下潜全过程人的感觉很正常，艇体不漏水也没发出任何异响，随艇人员也没有出现任何不适状况。

按照计划，第一航次结束后进行为期7天的休整总结。

1988年4月28日，第二航次的极限深潜开始实施。该次试验有副指挥长、北海舰队副参谋长王守仁，技术负责人黄旭华、吴庭国、徐秉汉及全体参试人员共176人一起登上"长征四号"艇，航行至试验海域后系泊，随即开始准备第二天的极限深潜试验。

1988年4月29日上午9时许，最关键的时刻来到了！"404"艇开始缓慢下潜，潜水均衡后突然发生了水声系统通信不畅的问题。为了安全起见，试验领导小组指示潜艇上浮至潜望深度待命。这似乎不是个好兆头，这个意外一下子让大家的心提到了嗓子眼，艇内气氛骤然紧张起来。

唱歌可以壮胆和舒缓紧张的神经，也可以活跃气氛，于是有人提出大家一起高唱《血染的风采》。黄旭华笑着提出异议，他说："《血染的风采》是首好歌，我也喜欢，但是太悲壮，我们是来试验的，是拿数据的，不是去牺牲。我提议唱《中国人民志愿军战歌》，这首歌气势磅礴、催人奋进。"大家鼓掌叫好，于是黄旭华清了一下嗓子，挥着手臂，带领大家一起高唱："雄赳赳、气昂昂、跨过鸭绿江，保和平、卫祖国、就是保家乡，中国好儿女，齐心团结紧……"顿时，艇内的气氛变得欢快起来，大家绷紧的神经也渐渐松弛了下来。

上午11时许，深潜试验领导小组仔细分析及研判后决定，"404"艇继续下潜。于是，"404"艇像一头巨鲸一样一头向大海深处扎下去，100米、200米，250米，当下潜深度到达280米时，潜艇外壳每平方厘米承受的压力已达数十公斤，深海海水的巨大压强释放着强劲的威力，艇体受到的挤压越来越强大，部分舱门因为压力过大开始变形，无法打开，舱室内间或发出"咔嗒、咔嗒"的响声，令人心惊肉跳。有人下意识地一次又一次数着这个响声，有时一分钟达11次，每一次响声都敲击着参试人员的耳膜和心脏。指挥舱内，黄旭华及其他负责人密切注视着深度计，竟然发现一根支撑深度计的角钢，随着下潜深度不断增加而渐渐扭曲，大家的心都悬了起来，谁也没有说话，场面静默得有些让人瘆得慌。慢慢地，各舱室内累计有19处开始渗水，抢修立刻按照预案实施，经检修紧固后恢复正常。

待情况恢复正常后，为了宽慰和稳定大家的情绪，黄旭华等上艇技术专家告诉大家，这声音是在海水高压下艇体结构相互挤压所发出的，结构变形属正常现象，都在预计的设计与控制范围以内。

按照黄旭华在下潜前的分工，总体研究所深潜队长尤庆文专门负责照看核潜艇动力装置通海系统的主波纹管。主波纹管的直径大但又远比艇壳脆弱，由于其直接通海更易受压变形。波纹管变形超过限度后就必然会破裂，一旦破裂对核潜艇就是一种无法逆转的灾难。"404"艇下潜至大深度后，舱室和主波纹管都持续发出异响，尤庆文抱着录音机跟在机电长后面，把舱室发出的声音和下潜指令都录下来，以备以后的分析，整个深潜过程录满了两盘录音带。主波纹管发出的声音随着下潜深度的加大而逐渐变得强烈，并且出现抖动，机电长心里着实有些不踏实，不停地询问尤庆文怎么样、怎么办。

在下潜之前进行技术交底时，黄旭华曾对尤庆文做过详细的交代，告知他主波纹管可能出现的一些状态变化，尤庆文感觉这些变化都在黄旭华预计的范围之内，因此心里比较有底，就告诉机电长和舱内人员这些声音及其变化在大深度时是正常的，不会有问题。

至今，尤庆文在极限下潜时录制的关于主

总体研究所深潜队队长尤庆文讲述极限深潜时的情景（2014年，王艳明摄）

波纹管声音变化的两盘录音带依然完好地保存在核潜艇总体研究所档案室内。

笔者访谈过多位当年经历过深潜的技术人员，也搜集了许多对当年深潜过程进行描述的回忆文章及文献报道，发现每一位当事人对深潜时艇内发生情况的描述都存在一定的差异，不明就里之余笔者请教了黄旭华院士。他解释说，核潜艇有多个舱室，每一位同志所处的舱室不同，职责和任务也不一致，同时每个舱室的结构、位置及设备也各不相同，在大深度时受到挤压的程度也有较大差异，故此时出现的设备状态变化及发出的声音自然就不一样。

黄旭华还给笔者补充了当时下潜的一些细节。

在下潜的过程中，黄旭华与其他几位深潜负责人一起研究约定，当"404"艇下潜接近设计极限深度时，艇体及舱室的挤压变形必然更加严重，异响也会更强烈，为了避免引起恐慌，决定让播报下潜深度的技术人员不再播报具体的深度数值，改用英文字

"404"艇深潜试验顺利达到极限深度后,现场指挥部人员露出笑颜,左起依次为核潜艇总体建造厂副厂长王道桐、黄旭华、北海舰队副参谋长王守仁、总师办主任吴庭国(1988年4月29日,黄旭华提供)

母A、B、C播报。A、B、C所对应的潜深和相应的下潜指令黄旭华事先已经确定了:A表示"接近极限深度,继续下潜";B表示"到达设计临界点,艇压尚能承受,可以继续下潜";C表示"已过设计深度,艇体将无法承受,停止下潜"。这样播报,就连"404"艇艇长都不明就里,除了几个随潜领导和少数几个技术人员外,其他人也就不知道下潜的具体深度,从而在一定程度上减轻了参试人员的心理压力。

当"404"艇一步步接近极限深度时,一切变化均在预计的范围之内。黄旭华镇定如常,指挥参试人员按规程操作、观察、记录、播报,流程紧张而有序。各舱室操作人员神情集中,临危不惧,恪守岗位。中午12时10分52秒,第Ⅱ舱的深度计指针指向300米刻度处,并略微超出,随着一声坚定而清脆的"停"的指令,"404"艇稳稳悬停在该深度上,少顷,艇内各舱室爆发出暴风雨般的欢呼——极限深潜试验成功了!

随即,成功的喜讯穿越深海而出,传至水面参试舰船,直至中央高层和参试人员的每一位家属,大家悬着的心落下了,中国的核潜艇、中国的核潜艇人创造了历史。

黄旭华说,当"404"艇顺利下潜到设计极限深度并稳稳停住后，他来不及欢呼，立刻了解全艇此时的状况，发现全艇各技术系统以及几乎所有机械设备都运转正常，表明深潜试验取得圆满成功，证明"091"的艇体结构设计与制造是成功和合格的，通海系统是安全可靠的，符合海军制定的技术、战术要求。

"404"艇在极限深度驻留一段时间后即按计划开始上浮，上浮至100米左右时，指挥舱内的王守仁、黄旭华、王道桐、吴庭国四位负责人才击掌庆贺，并一起合影留念，留下了这永久的历史记忆。黄旭华兴致勃发，恰巧有艇员说让黄总师题几个字，他欣然应允，沉吟未久，挥毫泼墨，一气呵成地写下了：

花甲痴翁，志探龙宫；惊涛骇浪，乐在其中。

这首后来被媒体广为传颂的核潜艇发展史上的雄伟诗篇，不仅抒发了以黄旭华为代表的第一代核潜艇人的无畏豪情，而且完美地诠释了坚韧的"〇九"精神，一种坚定、乐观、浪漫主义的气息亦跃然于字面墨间。

当"404"艇浮至海面并升起鲜红的军旗之后，黄旭华兴奋地站在潜艇背上，对着镜头挥动自己粗糙而有力的大手，为极限深潜留下了一个永恒的纪念。

自此，黄旭华作为首位核潜艇总设计师亲历极限深潜的第一人，永远地书写在世界核潜艇的发展历史上。

据说，由于黄旭华的率先垂范，在我国后来的每一系列核潜艇首制艇的深潜试验中，总设计师亲自参与极限深潜，已成为总

1988年4月30日，黄旭华站在"404"艇前挥舞手臂欢呼深潜试验成功（黄旭华提供）

体研究所的光荣传统。

"404"艇稳稳系泊后，水面指挥人员、参试人员、保障人员、海军官兵高兴地彼此握手、拥抱、欢呼，大家热泪盈眶，激动兴奋之情溢于言表。稍后，数十艘参加试验、保障、保卫、指挥、救援的水面舰船一起拉响汽笛，久久不息的笛声回荡在辽阔的南海之上，既向核潜艇及全体参试壮士们致敬！又向全世界宣布：中国再一次挺起了自己的脊梁！

无论在当时，还是时至今日，黄旭华记不清多少次被亲人、领导、同事、朋友、记者各色人等追问过这样的问题："你当时真的不害怕吗？"

虽然苦笑无奈，但忠厚、质朴、善良的黄旭华明白这是人家

1988年4月30日，深潜试验归来，黄旭华（后排右四）与总体研究所参试人员在404艇前合影留念（黄旭华提供）

的工作和心结，总不忍心让别人失望，只得一次次不厌其烦地重复着笔者在前文中陈述的五条理由，并一再强调他不是逞英雄，不是赌命，只是比别人拥有更多的责任与自信。

不过，黄旭华有一次在接受某媒体关于极限深潜安全问题采访时曾说过，"我是总师，总师不仅要为这条艇的安全负责到底，更重要的是要为下去的人员生命安全负责到底。"

七院及总体研究所深潜试验队队长尤庆文，也曾多次向媒体及访谈者表示，他完整经历了"091"各艇的设计及建造过程，对执行深潜任务的"404"艇的设计水平及建造质量非常有信心，看到黄总师淡定地参与深潜后，他深信深潜的危险性很小，成功的概率在九成以上。尤庆文的话在一定程度上验证了黄旭华所言的真实性，据笔者多方了解，当时参与深潜试验的高级专业技术人员，出于对自己作品的自信，普遍显得比较淡定。

然而，黄旭华的夫人李世英虽然坚定地支持丈夫去深潜，但内心可没有那么自信与平静，只是强压着内心的不安。当远在武汉核潜艇总体研究所上班的李世英女士得知深潜试验成功后，禁不住掩面大哭，几个月来，她的每一天都度日如年，茶饭不思，睡不安枕，一颗心总是悬在嗓子眼上。为了不让孩子们也担心，她都没把他们的父亲亲自参加深潜试验的事告诉他们。

极限深潜试验成功后，余下两个航次的试验也在半月之后正式启动。1988年5月13日13时16分，"404"号艇水下大潜深全速航行试验取得圆满成功。1988年5月25日，"404"号艇在大深度顺利发射鱼雷，并准确命中预定目标。黄旭华坐镇水面舰艇上参与决策指挥了这两次试验，见证了试验的圆满成功。

综合航行试验及深水系列试验顺利完成，有力地证明了"091"系列核潜艇的设计与研制是成功的，它标志着我国第一代攻击型核潜艇的研制走完了全过程，具备了巡航实战能力，这是我国国防建设及海军武器装备发展史上一段浓墨重彩的华章。

指挥潜地导弹发射试验

"〇九"二黄与潜射导弹试验

据黄旭华介绍，"〇九工程"可以分解为"堆"（即艇用核反应堆）、"艇"（即核潜艇总体）和"弹"（当时指潜射弹道导弹，现在包括巡航导弹）三个子工程。核潜艇只是武器平台，没有"弹"的核潜艇不过是没有牙齿的鲨鱼。"〇九工程"自1958年获批及1965年恢复上马后，"堆"和"艇"的研制虽然也历经坎坷，但总体上捷报频传、日新月异。潜射弹道导弹的研制虽然起步较晚，但也是步步为营，不断取得突破，"堆""艇""弹"三驾马车大体上保持着协调与同步。

1968年，我国"两弹一星"元勋、"东风"型号导弹副总设计师黄纬禄转任潜地导弹总体设计部主任，担纲潜地导弹研制的技术牵头工作。自此，因为"〇九工程"，为了艇、弹协同，黄旭华与黄纬禄走到了一起，并称"〇九二黄"。

1979年，黄纬禄被任命为潜地导弹型号总设计师，并依据工作需要同时与黄旭华一道出任"〇九工程"副总设计师。1983年，黄旭华继任"〇九工程"第二任总设计师时，黄纬禄依然担任"〇九工程"副总设计师，两人相互配合，彼此信任有加，逐渐成为风雨同舟的战友。

1970年，在黄旭华及总体研究所等单位的协同与支持下，713所主持的水下导弹发射系统研制成功。同时，黄纬禄在黄旭华的紧密协助下，顺利完成了一系列缩比模型弹射试验、研究性试验、模拟发射试验，取得了关于水下弹道的各类珍贵试验数据。1972年10月，首次真实海况下常规潜艇水下发射全尺寸潜地模型弹获得成功，1981年6月17日，潜地遥测导弹陆上发射台发射试验成功。1982年1月7日，潜地遥测导弹陆上发射筒发射试验成功，潜地导弹研制及发射趋于成熟，将接受真实的潜艇水下发射验证试验。

上述各项循序渐进的潜地导弹发射试验完成后，才进入潜艇水下发射遥测弹试验验证阶段，这才真正开始进行潜地导弹从水下发射、出水、空中飞行控制、落地命中目标的全程飞行状态的模拟试验。黄旭华说这个试验段是使用遥测弹在常规潜艇上进行发射试验，只有取得成功才能将试验转入核潜艇实弹试验阶段，而只有核潜艇实弹发射试验成功，才表明核潜艇具备巡航和实战能力。

目前，披露的资料显示，我国的潜射弹道导弹试验是按照计划分三步进行的，史称"9182"任务、"9185"任务和"9188"任务。

参与指挥"9182"试验

"9182"试验任务是潜射弹道导弹试验的第一个重要阶段，它使用常规潜艇水下发射我国自行研制的"巨浪1"号潜地导弹。由于参试的常规潜艇、潜射导弹、发射系统、飞行控制及测控系统全是我国自行研制的，试验任务和技术难度大。为了保证"9182"任务的顺利完成，1980年，专门成立了由海军和国防科委主要领导组成的潜地导弹海上试验领导小组，对整个发射试验承担行政领导和组织指挥的任务。1981年，试验总师制度得以建立，黄纬禄任试验总师，黄旭华、国防科委测量通信总体研究所副所长沈荣骏、海军潜地导弹试验部队参谋长谢国琳任试验副总师。黄旭华的任务是承担"9182"试验中的技术协调工作。

"9182"试验规模比较庞大，直接参试人员近3万人，二线工作人员近4万名，地域空间跨度近3 000公里。试验导弹飞行分为发射首区、一级落区和末区。鉴于发射首区难度最大，协调的机构最多，覆盖的区域最广，黄纬禄、黄旭华同时出任"9182"任务首区的副总指挥，承担潜地导弹的检验和测试、发射前的检查和准备、通信系统的准备、海上一级落区的警戒和气象保障等任务。当时首区指挥部设在海军实验基地第二试验区。

执行"9182"发射任务的是"长城200"号常规潜艇，该艇是我国当时唯一的一艘弹道导弹常规潜艇，它是依据中苏《二四协定》仿制苏联"629"型弹道导弹常规潜艇的，国内称之为"31"型潜艇。黄旭华对"长城200"号非常熟悉，"092"的方案论证及总体结构设计极大地参考与借鉴了该艇的设计思想和技术，从工程科学的角度上讲，"长城200"号是"092"的母型，对我国弹道导弹核潜艇的研制功不可没。

1982年8月底，"9182"试验各项准备工作基本结束，中央军委副秘书长张爱萍将军代表国务院、中央军委亲临试验现场检查工作。经过走访、检查、观看模拟演练、听取工作汇报，张爱萍将军对各项准备工作非常满意，兴致勃勃地做了三个题词：

为执行任务的"长城200"号弹道导弹潜艇题下了："骑鲸蹈海，激浪冲天"；为潜地导弹实验基地题下了："哪怕狂风激恶浪，定叫惊雷震海天"；为发射首区指挥部所在的海军第二试验区题下了："试验冲破千重关，操作练就绝妙手"。

张爱萍将军题词场景黄旭华印象深刻、记忆犹新，对题词更是欣赏不已，并将其运用到他后来创作的两首讴歌"〇九"精神的歌词中。

1982年10月，"9182"任务首区指挥部成员合影，前排左九：黄旭华，前排右六：黄纬禄，前排右八：张爱萍（黄旭华提供）

　　1982年9月20日，张爱萍将军在北京召开了"9182"发射试验任务的动员大会，发布了"9182"任务动员令，要求全体参试人员进入"战时状态"，并传达中央军委主席邓小平的指示："成功了是你们的，失败了是我的。"以此来安慰及勉励大家。

　　1982年9月23日，全体试验区所有参试单位和试验人员组织了最后一次模拟合练，圆满成功，各项试验准备工作全部就绪，全体参试人员跃跃欲试，只等一声令下。

　　1982年10月1日，新华社授权向全世界发布禁航公告，公布我国将于1982年10月7日至10月26日，向北纬28度13分、东经123度53分为中心，半径为35海里圆形海域范围内的公海上发射运载火箭，各类船舶在此时间、在此范围内禁止航行。

1982年10月7日15时14分01秒，潜射导弹正常发射出水，可在跃升100米后突然失控翻转，飞出安全范围后凌空爆炸，首射失败，出师不利。

中央军委及海军领导认为，首次发射失败实属正常，不但没有追究首射失利的责任，而且聂荣臻、徐向前、张爱萍等领导人还相继作出指示，要求大家不要泄气、不要相互埋怨，认真总结经验，找出问题，以利再战。黄纬禄、黄旭华等核心参试人员放下了思想包袱，迅速组织专业力量进行分析、审核和检验，很快找到了事故发生的原因。

原来，连接火箭一级和二级弹体之间的控制信号传感插头提前脱落，造成了"9182"任务的首射失利。但是，黄纬禄和黄旭华却认为这次失败很有价值，无意中完成了一个科学研究中的试错性验证试验，让他们从失败中得到了一个新的收获。

首先，导弹发射失利后可以自毁，符合先进武器的保密安全设计原则。其次，导弹出现事故后可以自行飞出安全区，不会坠落砸伤自己的艇体，表明艇体姿态控制和弹道控制科学合理。再次，导弹自毁后弹体和火箭发动机均炸成碎片，不会对溅落区的人、物造成严重伤害。

找到事故原因后，黄纬禄立刻优化了火箭级间插头设计，并采用了双通路连接的保险方案，确保了发射的可靠性。导弹电路优化完成后，经领导小组同意，"9182"任务第二次发射进入倒计时。

1982年10月12日15时01分，"长城200"号自水下发射了第二枚潜地导弹。导弹出筒、跃出海面、二次点火，然后拖曳着长长的火焰直上云天，划出一道优美的弧线后慢慢地消失在遥远的天际。

黄旭华紧张而又兴奋，首区指挥所里寂静无声，大家屏住呼吸仔细倾听着导弹飞行情况的报告：

"导弹发射正常！"
"一级发动机点火！"
"导弹两级分离！"
"头体分离正常！"

播报完毕，大厅里再次陷于寂静，大家的心立刻都提了起来。约10分钟后，指挥所大厅的广播传来新的报告：

"末区发现目标！"
"弹头命中预定海域！"

……成功啦！

黄旭华和黄纬禄两位总师紧紧地拥抱在一起，其他人也纷纷上来握手道贺。10月16日，中共中央、国务院、中央军委向全体参试人员发来贺电，次日《人民日报》《解放军报》均头版报道了"9182"任务试验成功。张爱萍将军激动得即兴赋词《浪淘沙·喜庆潜艇发射运载火箭成功》，祝贺中国成为世界上第五个拥有潜射弹道导弹的大国。

"9182"任务顺利完成后黄旭华（左二）与黄纬禄（左一）、七院院长林毅（左三）等兴奋交谈（1982年10月于大连，黄旭华提供）

在1986年的全国科学大会上，"固体潜地战略武器及潜艇水下发射"与"第一代核潜艇研究设计"同获1985年度、也是我国首届国家科技进步特等奖。黄纬禄、黄旭华分别因为在核潜艇研究设计及潜地导弹研制与发射上的卓越贡献同获殊荣。

协助指挥"9185""9188"任务

"9182"虽然成功了，但依然只是一个阶段性试验，其潜地导弹是利用常规潜艇发射的，最终只有在弹道导弹核潜艇上发射成功，整个试验才算完成，"巨浪1"号潜地导弹及其发射系统才能定型。因此，"9182"试验成功后，利用弹道导弹核潜艇发射"巨

1982年10月，黄旭华（前排左三）等参加"9182"任务的719所同志于试验胜利结束后合影（黄旭华提供）

浪1"号潜地导弹的试验随即按计划启动，这项试验即为"9185"任务。

"9185"发射试验是利用弹道导弹核潜艇发射"巨浪1"号潜地导弹，这是直接检验黄旭华等技术人员设计的"092"的实战性能。为了确保"9185"任务的顺利完成，核潜艇总体研究所循序渐进，先期于1984年4月6日至28日进行了代号为"915"的试验，试验取得成功，证明了"092"首制艇操纵性能良好、发射系统设计正确，艇与弹协调合理，符合发射条件，具备实射潜地导弹的能力，满足执行"9185"任务的条件。

1985年3月21日，总体研究所组织的"915"试验准备工作正酣，"9185"任务实施在即，但就在"091"系列的"403"艇最大自持力极限长航试验准备工作紧张进行之际，黄旭华接到了来自广东老家的二哥黄绍振逝世的电报。黄旭华悲从心起，自己打小就和二哥感情最好，小时候二哥对他的照顾可以说是无微不至，于情、于理、于义他都该回去送别二哥。夫人李世英对他说，你如果不回去和二哥见最后一面，不仅亲人很难理解、谅解，你自己的心里恐怕也过不去。

可是，任务如此繁重，多项工作都离不开他，随时都有突发事件需要他及时处理，并且此时他还担任着总体研究所所长，当时的行政工作也是千头万绪，并且回家奔丧也要履行严格的审批流程，等批准了再回去肯定也赶不上二哥的葬礼了。于是，他没有选择，只好唁电一封，再一次背负一份对亲人的愧疚。

1985年5月，根据中共中央、国务院、中央军委的指示精神，国防科工委和海军向有关单位下达了执行"9185"任务的命令，参照"9182"试验任务模式，这次试验任务成立了发射首区和末区指挥部，首区设立由黄纬禄任组长，黄纬禄、黄旭华、赵仁恺、周洤林四名成员构成的总师组，全面负责和协调发射首区的各项准备工作及试验工作。

1985年9月28日，"092"首制艇"406"号航行至发射海域，各项准备工作就绪后首次实施水下发射潜地导弹。导弹出水顺利，但飞行爬高后弹体变得不稳定，稍后翻转自毁。10月7日和10月15日又相继进行了两次发射试验，均告失利，"9185"发射任务失败。

1985年10月，"9185"任务首区指挥部成员合影，前排左六为黄旭华，左七为黄纬禄（黄旭华提供）

　　"9185"任务失败后，黄旭华等指挥部成员和其他参试人员进行了认真总结，经分析验证后锁定为点火方式的改变所造成的。"9182"试验所用的遥测弹是采用水下发射、水上点火的发射方式。发射成功后，由于某些原因变更为水下发射、水下点火的方式，最终导致发射失败。

　　黄纬禄经过缜密的分析后，自信地断言，依据我国当时研制的"巨浪1"号潜地导弹的技术特点，继续采用水下发射、水上点火的方式进行发射试验，肯定可以取得成功。

　　高层充分尊重黄纬禄的判断，否定了水下发射、水下点火的发射方式。1987年，第二次弹道导弹核潜艇水下发射潜地导弹的试验正式启动，试验称为"9188"任务。

　　1986年11月，因为"9188"任务的需要，黄旭华出差去深圳大亚湾核电站。由于工作进行得相当顺利，准备的时间就比较充裕，这可是广东省啊，深圳离老家又那么近，对家乡、对母亲、对兄弟姐妹的眷念和愧疚一起涌上他的心头，他仿佛都听到了母亲的呼唤。上一次回家还是1956年，他已经阔别亲人整整30年了，其间父亲和二哥相继去世他都未能回家，一时之间，黄旭华回家的愿望异常强烈，他甚至感到自己已经在亲人的记忆中淡去。经请示上级同意后，黄旭华于月底回到老家，在肇庆与母亲曾慎其相会，与工作在此的弟弟妹妹们相聚。30年的离别化为三整天的绵密絮叨，可是黄旭华依然不能说得太多，依然不能完全化解亲人的全部幽怨。仅仅三天后，黄旭华辞别白发苍苍的老母及弟妹们，依依不舍地踏上了水下长征的旅程。

1987年底，"9188"任务正式实施，黄旭华依然出任发射首区副指挥长，黄纬禄转任总设计师顾问。发射任务还是由"406"号艇执行，艇长为杜永国。

1988年8月19日，国务院总理李鹏亲临"9188"任务首区视察工作，并题词勉励全体参试人员。

1988年9月7日，新华社奉命向全世界发布禁航公告："中华人民共和国将于1988年9月14日至10月3日之间，向北纬28度13分、东经123度53分为中心，半径35海里圆形海域范围内的公海上发射运载火箭……"

1988年9月15日上午9时，参试人员各就各位，杜永国指挥"406"艇向发射试验海域驶去，发射工作进入倒计时。当时在"406"号艇上担任二岗技术保障任务的钱凌白在回忆录中描述了导弹发射的过程。

黄旭华（前排左一）等接受李鹏总理（前排左十）视察"9188"任务发射阵地（1988年8月19日，黄旭华提供）

　　9月15日，刮着南风，能见度很好。核潜艇和试验执勤船队出海到实验区。当首区指挥部发出"2小时准备"命令时，试验首区指挥部立即进入全面待机状态，潜艇下潜，开始水下航行，艇长杜永国命令导弹发射系统进行自检并对巨浪-1导弹进行检测，首区的所有监控设备开始记录从核潜艇发来的信号。接着首区指挥部指挥长王惠悫（海军23试验基地司令）发出指令"一分钟准备"，当倒计时钟显示出30秒时，核潜艇导弹部门长报出了剩余秒数。接着，安全装置解锁，弹上脱落插头脱落。"发射！"艇长下达了命令，操作手按下了红色按钮。当导弹射出时，我们在艇上的人员都听到一声轰响，艇轻微地震动一下，很快就恢复了平稳，大家都宽慰地舒了口气。潜艇轻轻地关上了发射筒盖。

导弹刺破海面，带起高高的花瓣状浪花，尔后拖着长长的橘红色火焰直跃长空，直至消逝在人们的视野之中。黄旭华和大家一样，紧张地倾听着总调度台不时传来的消息："导弹飞行正常！""跟踪正常！""第一级发动机脱落！""第二级发动机点火！""第二级发动机脱落！"不久，在海上等候已久的"远望1"号、"远望2"号测量船也相继传来报告："发现目标！""遥测船已测到再入舱，飞行正常！""再入舱溅落！""正中落点目标！"

刹那间，各路参试人员欢声鼎沸，所有舰船汽笛长鸣，庆贺发射成功。握手、击掌、拥抱、雀跃，此起彼伏的庆贺浪潮席卷着首区指挥部。彭士禄、黄旭华、黄纬禄、赵仁恺四位总师也热

1988年9月15日，我国第一代核潜艇研制工程四位总设计师聚于"406"艇前，左起依次为赵仁恺、彭士禄、黄纬禄、黄旭华（黄旭华提供）

"9188"任务结束后黄旭华得到聂荣臻元帅（右）亲切接见（1988年10月18日于聂府，黄旭华提供）

泪盈眶、心潮澎湃，几十年的热血、几十年的汗水、几十年的艰辛终于换来了梦想成真。

"406"艇返航后，"〇九工程"首任总设计师彭士禄、第二任总设计师黄旭华、副总设计师黄纬禄和赵仁恺齐聚于凯旋的第一代弹道导弹核潜艇"406"号前亲切合影。

这是一张极具纪念价值的照片。它是我国具备核潜艇水下发射运载火箭载具能力、成为世界核潜艇俱乐部成员的最具代表性的见证。

"9188"试验任务圆满结束后，黄旭华因为在一代两型核潜艇研制上所作出的杰出贡献，先后受到了聂荣臻元帅、刘华清副主席的亲切接见。1989年12月24日，在潜地核导弹武器系统定型审查会结束后，军委副主席刘华清在再次接见黄旭华、黄纬禄等许多为核潜艇奋斗了大半生的老同志时激动地说：

"毛主席等老一辈无产阶级革命家下的决心，现在终于实现了。1988年海上试验成功，今年就要定型了，为祖国、为党争了一口气！大家是作出了巨大的贡献的，应当向所有参加研制工作的专家、广大科技人员、工人、解放军指战员表示由衷的感谢！"

1989年12月14日，军委原副主席刘华清（右）在北京接见黄旭华（黄旭华提供）

听完这句话，其时已经为研制核潜艇干了整整30年的黄旭华百感交集。的确，为了毛主席的誓言，为了祖国的安全，为了人民的福祉，为了自己的初心，他们这代核潜艇人默默地、无私无悔地奉献了自己的一生。

1991年2月，国务院、中央军委军工产品定型委员会批准了"巨浪1"潜地核导弹武器系统定型。

黄旭华因"092"研制获国家科技进步特等奖（1996年12月颁发，黄旭华提供）

此后，由于相关配套技术及武器系统取得了惊人的进步，"092"
弹道导弹核潜艇、潜地导弹及其发射系统又经过了若干年的改进
与完善，最终逐步成熟。

至此，我国第一代核潜艇研制任务基本结束。

1996年，黄旭华因为在弹道导弹核潜艇研制中的重大贡献获
得当年国家科技进步特等奖。同时，黄旭华也因为年龄的缘故渐
渐退居二线。

第七章

———

于无声处家国情

初心矢志中国梦

如果祖国需要我把血一次流干，我就一次流干。如果需要我一滴一滴地流，我就一滴一滴流。——黄旭华

20世纪90年代起，"091""092"两型核潜艇逐步定型、改装、完善，第一代核潜艇研制基本结束。因为年龄的原因，黄旭华逐渐从一线工作退出，进入人生的总结及发挥余热阶段。他的事迹渐渐被各类媒体披露，在震撼社会和感动民众的同时，国家和民众也不断回馈他各种荣誉和鲜花。但是，在等身荣誉前，黄旭华始终有一颗淡定的心，他依旧是家国情怀，不忘初心，始终牵挂着核潜艇的进步及"〇九"精神的弘扬。

家国情怀

在中国传统文化里，"修身、齐家、治国、平天下"既是男人的一种豪情，更是男人的一种责任和担当。黄旭华，就是一个有着浓厚家国情怀的科学家。

于国家天下而论，黄旭华完成了他的奉献与使命，收获了荣誉和鲜花；于家庭亲情而言，黄旭华浸润了他的责任与情怀，感受了关爱与温馨。

"三无"先生

今天，耄耋之年的黄旭华誉满天下，这是国家应该给予他的回报。可80岁之前，黄旭华却还是一个"无名"的人。

报告文学《赫赫而无名的人生》，作者祖慰，刊载于1987年第6期的《文汇月刊》

其实，作为"共和国勋章""国家最高科学技术奖"获得者，黄旭华成为喻户晓的新闻人物不过是最近十来年的事，以前的黄旭华，借用作家祖慰的说法，只是"赫赫而无名的人"。

也许不是最早，但国内首次完整、系统报道黄旭华的人生及事迹是祖慰的报告文学作品——《赫赫而无名的人生》，刊发在1987年第6期的《文汇月刊》上。作品讲述了一位1949年自交通大学毕业的广东客家后裔、为研制我国第一代核潜艇隐姓埋名30余年的感人故事。主人公是"我国第二任核潜艇总设计师"，并被作者尊为"中国核潜艇之父"，这两个头衔无疑是"赫赫"的，但是这个"赫赫"的人其时在文中还不能出现姓名，更不用说照片或者影像，只是一个"他"。

当黄旭华以"他"的形式、以完整的形象出现在公开发行的刊物上时，已距离1958年他参与"〇九工程"整整30年了，其实黄旭华在1950年代初参与苏联舰船转让仿制时就已经隐于无声处了。从1987年到现在又过去30多年了，黄旭华才名闻遐迩，妇孺皆知。

由于祖慰的文章是以报告文学的形式出现的，又是发表在文学期刊上，因此在社会上产生的实际影响较小，读过的人兴许还认为主人公只是一个虚构的人物。只有极少数当事人才知道那个"他"指的是谁。

从黄旭华的人生历程来看，花甲之前他绝对是隐姓埋名的"无名"人士，古稀之年出现了一个研制核潜艇的"他"，"无名"依旧。在1994年获评中国工程院院士以后，黄旭华才小有名气。因此，20世纪的黄旭华是在默默"无名"中度过的。

虽"无名"，亦"无悔"，这就是黄旭华的境界。

当时的国家领导人在接见黄旭华时曾说："别的战线的功臣可以宣传，让人民知道他们；而你们，只能一辈子当无名英雄。"这就是黄旭华，当了几乎一辈子的"无名英雄"，始终无怨无悔、甘之如饴。

在研制核潜艇30余年间，一年除了给父母寄点钱，黄旭华和父母兄弟极少有通信联系，甚至他父亲和二哥去世都没有回家，故此常被亲人所埋怨，也为他人所误解。黄旭华自己的三个女儿，没有哪一个知道父亲是在研制核潜艇，大女儿也只是在考进总体研究所上班之后才明白爸爸干啥的。

30多个风雨春秋，吃了一茬又一茬的苦，从来不抱怨；受了一桩又一桩的委屈，从来不诉说；得了一项又一项的荣誉，从来不宣传。"无名""无悔"，亦"无求"，这就是黄旭华的情操。

黄旭华不仅乐享"无名""无悔"的生活，其人生也是几无所求。不求"声誉"、不求"名利"、不求"照顾"。

解放前参加革命，核潜艇研制功勋卓著、荣誉等身，但他从未向组织提出过任何关于个人或者家庭、亲属的要求，反倒总是让荣誉、让职称、让住房、让福利。退居二线后，他更不以行政级别或者院士待遇要求享受相应的医疗、福利或者住房，绝不搞特殊化。

对自己的妻子、孩子、亲戚，黄旭华连政策允许的照顾他都放弃，严格得近乎无情。夫人无论在行政职务还是在技术职称上，都一直被他压制，大女儿失业，他这个所长连合同工、临时工都不让女儿干。

在90高龄时，他为了给所里节约差旅费，经常只身往返全国各地，让家人和同事为他捏一把汗。

不追名逐利、不以位谋私、不居功索禄，是黄旭华的人生信念。黄旭华真诚地对媒体说过，他无怨无悔，即使再来一次，他依然会这么选择。

行文至此，笔者想起了黄旭华曾经对笔者说过的一番话：

入党转正思想汇报时，我对支部书记说："列宁曾经说过，如果党需要他一次把血流光，那他就毫无遗留；如果需要他一滴一滴地流，他也会做到。我要以列宁这番话要求自己，无论需要我怎样流（血），我都会直到把血流光为止。"所有的名利我都可以不要，家里的问题我也忍受下了，为的是毛主席那句"（核潜艇）一万年也要（搞出来）"，那是天大的事情，其他事情都可以忍受，都可以放弃，我是这样的思想。

在黄旭华的家国情怀中，天下为重，国家为先。忠孝难全时，对国家的忠诚就是对父母最大的孝道，但他心中并非没有家，对家人的关爱与呵护，亦如涓涓细流、和煦春风，丝丝入微，须得李世英那样的夫人才能细细体悟到。

才艺痴翁

黄旭华可不是一个刻板无趣、只专注科研工作的人，他的人生是丰富多彩的，可以说他是一个志趣高雅、德艺双馨的科技工作者，偶尔还因为执着而表现出一种痴迷。

求学读书阶段的黄旭华就充分展示了自己的文艺和体育才能。在紧张、繁忙的核潜艇设计工作中，黄旭华亦偶尔给同事们表演自己的才艺：或踏乐起舞、或即兴放歌、或抚琴演奏；或在晚会上、或在设计室里、或在车间里、抑或在深潜中，他这样做既舒缓了大家紧张的情绪，调节了工作的气氛，同时也为自己寻找灵感和镇定心情。夫人知其酷爱音乐，在黄旭华过生日时，李世英总是尽可能挑选与音乐相关的生日礼物送给他。

黄旭华不仅演奏唱歌，还会作词谱曲。退居二线后，他梳理与提炼了我国的核潜艇研制的艰难历程，谱写出《〇九人之歌》《〇九战歌》作为核潜艇精神的写照。

耄耋之年的黄旭华在汕尾为家乡人民演奏扬琴（摄于2014年4月23日，刘军青提供）

九十高龄的黄旭华应笔者恳请演奏口琴
（2014年9月26日，王艳明摄）

黄旭华虽然已近百岁，但精神矍铄、精力充沛、眼神发亮，这除了良好的心态及生活观念之外，也是他长期坚持锻炼的结果。了解黄旭华院士的人都知道，他的太极拳兼具杨氏太极和陈氏太极的路数，是他以自己的体质为基础、结合太极和长拳的特点自创的，可谓一绝。自20世纪70年代以来，他每天早晨7点左右必练太极，一套拳打下来20分钟左右，刚好身体微微发汗，几十年从不间断，一度成为总体研究所家属院里一道固定的景致，只是近几年因为家人担心他高龄摔伤坚决阻拦才停下来。

晚年，黄旭华积极参加老年人的各种文娱活动，2012年度被评为武汉市武昌区中老年"健康之星"，作为总体研究所老年合唱团的指挥，其指挥气势之雄浑依旧不减当年。

不过，黄旭华也偶尔做出一些痴傻可爱的事，让人忍俊不禁，他也因此自比"痴翁"。他夫人和孩子给笔者讲过好几个这方面的故事，笔者选取两个有代表性的，以娱读者。

在葫芦岛生活期间，有一次黄旭华出差，办完公干后就去所在城市逛逛商店，琢磨着给妻子带点什么，既表达对妻子的关爱，

晨舞太极（2014年9月26日，王艳明摄）

又弥补对妻子的亏欠，但逛了良久没有找到一个合适的礼物，正发愁时，发现几位女同志正在买一种印花布料，他凑过去一看，颜色花纹都适合妻子李世英，便跟着也扯了一块布料。回家后，得意洋洋地交给妻子，傻笑着等待妻子的赞扬或者笑容。李世英打开一看，气不打一处来，这种印花布料的衣服她早有一件，都穿好几年了，黄旭华愣是不记得。看着丈夫腼腆且不知所措的样子，李世英又心疼不已，只好哭笑不得地对他说："你可以背得出你工程上的多少数据，就记不清我在你面前穿了几年的花布衣服！"

2014年上半年的一天，黄旭华像往常一样准时去上班。他拎着工作包，健步向办公楼走去，可走一路疼一路，到了办公室之后自言自语地说："哎呀，我的脚今天怎么这么疼啊！"坐下来看看

黄旭华指挥总体研究所千名员工高唱红歌《歌唱祖国》的英姿（2007年10月19日，黄旭华提供）

脚，没啥问题啊！反复看了几遍后才发现了端倪，原来是鞋穿反了，能不硌脚么！回到家说给夫人听，李世英又心疼又好笑！

黄旭华堪称人生楷模，无不良嗜好，心胸豁达，乐享各种才艺，近年又擅弄花养生，亦智亦痴，童心未泯。现在，97高龄的黄旭华院士，依然思维敏捷、神采奕奕，每天坚持上班。

"三品"夫人

"三品"夫人是用来赞誉黄旭华夫人李世英女士的，"三品"者，"品德、品质、品味"之谓也。

"三品"德为先，李世英崇高的美德全面地体现在对丈夫的关爱、对长辈的敬重、对同仁的厚道、对家庭的奉献、对子女的培育上。

　　作为妻子，李世英对丈夫在事业上鼎力相助，让黄旭华心无旁骛地专注于核潜艇研制。姑且不说家中琐事，就是自己身怀六甲、入院生子、孩子生病都一个人扛着，不让黄旭华知道，以免他分心牵挂而影响工作。

　　一次，李世英在下公交车时被一个鲁莽的年轻人冲倒在地，当时就人事不省，送入医院后被诊断为严重脑震荡，生命处在危险之中。黄旭华赶回来后，看着昏迷不醒的妻子，再也无法控制自己的愧疚，第一次当着女儿、女婿的面失声痛哭，嘴里不停地对孩子们说对不起他们的妈妈。所幸吉人天相，李世英经抢救苏醒后，发现黄旭华站在病床旁时，着急地说："你怎么回来了？他

年轻时的李世英（黄旭华提供）

们不该打电话让你回来，我没事，你那边不能没有你……"

李世英就是这样，再多的痛苦自己咽下去、再大的难题自己扛起来，也不希望拖累丈夫。黄旭华每次同笔者谈到妻子李世英时，总会噙着眼泪说：这辈子对不起她！

作为妻子，李世英在生活上对丈夫的照顾体贴入微。黄旭华常年出差，在外的日子远远超过居家的时间，春夏秋冬、或急或缓，李世英总能把他的行李打点妥当，从不耽误

李世英替黄旭华仔细整理着装（黄旭华提供）

他的行程。古俗云："看看男人衣，便知家中妻。"不论四季更迭、不论条件如何，黄旭华着装总是整洁、干净，给人一种雅致得体的感觉。

作为女儿、作为儿媳，李世英对双方的长辈尊敬爱戴，体贴关怀。且不说自己的父母，李世英对待黄旭华的母亲堪称典范，有限的几次相处，婆媳之间就能坦诚交心、彼此关心与呵护，两个睿智的女人相互理解和尊敬。黄旭华参加"〇九工程"之后，倒是李世英与黄旭华的母亲常年保持书信往来，替黄旭华不时致信问安。平时，黄旭华的父母及兄弟家中的婚丧嫁娶，李世英也能提醒和代劳，尽显做妻子的义务和美德。

对待同仁，李世英、黄旭华夫妇可谓有口皆碑。与同事和睦相处、关心困难同事疾苦、同情弱者、急人所急一直是他们所秉持的原则。总体研究所许多退休老职工都能讲上几件李世英、黄旭华夫妇助人为乐的事例。今天，无论所里哪位老职工逝世，不论职位高低、不论熟识与否，李世英、黄旭华夫妻必去吊唁，尽显人情温暖。

对待家庭和子女，李世英可谓一臂擎天，三个女儿，悉心养育教诲；一家人的衣食住行悉心打理，从无怨言。三个女儿出嫁，她反复叮嘱她们要任劳任怨、相夫教子、孝敬老人。

作为知识女性，李世英亦具有优秀的专业素质。

李世英毕业于大连海运学院，外语功力深厚。她俄语娴熟，英语能力也很强，德语亦具备较好的阅读笔译能力。同时，她精通情报信息搜集、档案资料的甄别与整理，擅长期刊编辑出版，

夫人李世英与母亲一起在阳台晒衣（摄于1993年10月28日，黄旭华提供）

对造船专业知识也略通一二，翻译过好几本多种语言的造船专业方面的书籍，对"〇九工程"同样是默默地、无私地奉献自己的一切。

作为一个美丽的、爱美的、懂生活的女性，李世英的举手投足之间展现出品味，辐射出优雅的魅力。

笔者每一次见到李世英女士，感觉她的着装与举止总是那样的恰到好处，优雅自然，俨然是一个极有涵养的大家闺秀。在笔者与其他人的访谈中，但凡提及李世英，对方就必然会感叹她的优秀品德，同时亦不吝溢美之词，感慨她卓尔不凡的生活品质。

不妨当一回不速之客去造访黄旭华、李世英的家，你必定会被他家里精巧的布局、典雅的陈设、舒适的色调、温馨的氛围所折服，这种布置体现着女主人李世英的才情与品位。家中的每一个角度、每一个物件似乎都有一种艺术感，但又绝不矫揉造作，给人一种愉悦与遐思，李世英的品位让温馨的家渗透着一丝高雅与闲适。

无论真人还是照片，黄旭华总是很悦目上相。尤其是他的发型，虽然随着年龄的增加而变化，但总是自然完美。包括笔者在内的很多人私底下都认为黄院士的发型一定是一个优秀的发型师或者手艺老到的理发师的杰作。其实不然，黄旭华的头发几十年来都是由夫人打理的，他始终恰到好处的发型间接地折射出李世英的品位。

不仅黄旭华自己，也包括所有了解他们的人，都不约而同地认为，黄旭华院士能够在事业上取得巨大的成功，身后的"三品"夫人李世英功不可没。

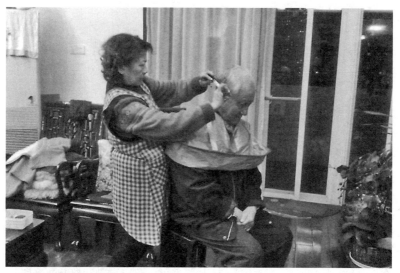

李世英为黄旭华理发（摄于2008年7月4日，张卫提供）

温馨和谐之家

厚德载物亦兴家。谦逊朴实、德隆望尊的黄旭华、李世英老两口还拥有一个温馨和谐、令人羡慕的幸福家庭。父慈、母睦、女儿孝顺，鲜花、音乐、欢笑，一样都不缺这个家永远是其乐融融。

黄旭华无论工作有多忙，只要有时间在家，不论是在北京、葫芦岛还是武汉，也不论多大的岁数，黄旭华一定会和女儿们一起玩耍游戏，偶尔有空也带女儿们去公园游乐。过年过节黄旭华也陪伴女儿们放鞭炮、躲猫猫。大女儿黄燕妮回忆说，黄旭华快60岁时有一次和她一起玩游戏，那个疯劲一点也不比孩子们逊色，当时她笑弯了腰，对黄旭华说："爸爸，过了年我就把你送到幼儿园去！"

黄旭华大女婿张卫创作的"全家大团圆纪念"素描（1993年，黄旭华提供）

黄旭华工作繁忙，出差是家常便饭，有一次回家时他的小女儿打趣说："爸爸，你回家出差啦！"父女间温馨的调侃，带给一家人开怀大笑。

虽然没有一个人是专业学习音乐的，但是黄旭华一家人却酷爱音乐，家庭音乐会已经在这个家形成了传统。不拘泥形式、不囿于风格，兴之所至地诠释与创新，激发出一种近乎原生态般的天籁。

作家祖慰深受感动，在其作品中如是描述他们的家庭音乐会：

不是节日，不是周末，一个平常的日子，平常的时刻。这个家里，会传出一阵合唱。并不协和，并不动听，因为这一家子没有一位学过声乐，没有一个"金嗓子"。嗬，曲目广泛得超过任何合唱团：有用俄语唱的俄罗斯民歌，淡淡的哀愁；有用英语唱的美国黑人歌曲，沉沉的泣诉；有铿锵的古典音乐贝多芬第九交响乐中的《欢乐颂》；有轻松的流行歌曲《什锦饭》；有绝响古曲《阳关三叠》；还有神圣安宁的宗教歌曲《弥赛亚》《圣诞之夜》……大女婿在与大女儿初恋时，第一次到他家做客，就听了他们即兴的、随意的、无仪式的、似乎是毫无目的的合唱。大女婿对大女儿说:"你们真有意思。我不敢说全世界,但我敢说全中国,绝不会有这样爱唱歌的而且是无拘无束唱歌的家庭!"大女儿说:"这有什么稀奇?我们家从来都这样。"

偶尔,节假日的家庭聚餐,也会演变成临时的家庭娱乐秀,各种即兴的表演,尽管尽量压低歌喉,但也能把欢乐传递到大厅和隔壁,间或引来其他客人或者餐厅服务员的驻足欣赏,每每必博得一阵阵掌声和无数的艳羡。

崇尚艺术、热爱植物鲜花、亲近自然是这个家庭的另一特色。武汉的各种艺术展览,黄旭华的家人总是常客,不知是不是因为大女婿是高校艺术教授的缘故,这个家庭永远都有见识不尽的艺术品,电视上的艺术类节目,在这个大家庭永远是最受欢迎的频道。

在黄旭华的家、在他女儿们的家,任何一个地方,目之所及,总能有色彩绚丽的鲜花、姿态万千的绿植吸引着你的眼球。在黄旭华的家中,笔者有幸见识到了上品蝴蝶兰。在总体研究所的大院里,笔者有一次偶然碰到黄旭华喜滋滋地捧着偶得的兰草急匆匆回家的身影。

周末或假日,但凡天气晴好,黄旭华一家人必去武汉周遭踏青野趣,亲沐自然。中科院武汉植物园是他们家最常去的地方,植物园每年举办各种各样的花展,梅花节、樱花节、牡丹节、兰花节、桃花展、郁金香展、菊花展,倘使你去,极有可能邂逅黄旭华一家人。黄旭华踏青、郊游总是全副武装,照相机、放大镜是

黄旭华及其喜爱的蝴蝶兰（摄于2007年3月12日，黄旭华提供）

全家福（黄旭华提供）

必带之物。看到感兴趣的绿植或者鲜花，他必定拿起放大镜仔细研究端详，并拍摄存档，一如他过往检视核潜艇的每一个零部件一样。

温馨的家庭、豁达的心胸、康健的身体、执着的事业追求让黄旭华97高龄依然壮心不已，殷切期待着我国核潜艇事业实现一个又一个的突破，让中国梦更加安全、绚丽。

成就与鲜花

无论用怎样的语言和修辞手法去形容或者赞美黄旭华的事业及贡献都不为过。在互联网已经高度发达的今天，任何一个搜索引擎和主流、非主流媒体及网站，只要你键入"黄旭华、核潜艇"，然后点击"Enter"，出现的词条及网页就不是一时半会能阅读浏览完的。

笔者自恃对黄旭华的研究和关注比较全面、深入，对黄旭华的报道进行分类发现，一般围绕三个方面铺叙，一是历程及成就，二是荣誉与影响，三是故事及意义。黄旭华的人生历程与故事笔者用6章的篇幅进行了介绍，大体上可以更全面、更系统地满足读者的阅读需求。下面再对黄旭华的成就和荣誉予以总结与介绍。

成就满满

笔者作为国家文化专项研究项目"黄旭华学术成长资料采集工程"课题的主持人，基于我们所搜集及访谈得来的数千件档案及文献资料的分析与综合，拟将黄旭华院士的学术及工程成就为读者做一个扼要的勾勒，让读者有一个大体的印象和框架。

60年来，围绕对核潜艇认知、设计、建造与试验，黄旭华取得了工程技术、跨越管理思想与"〇九"文化等三个方面的成就。

首先，在核潜艇研制与设计的工程技术领域，黄旭华取得了如下成就。

主持了我国一代两型（091、092）核潜艇总体与核动力协调总体方案；主持开展二代核潜艇总体及关键技术的预研工作，提出了二代核潜艇的概念模型。

主持了我国一代两型（091、092）核潜艇的技术抓总及试验、配套工作，实现了核潜艇各技术系统的集成，确保了一代两型核潜艇的技术、战术性能的实现。

提出、论证并决策一代两型（091、092）核潜艇采用水滴线型艇体，设计了相应的操舵方式，成功地解决了水下高、低速航行时的稳定性和机动性问题。

主持攻克大直径艇体结构设计、耐压弹舱结构设计，解决了水下导弹发射系统、极限深潜等关键技术问题。

主持完成了一代两型（091、092）核潜艇的现代化改装，大幅提升在役核潜艇的综合作战、反潜隐身水平，解决了核潜艇安全延长服役等问题。

其次，黄旭华在核潜艇研制及技术抓总过程中，逐步形成了自己独特的管理方式与创新思想。

基于我国当时的技术水平、配套能力和战略需要，提出了科学的"集成与尖端""集成与创新"的思想，并将其作为我国一代两型核潜艇研制的指导思想，这样既能保证可以快速地解决核潜艇的"无"的问题，迅速实现核威慑的战略目标，又能保障我国第一代核潜艇具有优于美苏同代核潜艇的技战术性能，在保证其成熟与稳定的同时，为新一代核潜艇的研制积累经验与技术。

敏锐地洞察到世界核潜艇技术发展的走向及对关键技术、战术性能的要求，高屋建瓴地提出了战略核潜艇设计的"毒蛇"思想，这与现当代弹道导弹核潜艇的设计思想不谋而合，并已作为我国最新一代核潜艇设计研制的指导方针，成为一种思想和知识力量。

再次，倡导并凝练了"〇九精神"及核潜艇文化。

我国第一代核潜艇的研制艰难曲折，其发展道路是第一代核潜艇人用智慧、汗水、努力付出所铺就的，黄旭华将此过程中形成的价值观念、道德情操、敬业态度、创新思维进行总结和提炼，形成了具有专业特色的"〇九精神"及核潜艇发展文化，成为我国核潜艇研制代代传承的精神财富，为我国高新技术的发展建立了一种可供借鉴的文化范式。

当然，由于技术传承的原因，黄旭华在工程技术领域的成就部分依然属于严格保密的范畴，故此必定有缺失，但仅仅上述所列其技术成就，亦足以让黄旭华院士彪炳千古。

荣誉与鲜花

黄旭华院士自20世纪末以来，获得了非常多的表彰、奖励和荣誉，同时也是媒体追踪的社会热点。

1986年4月17日，当天的《人民日报》在一则题为《新形势下国防工业任务是什么？国防科技工作如何做?》的新闻报道中，提及了一位名叫黄旭华的船舶专家，但关于黄旭华其他信息则只字未透露，这是黄旭华的名字首次见诸报端。

1987年元旦，《人民日报》首次对外披露了我国核潜艇出海航行，其中提及了黄旭华等核潜艇幕后英雄的贡献，但依然语焉不详。

再其后是作家祖慰的报告文学《赫赫而无名的人生》，但文中隐去了黄旭华的姓名。

这段时间虽然间或有对黄旭华的报道，但出于保密等原因，大都点到即止，除业内的人士可以对号入座外，社会影响很有限。

1994年，黄旭华获评中国工程院院士，其事迹及贡献开始清晰见诸报端，其所主持的第一代核潜艇"091"部分获得解密，首艇"401"在青岛海军舰船博物馆展出供游人参观。此后，对他的采访与报道开始变得密集起来，尤其是以中央电视台为代表的中央媒体介入对他的报道，并以《开讲啦——此生无悔》《大家——承诺与抉择》《我的一生属于祖国》等专题的形式进行播出后，在全国产生了极大的反响，其事迹迅速传遍全国，尤其在黄旭华获得中

2014年5月18日黄旭华接受中央电视台《大家·承诺与抉择》的专访（黄旭华提供）

央电视台"2013感动中国十大人物"的殊荣后，对他的跟踪访谈与报道达到高潮。

除以《人民日报》《光明日报》、中央电视台、新华社等中央级媒体持续高频率的报道外，地方媒体的报道也很广泛，其中以核潜艇总体研究设计所所在地湖北武汉及黄旭华老家广东揭阳、汕头、汕尾等地的媒体报道所占比重最大，湖北地区的《长江日报》是国内较早且持续报道黄旭华的事迹的核心媒体之一，国内许多媒体所报道的内容都转载或者改编于此。

除电视、纸质媒体等传统媒体外，网络媒体对黄旭华的报道在近年成为新的方式，不过笔者梳理分析发现其内容基本缘于以前的传统主流媒体的报道，新的资料与内容比较少见。

2016年，黄旭华的老家汕头市潮绣传承人洪裕静女士，为黄

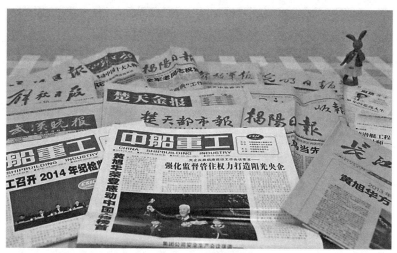

部分媒体对黄旭华事迹的报道（2014年12月23日，杨艺摄）

潮绣传承人洪裕静所绣黄旭华绣像（2016年，王艳明摄）

黄旭华应邀出席2018央视春节晚会（黄旭华提供）

旭华的事迹与精神所感动，专门用潮绣工艺绣了一幅黄旭华的绣像，以勉励自己见贤思齐，将潮绣艺术发扬光大。

2017年11月17日，习近平总书记亲切会见参加全国精神文明建设表彰大会的代表和全国道德模范代表时，力邀其身后90余高龄的黄旭华与其坐在一起合影留念后，再次在全国引起巨大的轰动，同时也形成了第二个媒体报道的高潮，从此，黄旭华的事迹与贡献传遍大江南北、长城内外，真正是家喻户晓。

2018年2月16日，黄旭华作为"全国道德模范"代表出现在中央电视台春节联欢晚会现场，以最高的曝光率出现在全国人民的面前。

2019年9月29日上午10时，北京人民大会堂金色大厅，中共中央总书记、国家主席、中央军委主席习近平给黄旭华亲授金光灿灿的"共和国勋章"。2020年1月10日，习近平总书记再次在北京人民大会堂给黄旭华颁发了"2019年度国家最高科学技术奖"的奖章与证书。

至此，60年无怨无悔付出的黄旭华获得了共和国历史上最高的荣誉，人民给予了他最丰厚的回报。中华民族有感恩的传统，只要谁对国家和人民作出了巨大的贡献，人民永远会记住他们的。

如果以时间为顺序，黄旭华所获得的主要荣誉及影响较大的奖励如下。

1978年，因在核潜艇总体研究设计中作出贡献获得全国科学大会奖，其时54岁。

1982年，因第一代弹道导弹核潜艇研制下水获得国防科学技术工业委员会二等奖，其时58岁。

1985年，因在我国第一代核潜艇研究设计中作出重大贡献被授予国家科学技术进步特等奖，其时61岁。

1986年，获中国船舶工业总公司劳动模范称号，其时62岁。

1988年，因执行"982"实验任务荣立中国船舶工业总公司一等功，其时64岁。

1989年，被国务院授予全国先进工作者称号。同年，第一批获享国务院特殊津贴，其时65岁。

1994年，因参与完成"092"弹道导弹核潜艇设计与制造项目，荣获中国船舶工业总公司1993年度科技进步特等奖，其时70岁。

1994年，获评中国工程院院士，其时70岁。

1995年，获得1995年度"何梁何利基金科学与技术进步奖"之技术科学奖，其时71岁。

1996年，因在弹道导弹核潜艇研制过程中作出重大贡献获国家科技进步奖特等奖，其时72岁。

2009年，被评为"新中国成立60周年十大海洋人物"。同年，获评湖北最具影响力劳动模范，并获"荆楚楷模"荣誉称号，其时85岁。

2010年，当选湖北省感动荆楚"十大杰出老人"称号，其时86岁。

2011年，获上海交通大学杰出校友卓越成就奖，其时87岁。

2014年2月10日，当选"'感动中国'2013年度人物"，其时90岁。

2017年，获得"何梁何利基金科学与技术成就奖"，其时93岁。

2017年，获得第六届全国道德模范敬业奉献奖，其时93岁。

2017年，获首届"潮汕星河成就奖"，其时93岁。

2018年，获"世界因你而美丽——2017—2018影响世界华人盛典"终身成就奖，其时94岁。

2019年，获颁"共和国勋章"，其时95岁。

2019年，获国家最高科学技术奖，其时95岁。

上述奖励与荣誉基本来自官方或者信誉度、影响力极高的社会组织，具有严格的评奖条件，属于严肃、正规的荣誉类型，具有较高的影响力和权威性。

黄旭华获2017年度何梁何利基金最高奖项"科学与技术成就奖"（中新网）

凤凰卫视董事局主席、行政总裁刘长乐为黄旭华院士颁发"影响世界华人大奖"终生成就奖

"中国核潜艇研制先驱"

黄旭华有一项比较特殊的荣誉，就是被社会、媒体广泛称谓的"中国核潜艇之父"。对于这个称号，黄旭华院士谦逊地说，如果一定要给中国的核潜艇找一个父亲的话，那这个父亲不是一个人，而是一群人，我国第一代核潜艇研制人员都应该被称为"中国核潜艇研制先驱"。

据资料分析，目前被媒体称为"中国核潜艇之父"的除了黄旭华，还有他几十年的老搭档、老朋友、第一代核潜艇首任总设计师、我国核动力领域的开拓者和奠基者之一的彭士禄院士。最早将他们并称为"中国核潜艇研制先驱"的就是最早报道黄旭华的著名作家祖慰。

公允而论，黄旭华对此称号的态度是理性而客观的，也是豁达而谦逊的。但依据我国核潜艇研制的历程看，黄旭华当得起这个称号，理由有二。

第一，黄旭华在核潜艇研制中主要任务是技术抓总，一代两型（091、092）的总体设计与系统集成是在他主持下完成的，同时配合彭士禄完成了核潜艇总体与核动力协调方案，二代艇的预研也是在他的推动下实施的，从工程技术而言，他的职责与贡献在核潜艇研制中无与伦比。我国一代两型核潜艇分别于1985年、1996年两次获得国家科技进步特等奖，黄旭华分别以第二、第一完成人身份获此殊荣，这本身也说明了国家对他在核潜艇研制上

黄旭华家乡揭阳市巨大的"中国核潜艇之父"的宣传电子屏（洪诗荣提供）

的充分认可。

第二，资料显示，黄旭华几乎是唯一一位全程参与和见证了我国核潜艇研制全过程的核心技术人员。1958年"〇九工程"启动，他是最早一批的研制人员，1962年工程下马，他作为极少数核心研制人员被保留下来，1965年恢复上马后，他依旧辛勤耕耘在我国核潜艇的研制设计之中。中国核潜艇的发展整整走过了60年，其间因为工作需要进进出出许多人，但唯有黄旭华像一颗螺丝钉一样钉在核潜艇事业上，不离不弃地陪伴了、贡献了一甲子。仅此，他就当得起这个称号。

余晖依梦核潜艇

生命不息，工作不止。功成名就的黄旭华依然没有停下自己的脚步，他铭记初心，心系核潜艇，为实现"中国梦"而发挥着自己的余热。

礼赞"〇九"

60余年的奉献，让黄旭华对核潜艇事业产生了浓浓的感情，第一代核潜艇人为研制一代两型核潜艇筚路蓝缕，不懈求索，无形中凝聚成了一种精神，黄旭华对这种精神极为珍视，桑榆之年的第一件事就是要从"〇九工程"中提炼"〇九精神"。

20世纪80年代末90年代初，鉴于一代两型核潜艇研制所取得的丰富成果，经黄旭华等人提议，由国防科工委组织，核潜艇总体研究设计所主持，组织部分参与核潜艇研制的老同志搜集核潜艇研制的各类资料，并予以系统整理，编撰形成了《核潜艇史料集》，作为内部资料交流。

该史料首次对我国核潜艇事业的发展进行了系统的梳理与总结，它以时间为序、以核潜艇技术突破为主轴，也涵盖宏观决策、研发思想、科学管理等方面的成果，是我国核潜艇研制技术、经验与思想的集大成之作，也是"〇九工程"的宝贵财富。

《核潜艇史料集》一书封面（杨艺摄）

21世纪以来，黄旭华以《核潜艇史料集》为基础，更进一步系统总结和挖掘了我国第一代核潜艇研制的缘起、过程、特点、环境、条件等历史经纬，从中提炼出了凝结在第一代核潜艇人身上的信仰、观念和精神，他将其称为"核潜艇"精神，或"〇九精神"，并把这种精神凝练为16个字：自力更生，艰苦奋斗，大力协同，无私奉献。

黄旭华等第一代核潜艇人认为，"〇九精神"是"〇九工程"取得的软科学及思想性成果，也是"〇九工程"的重大成就与精神财富，她的传承与发扬将支撑我国核潜艇的研制不断实现突破。

2013年8月8日，由国史学会"两弹一星"历史研究会联合解放军原总装备部、海军、中国科学院、国防科工局、中国核工

"〇九精神高层论坛"会场（黄旭华提供）

业集团公司、中国航天科技集团公司、中船重工集团公司等机构
共同在北京举办了"〇九精神高层论坛"。在这次论坛上，黄旭华
应邀做了"弘扬'〇九'精神·激励奋进·继往开来·再铸辉煌"
的主题报告，报告内容分为八个方面：潜艇发展历史回顾；"核潜
艇，一万年也要搞出来！"；研制工作三原则；自力更生，立足国
内，走自己的路；大力协同，集思广益，群策群力；艰苦奋斗，
力克难关，勇攀高峰；无私奉献，献身"〇九"，无怨无悔；"〇
九"精神，激励奋进，百尺竿头更进一步。

　　报告的最后，黄旭华奉献上了自己为"〇九精神"谱写的
《〇九人之歌》《〇九战歌》两首词曲。他说，奉献这两首歌，一

"〇九精神高层论坛"部分与会者合影期间，作者（右起黄士鉴、潘系人、吴洪涛、黄旭华、昝云龙、张维忠、赵国玺）（黄旭华提供）

是老骥伏枥，抒发自己桑榆情怀，二是不忘初心，与"〇九工程"战线的战友们共勉未来。

《〇九人之歌》的歌词：

我们〇九人，科研战线精英

胸怀祖国放眼世界，兴船报国创新超越

我们〇九人，国防战线尖兵

肩负〇九重任，强我国防，扬我国威，壮我军魂

〇九啊！〇九啊！任重艰巨，神圣而光荣

《〇九人之歌》的手稿（黄旭华提供）

祖国召唤，只争朝夕，〇九精神，激励奋进

自力更生，艰苦奋斗

大力协同，无私奉献

我们〇九人，献身〇九，勇往直前

默默无闻埋头钻研，赫赫无名铸就辉煌

我们〇九人，热爱祖国，不辱使命

擒龙捉鳖，苦战告捷，展望未来，任重道远

百尺竿头，更进一步，一万年太久，只争朝夕

《〇九战歌》的歌词：

〇九健儿志气高，过关斩将逞英豪

哪怕狂风激恶浪，定叫惊雷震海天

骑鲸蹈海日游八万里，五洋捉鳖

驭龙腾飞直上九重天，九霄揽月

奋蹄人生路，志在铸辉煌

自力更生，艰苦奋斗，大力协同，无私奉献

默默无闻埋头钻研，赫赫无名攀登高峰

一、二、三、四，一、二、三、四

〇九健儿志气高，过关斩将逞英豪

哪怕狂风激恶浪，定叫惊雷震海天

哪怕狂风激恶浪，定叫惊雷震海天

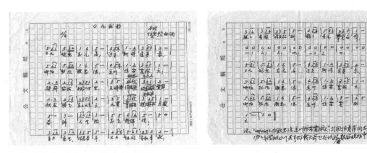

《〇九战歌》的手稿（黄旭华提供）

　　黄旭华认为，核潜艇研制是一个巨大的系统工程，是一个国家综合国力的具体体现，我国的核潜艇技术、战术水平与美国和俄罗斯还存在较大的差距，美国实施重返亚太战略后，其先进的核潜艇直接威胁着我国的国防安全，我国周边的战略态势等不容乐观。因此，"〇九精神"在今天依然具有重要的现实意义。老一辈开创的核潜艇精神不能丢，它是一种情怀和力量，比技术还重要，年轻一代一定要把"〇九精神"传承下去、发扬光大，并赋予"〇九精神"新的时代内涵。

不忘初心

2018年，94岁高龄的黄旭华依然担心自己会懈怠，他勉励自己"不忘初心，砥砺前进"。

94岁高龄黄旭华勉励自己"不忘初心，砥砺前进"（刘军青提供）

尽管早已退居二线，但作为中船集团核潜艇总体研究设计所的名誉所长，他始终关注美俄核潜艇技术的发展，对我国新一代核潜艇的研制更是非常关心，积极献计献策。据相关人士透露，黄旭华对我国新一代核潜艇研制的立项、方案设计、结构论证、重大系统及技术攻关依然以合适方式积极参与，同时特别强调要在隐蔽性和导弹武备系统上重点突破。

与此同时，黄旭华也将视野拓展到行业之外，对国家和地方的科技、经济的发展建言献策，对相关领域的技术创新谋篇布局。他不顾高龄，依然参与一些重要的调研活动，支持科普宣传，高度重视人才培养。只要有需要，黄旭华院士从来不遗余力、不计报酬、不讲条件，积极奔走在国家的各项建设事业上。

近年来，黄旭华经常去各高校、机关团体做报告，结合自己的经历和体会，宣传爱国主义、敬业精神和科技创新。每一次演

黄旭华与总体研究所年轻设计师们共商新一代核潜艇设计（黄秀梅提供）

讲都生动具体，激情澎湃，极富感染力。黄旭华对教育工作高度
重视，经常去一些中小学走访调研，同孩子们亲切交流，要求孩
子们从小就要有理想、有抱负、有科学意识。他特别关注老家及
母校的教育工作，上海交通大学、聿怀中学、桂林中学多次留下
了他的足迹和声音。虽然他并不富裕，但他先后向聿怀中学捐赠
了20万元人民币，向汕尾中学和白沙中学各捐了10万元港币，资
助母校的教育事业。

　　作为核潜艇总体研究所的老领导，黄旭华非常重视总体研究
所的离退休职工活动及社区工作，对很多退休较早的老职工生活

黄旭华与母校聿怀中学的学生边走边聊（刘军青提供）

黄旭华在母校上海交通大学"励志讲坛"的演讲（黄旭华提供）

困难，他不仅向组织反映实情，同时主动伸出援助之手，并且不向任何人透露。各项社会工作他总是积极主动参与，献计献策，让老同事们的生活尽可能充满幸福和快乐。在一次帮助有困难的离退休职工的活动中，他再一次捐赠20万元港币。

据总体研究所提供的最新消息，黄旭华将所获得的2017年度"何梁何利基金科学与技术成就奖"奖金、"2019年度国家最高科学技术奖"的奖金，包括湖北省、武汉市的配套奖金悉数捐出，总数逾2 100万元，具体捐赠手续正在办理之中，捐赠对象及项目将由相关部门公布。

时代日新月异，社会快速发展，但黄旭华的心还是在核潜艇事业上，他无数次说过，他过去的梦是核潜艇，现在的梦还是核潜艇，他的中国梦就是让中国的核潜艇更上一层楼！

参考文献

［ 1 ］ 王艳明.誓言无声铸重器：黄旭华传［M］.北京：中国科学技术出版社，上海：上海交通大学出版社，2017.

［ 2 ］ 程望，程辛.当代中国的船舶工业［M］.北京：当代中国出版社，1992.

［ 3 ］ 李觉.当代中国的核工业［M］.北京：中国社会科学出版社，1987.

［ 4 ］ 杨国宇.当代中国海军［M］.北京：中国社会科学出版社，1987.

［ 5 ］ 聂力，怀国模.回顾与展望［M］.北京：国防工业出版社，1989.

［ 6 ］ 中国科学技术协会.中国科学技术专家传略·工程技术编·交通卷［M］.北京：中国科学技术出版社，1995.

［ 7 ］ 何梁何利基金评选委员会.1995·何梁何利奖［M］.北京：科学出版社，1996.

［ 8 ］ 赵德义.中国历代官称辞典［M］.北京：团结出版社，1999.

［ 9 ］ 周济.科技创新院士谈（上）［M］.北京：科学出版社，

2001.

［10］ 许国志，陈太一.院士谈教育［M］.福州：福建教育出版社，
2002.

［11］ 刘华清.刘华清回忆录［M］.北京：解放军出版社，2005.

［12］ 钱伟长，朱光亚，宋兆法，等.中国当代著名科学家黄纬禄
［M］.贵阳：贵州人民出版社，2005.

［13］ 朱隆泉.思源湖：上海交通大学故事撷英［M］.上海：上海
交通大学出版社，2006.

［14］ 上海交通大学党史校史研究室.民主堡垒：战斗在交通大学
的中共地下党［M］.上海：上海交通大学出版社，2007.

［15］ 潘敏，李建强.思源致远，百年神韵：上海交通大学文化研
究［M］.北京：高等教育出版社，2011.

［16］《大海记忆：新中国60年十大海洋人物，十大海洋事件》编
委会.大海记忆、新中国60年十大海洋人物、十大海洋事件
［M］.北京：海洋出版社，2012.

［17］ 辛亨复.辛一心传：一个中国造船科学家的奋斗［M］.上
海：上海交通大学出版社，2012.

［18］《海陆丰历史文化丛书》编纂委员会.海陆丰历史文化丛书
（卷一）·人文志略［M］.广州：广东人民出版社，广东省出
版集团，2013.

［19］ 杨连新.见证中国核潜艇［M］.北京：海军出版社，2013.

［20］ 祖慰.赫赫而无名的人生［J］.文汇月刊，1987（6）：2-11.

［21］ 郗其新.深海霹雳［J］.航天，1989（1）：2.

［22］ 刘景之.记导弹核潜艇的总设计师黄旭华［J］.军事世界（香港），1989（7）：12-13.

［23］ 陈右铭.英明的决策，艰巨的任务［J］.海军装备，1989（4）：14.

［24］ 蒋兵.黄旭华和中国核潜艇［J］.新华文摘，1995（12）：122-123.

［25］ 顾宗炎.五洋捉鳖，九天揽月：回忆26年前我国第一艘核潜艇首航成功［J］.现代舰船，1997（10）：34-36.

［26］ 吴锴.战略核潜艇的设计思想：访中国工程院黄旭华院士［J］.兵器知识，2000（4）：2-5.

［27］ 吴锴.攻击型核潜艇的设计思想：再访黄旭华院士［J］.兵器知识，2000（6）：22-25.

［28］ 丁群.我国第一艘核潜艇诞生记：访总设计师、工程院院士黄旭华［J］.名人传记，2002（2）：58-61.

［29］ 李忠效.核潜元勋陈右铭［J］.报告文学，2002（5）：16.

［30］ 刘炜.从玩具到核潜艇：中国核潜艇总设计师黄旭华的故事［J］.孩子天地，2002（12）：4.

［31］ 红旅.人民海军的海下核威慑力［J］.世界航空航天博览（B版），2004（4B）：27-33.

［32］ 李生云.深海有约：记中国战略核潜艇设计者黄旭华院士［J］.科学课，2004（6）：4-5.

［33］ 朱隆泉，孙光二.造船巨擘叶在馥［J］.上海造船，2007（4）：56-60.

［34］ 姜浩，丛语.中国核潜艇发展亲历记：访我国第一代核潜艇总设计师黄旭华院士［J］.兵工科技，2010（17）：12-20.

［35］ 水冰.核潜艇的"七朵金花"［J］.舰船知识，2011（4）：30-31.

［36］ 刘军青，鄢松权.犁浪遨游固海疆［J］.军工文化，2014（3）：48-51.

［37］ 于能.正好江南四月天 万里归来谊更浓：汪胡桢文物史料捐赠侧记［EB/OL］.2006-05-01.http：//www.cnjxol.com.

［38］ 上海交通大学船建学院.黄旭华院士："潜水"三十年的核潜艇之父［EB/OL］.2011-04-13.http://news.sjtu.edu.cn/info/1002/102872.htm.

［39］ 林忠.庆祝桂林中学建校108周年：桂林中学校史概况［EB/OL］.2013-09-22.http：//www.glzx.net/show.aspx?id=8278&cid=551.

［40］ 汤雄.忧国伤时的姑苏才女：忆宋庆龄秘书、柳亚子之女柳无垢［EB/OL］.2014-04-21.http：//blog.sina.com.cn/u/3514365647.

［41］ 中央纪委国家监委网站.勋章获得者黄旭华、玛哈扎克里·诗琳通代表发言［EB/OL］.2021-06-01.http：//www.ccdi.gov.cn/yaowen/201909/t20190929_201474.html.

［42］ 新华网.中华人民共和国国家勋章和国家荣誉称号颁授仪式在京隆重举行［EB/OL］.2021-06-01.http：//www.xinhuanet.com/photo/2019-09/30/c_1125058062_20.html.

［43］ 新华网.祝贺！黄旭华、曾庆存获2019年度国家最高科学

技术奖［EB/OL］.2021-06-01.http：//m. xinhuanet.com/2020-01/10/c_1125444720.html.

［44］ 新华网.中共中央国务院隆重举行国家科学技术奖励大会 习近平出席大会并为最高奖获得者等颁奖［EB/OL］.2021-06-01.http：//www.xinhuanet.com/2020-01/10/c_1125445345.html.